Stephen R. Covey

Die sieben Wege zur Effektivität

Ein Konzept zur Meisterung
Ihres beruflichen
und privaten Lebens

Aus dem Amerikanischen von Angela Roethe

WILHELM HEYNE VERLAG
MÜNCHEN

HEYNE SACHBUCH
19/739

Titel der amerikanischen Originalausgabe:
THE SEVEN HABITS OF HIGHLY EFFECTIVE PEOPLE
Erschienen 1989 bei Simon & Schuster, New York

Dieser Titel erschien bereits in der Reihe Heyne Business
unter der Bandnummer 22/2018

Der Text wurde in Übereinstimmung mit dem Autor für
die deutsche Fassung leicht gekürzt.

6. Auflage dieser Ausgabe
Taschenbuchausgabe 11/2000
Copyright © 1989 by Stephen R. Covey
Copyright © 1992 der deutschsprachigen Ausgabe
by Campus Verlag GmbH, Frankfurt am Main
Wilhelm Heyne Verlag GmbH & Co. KG, München
http://www.heyne.de
Printed in Germany 2002
Umschlaggestaltung: Hauptmann und Kampa Werbeagentur, CH-Zug
Umschlagillustration: ZEFA Visual Media/Fritz, Düsseldorf
Druck und Bindung: Ebner & Spiegel, Ulm

ISBN 3-453-18091-7

Inhalt

Erster Teil

Paradigmen und Prinzipien

Von innen nach außen

Es gibt in dieser Welt keine wirklich
herausragende Leistung, die von der richtigen
Lebensweise zu trennen wäre.

DAVID STARR JORDAN

In den mehr als 30 Jahren, die ich mit Menschen im Geschäftsleben, an der Universität und in der Ehe- und Familientherapie gearbeitet habe, bin ich vielen Leuten begegnet, die unglaublich großen Erfolg erreicht, aber mit einem inneren Hunger zu kämpfen hatten. Sie äußerten ein tiefes Bedürfnis nach persönlicher Stimmigkeit, Effektivität und tieferen Beziehungen zu anderen Menschen.

Ich vermute, daß einige dieser Probleme Ihnen vertraut sind.

Ich habe meine Karriereziele gesteckt und erreicht und bin beruflich enorm erfolgreich. Aber das hat mich mein persönliches und mein Familienleben gekostet. Ich kenne meine Frau und meine Kinder gar nicht mehr. Ich bin mir nicht mal sicher, daß ich mich selbst kenne und weiß, was mir wirklich wichtig ist. Ich habe mich fragen müssen, ob es das wirklich wert ist.

Ich habe schon an so vielen Kursen über effektives Management-Training teilgenommen. Ich erwarte von meinen Angestellten eine Menge, und ich arbeite hart daran, freundlich zu ihnen zu sein und sie richtig zu behandeln. Aber ich spüre bei ihnen keine Loyalität. Wenn ich einen Tag krank zu Hause bleiben müßte, würden sie wahrscheinlich die meiste Zeit plaudernd auf dem Gang stehen. Wieso kann ich sie nicht dahin bringen, unabhängig und verantwortungsbewußt zu sein – oder Angestellte finden, die sich so verhalten?

Mein minderjähriger Sohn ist aufsässig, außerdem nimmt er

Drogen. Was ich auch versuche, er hört mir einfach nicht zu. Was kann ich tun?

Es gibt so viel zu tun. Und nie genug Zeit. Ich fühle mich dauernd unter Druck und gehetzt, jeden Tag, siebenmal die Woche. Ich habe deswegen schon Seminare für Zeitplanung besucht, und ich habe ein halbes Dutzend verschiedener Planungssysteme ausprobiert. Sie haben ein bißchen geholfen, aber ich habe noch lange nicht das Gefühl, das glückliche, produktive, friedvolle Leben zu führen, das ich mir wünsche.

Ich möchte meine Kinder den Wert von Arbeit lehren. Aber wenn ich sie dazu kriegen will, irgend etwas zu tun, muß ich jeden Schritt überwachen ... und mir dabei auch noch jedesmal Beschwerden anhören. Es ist so viel einfacher, es selbst zu machen. Warum können Kinder bloß ihre Arbeit nicht mit Freude und ohne Ermahnungen erledigen?

Ich bin wirklich sehr, sehr beschäftigt. Aber manchmal frage ich mich, ob das, was ich tue, auf lange Sicht irgendeine Rolle spielen wird. Ich würde wirklich gern glauben, daß mein Leben irgendeinen Sinn hat, daß sich durch mich etwas verändert hat.

Ich sehe meine Freunde und Verwandten einen gewissen Erfolg erreichen oder Anerkennung finden, und ich lächele und gratuliere ihnen enthusiastisch. Aber innerlich nagt es in mir. Warum habe ich solche Gefühle?

Ich habe eine starke Persönlichkeit. Ich weiß, daß ich fast immer die Kontrolle über den Verlauf der Dinge habe. Meistens kann ich andere sogar so beeinflussen, daß sie genau zu der Lösung kommen, die ich will. Ich durchdenke jede Situation genau, und ich habe wirklich das Gefühl, daß meine Ideen meistens für alle am besten sind. Aber ich bin unruhig. Ich frage mich immer, was andere Leute wirklich von mir und meinen Überlegungen halten.

Aus meiner Ehe ist die Luft raus. Nicht daß wir uns streiten. Wir lieben uns einfach nicht mehr. Wir waren schon in der Beratung. Wir haben schon vieles probiert, aber wir können das Gefühl, das wir einmal füreinander hatten, anscheinend nicht wiederbeleben.

Das sind tiefe, schmerzhafte Probleme – Probleme, für die es keine Patentlösungen gibt.

Vor ein paar Jahren haben meine Frau Sandra und ich mit einer Frage dieser Art zu kämpfen gehabt. Einer unserer Söhne machte eine sehr schwere Zeit in der Schule durch. Seine Leistungen waren schwach; er verstand bei den Tests nicht einmal die Anweisungen, geschweige denn, daß er die Aufgaben hätte bewältigen können. Hinsichtlich seines Verhaltens war er noch recht unreif, was seine Verwandten und Freunde oft in Verlegenheit brachte. Er war klein, dünn und unsportlich. Seine Bewegungen waren unkoordiniert, und beim Baseball holte er schon zum Schlag aus, bevor der Ball überhaupt losgeflogen war. Die anderen Kinder lachten ihn aus. Sandra und ich brannten vor Verlangen danach, ihm zu helfen. Wenn denn ›Erfolg‹ in irgendeinem Bereich des Lebens wichtig sein sollte, dann hofften wir ihn besonders in unserer Rolle als Eltern zu finden. Also arbeiteten wir an unseren Einstellungen und unserem Verhalten ihm gegenüber und versuchten, ihn ebenfalls zu beeinflussen. Wir wandten Techniken an, die auf ›Positivem Denken‹ beruhen, um ihn aufzubauen.

»Komm, Junge, du schaffst das! Wir wissen, daß du's kannst. Pack den Schläger ein bißchen weiter oben und behalte den Ball im Auge. Hol nicht aus, bis er ganz nah ist.« Und wenn er es dann ein bißchen besser machte, scheuten wir keine Mühe, ihn weiter zu bestärken: »Gut, Sohn, mach weiter so.«

Wenn andere lachten, ermahnten wir sie. »Laß ihn doch in Ruhe. Er lernt es gerade erst.« Und unser Sohn weinte und bestand darauf, daß er nie gut werden würde und Baseball ohnehin nicht leiden könne.

Nichts von dem, was wir taten, schien zu helfen, und wir machten uns ernsthafte Sorgen. Wir konnten mit ansehen, welche Wirkung das alles auf sein Selbstwertgefühl hatte. Wir versuchten uns ermutigend, hilfreich und positiv zu verhalten, aber nach vielen Fehlschlägen zogen wir uns schließlich zurück und begannen uns die Situation aus einer anderen Perspektive anzuschauen.

In dieser Zeit hatte ich beruflich mit der Förderung von Führungsqualitäten für verschiedene Klienten im ganzen

Land zu tun. In dieser Eigenschaft bereitete ich für die Teilnehmer des Programms für Führungskräfte bei IBM zweimonatliche Seminare zum Thema ›Kommunikation und Wahrnehmung‹ vor.

Im Zuge der damit einhergehenden Recherchen und Ausarbeitungen begann ich mich immer mehr dafür zu interessieren, wie Wahrnehmung geformt wird, wie sie unsere Art, etwas zu sehen, beeinflußt, und wie unsere Sichtweise wiederum unser Verhalten bestimmt. Dies führte dazu, daß ich mich mit der Theorie der Erwartungen und der sich selbst erfüllenden Prophezeiungen, dem sogenannten ›Pygmalion-Effekt‹, beschäftigte und erkannte, wie tief unsere Wahrnehmungen verankert sind. Ich lernte dadurch, daß wir auch die Brille betrachten müssen, durch die wir die Welt sehen, weil diese unsere Interpretation der Welt bestimmt.

Als Sandra und ich die Konzepte, die ich bei IBM lehrte, mit unserer eigenen Situation verglichen, begannen wir zu erkennen, daß die Art, wie wir uns gegenüber unserem Sohn verhielten, nicht in Einklang damit stand, wie wir ihn wirklich *sahen*. Als wir ernsthaft unsere tiefsten Gefühle untersuchten, erkannten wir, daß wir ihn für grundlegend unzulänglich hielten, irgendwie ›zurückgeblieben‹. Unsere Bemühungen waren deswegen wirkungslos, weil wir ihm ganz unabhängig davon, wie sehr wir an unseren Einstellungen und Verhaltensweisen arbeiteten, in Wahrheit vermittelten: »Du bist unfähig. Du mußt beschützt werden.«

Wir begannen zu erkennen, daß wir uns selbst würden ändern müssen, wenn wir die Situation verändern wollten. Und um uns selbst effektiv zu verändern, mußten wir zunächst unsere Wahrnehmungen ändern.

Die Image-Ethik und die Charakter-Ethik

Als ich mich mit den Forschungen über Wahrnehmung beschäftigte, widmete ich mich in der gleichen Zeit einer ausführlichen Untersuchung der amerikanischen Literatur über Erfolg seit 1776. Ich las oder überflog buchstäblich Hunderte von Büchern, Artikeln und Aufsätzen zu Themengebieten wie Selbst-Verbesserung, Populärpsychologie und Selbsthilfe. Die Summe und Substanz dessen, was einem freien und demokratischen Volk als Schlüssel zu einem erfolgreichen Leben galt, lag direkt vor mir.

Meine Untersuchung führte mich durch 200 Jahre Schrifttum über Erfolg, und ich bemerkte, wie aus dem Inhalt der Literatur ein überraschendes Muster auftauchte. Unser eigener Schmerz und jener vergleichbare, dem ich im Laufe der Jahre im Leben und in den Beziehungen von vielen Menschen begegnet war, gaben mir mehr und mehr das Gefühl, daß viele Veröffentlichungen der letzten 50 Jahre oberflächlich waren. Sie bezogen sich auf die Wahrnehmung des sozialen Images, boten Techniken und Patentlösungen – soziale Pflaster und Aspirin für akute Probleme. Manchmal half dies sogar vorübergehend, aber die grundlegenden chronischen Probleme schmerzten weiter und brachen immer wieder auf.

Im krassen Gegensatz steht dazu die gesamte Literatur aus den davor liegenden 150 Jahren. Dort heißt die Voraussetzung für Erfolg *Charakter-Ethik;* sie basiert auf charakterlichen Eigenschaften wie etwa Integrität, Demut, Treue, Mäßigung, Mut, Gerechtigkeit, Geduld, Fleiß, Einfachheit und Bescheidenheit. Die Charakter-Ethik lehrte, daß es grundlegende Prinzipien für ein effektives Leben gibt, daß Menschen nur dann wirklichen Erfolg und anhaltendes Glück finden können, wenn sie diese Prinzipien lernen und in ihr Wesen integrieren. Aber kurz nach dem Ersten Weltkrieg verlagerte sich der Schwerpunkt von der Charakter-Ethik zu etwas, was wir vielleicht Image-Ethik nennen könnten. Erfolg wurde eine Funktion der Außenwirkung, des öffentlichen Images, der Einstellungen und des Verhaltens, der Sozialtechniken, die Schmiermittel für die Prozesse des menschlichen Miteinanders sind. Diese Image-Ethik schlug im wesentlichen zwei Pfade ein: Sie bot Techniken für soziale Beziehungen an und eine positive mentale Einstellung. Ein Teil dieser Philosophie kam in anregenden und manchmal zutreffenden Maximen zum Ausdruck: »Deine Einstellung bestimmt, wie weit du aufsteigst«, »Mit einem Lächeln gewinnt man mehr Freunde als mit einem langen Gesicht«, oder »Was auch immer der menschliche Geist sich ausdenken und glauben kann, das kann er auch erreichen«.

Andere Aspekte des Image-Ansatzes waren deutlich manipulativ, sogar betrügerisch; Menschen wurden ermutigt, die Zuneigung anderer durch bestimmte Techniken zu erringen, indem sie z. B. Interesse an deren Hobbys heuchelten oder sogar den ›Macht-Blick‹ einsetzten oder sich mit Einschüchterung den Weg durchs Leben bahnten. In einem Teil dieser Literatur spielte auch Charakter eine Rolle. Man sah darin aber eher einen in sich abgeschlossenen Beitrag zum Erfolg und erkannte nicht, daß dieser fundamental und katalytisch war. Der Hinweis auf die Charakter-Ethik geriet meist zum Lippenbekenntnis, der Haupttrend ging in die Richtung griffiger Patent-Techniken zur Einflußnahme, Machtstrategien, Kommunikationsfertigkeiten und positiver Einstellungen.

Ich erkannte, daß diese Image-Ethik auch auf uns, Sandra und mich, Einfluß nahm und auf die Ansätze, die wir bei unserem Sohn anzuwenden versuchten – auch wenn wir uns dessen nicht bewußt waren. Als ich mich weiter dem Unterschied zwischen Charakter- und Image-Ethik widmete, merkte ich, daß Sandra und ich sozial von dem guten Verhalten unserer anderen Kinder profitiert hatten. Dieser eine Sohn fiel dagegen in unseren Augen einfach ab. Unser Image von uns selbst und unserer Rolle als gute, fürsorgliche Eltern war noch tiefer verankert als das Bild unseres Sohnes und hat dieses vielleicht sogar beeinflußt. An *unserer Art zu sehen* und mit dem Problem umzugehen, hing noch viel mehr als unsere Sorge um das Wohlergehen unseres Sohnes.

In langen Gesprächen wurde Sandra und mir schmerzlich bewußt, welch mächtigen Einfluß unser eigener Charakter und unsere Motive auf unsere Wahrnehmung des Jungen nahmen. Wir wußten, daß unsere tieferen Werte derartige soziale Vergleiche ausschließen sollten. Sie waren schließlich kein Ausdruck bedingungsloser Liebe und konnten zu dem geringen Selbstwertgefühl unseres Sohnes beitragen. Also beschlossen wir, unsere Bemühungen auf uns selbst auszurichten – nicht auf unsere Techniken, sondern auf unsere tiefsten Motive und unsere Wahrnehmung des Jungen. Wir gaben unser Bestreben auf, ihn zu ändern, und versuchten statt dessen Abstand zwischen ›ihm‹ und ›uns‹ zu schaffen – seine eigene Identität und Individualität, seine Besonderheit und seinen Wert zu spüren.

Wir begannen, unseren Sohn in seiner Einzigartigkeit *zu sehen.* Wir sahen sein vielschichtiges Potential, das sich auf seine eigene Weise und im für ihn richtigen Tempo verwirklichen würde. Wir beschlossen, uns zu entkrampfen, ihm nicht im Wege zu stehen und seine eigene Persönlichkeit entwickeln zu lassen. Wir *sahen,* daß unsere natürliche Rolle die war, ihn zu bestätigen, zu genießen und wertzuschätzen. Außerdem betrachteten wir kritisch unsere eigenen Motive und kümmerten uns um die Quellen unserer inneren Sicherheit; unser eigenes Selbstwertgefühl sollte nicht von dem ›annehmbaren‹ Verhalten unserer Kinder abhängen.

Als sich unsere ursprüngliche Einstellung dem Jungen gegenüber veränderte und wir wertorientierte Motive entwickelten, tauchten neue Gefühle auf. Statt ihn zu vergleichen oder zu beurteilen, begannen wir ihn zu genießen. Wir hörten auf, ihn unserem eigenen Bild anpassen zu wollen oder ihn an sozialen Erwartungen zu messen. Wir versuchten ihn nicht mehr auf freundliche, positive Weise in eine annehmbare soziale Form zu pressen. Da wir ihn für grundlegend fähig hielten, sein eigenes Leben zu meistern, hörten wir auf, ihn vor dem Spott anderer zu beschützen.

Er war mit diesem Schutz groß geworden, so daß er dabei zunächst unter Entzugsschmerzen litt, die er auch zum Ausdruck brachte. Wir akzeptierten das, reagierten aber meist nicht darauf. Die unausgesprochene Botschaft hieß: »Wir brauchen dich nicht zu beschützen. Du bist grundlegend in Ordnung.«

Im Laufe der folgenden Wochen und Monate begann er ein gewisses Vertrauen in sich selbst zu spüren. Er begann, sich auf seine Weise und in seinem eigenen Tempo zu entfalten. Er wurde schulisch, sozial und sportlich sehr schnell überdurchschnittlich gut und war bald dem sogenannten natürlichen Entwicklungsprozeß um einiges voraus. In den folgenden Jahren wurde er in die Schülermitverwaltung gewählt, gelangte im Sport bis auf die Landesebene und brachte ein Zeugnis mit glatten Einsern nach Hause. Er entwickelte eine einnehmende und vertrauensvolle Persönlichkeit, die ihm angstfreie Beziehungen mit sehr unterschiedlichen Menschen ermöglichte.

Sandra und ich sind der Ansicht, daß die ›sozial beeindruckenden‹ Leistungen unseres Sohnes eher ein Ausdruck der Gefühle waren, die er sich selbst gegenüber entwikkelte, als nur eine Reaktion auf soziale Belohnungen. Das war für uns eine überraschende Erfahrung, aus der wir einiges für den Umgang mit unseren anderen Kindern und auch für andere Lebenssituationen lernten. Damit wurde uns der entscheidende Unterschied zwischen der Image-Ethik und der Charakter-Ethik des Erfolgs auf einer sehr persönlichen Ebene deutlich. In den Psalmen der Bibel findet sich eine Formulierung unserer Überzeugung: »Ergründe sorgfältig dein eigenes Herz, denn ihm entspringen alle Fragen des Lebens.«

Primäre und sekundäre Größe

Die Erfahrung mit meinem Sohn, meine Studien zur Wahrnehmung und zu Erfolg wuchsen zusammen und schufen eines dieser ›Aha!‹-Erlebnisse, bei denen plötzlich alles an den richtigen Platz rückt. Mit einem Mal konnte ich die mächtigen Auswirkungen der Charakter-Ethik erkennen. Ich konnte die subtilen Unterschiede zwischen dem verstehen, was ich als wahr anerkenne (manches davon habe ich als Kind gelernt, anderes ist tief in meinem eigenen Wertsystem verankert), und den Patentlösungs-Philosophien, mit denen ich täglich zu tun hatte. Ich begriff auf einer tieferen Ebene, was ich in den Jahren meiner Arbeit mit Menschen aus allen Lebensbereichen festgestellt hatte: Was ich über Effektivität lehrte, war oft etwas ganz anderes als diese populären Stimmen.

Ich will damit nicht sagen, daß die Elemente der Image-Ethik – Kommunikationstraining und Ausbildung auf dem Gebiet der Einflußstrategien und des positiven Denkens – dem Erfolg nicht zuträglich und manchmal sogar unabdingbar seien. Ich glaube, das sind sie. Aber es handelt sich dabei nicht um primäre, sondern um sekundäre Merkmale. Wir haben auf dem Fundament, das Generationen vor uns gelegt wurde, aufgebaut und dabei die ganze Aufmerksamkeit auf den Aufbau unseres eigenen Gebäudes gerichtet. Wir haben vergessen, wovon es getragen wird.

Ich kann versuchen, Sozialtechniken einzusetzen, um andere Menschen zu etwas zu bewegen: besser zu arbeiten, motivierter zu sein, mich und einander zu mögen. Aber ich kann nicht auf lange Sicht erfolgreich sein, wenn mein eigener Charakter grundsätzliche Störungen aufweist, wenn ich doppelzüngig und unaufrichtig bin. Meine Falschheit wird zu Mißtrauen führen. Dann wird alles, was ich tue, selbst wenn ich sogenannte gute Beziehungstechniken anwende, für Manipulation gehalten. Es macht überhaupt keinen Unterschied, ob die Rhetorik oder die Absichten besonders gut sind; wenn wenig oder kein Vertrauen besteht, gibt es kein Fundament für dauerhaften Erfolg. Nur grundlegende Wahrhaftigkeit verleiht den Techniken Leben.

Sich auf die Techniken zu konzentrieren ist wie Torschluß-Pauken für die Schule. Man kommt damit durch, ab und zu gibt es vielleicht sogar gute Noten. Aber wenn man nicht Tag für Tag lernt und investiert, wird man die Lehrinhalte nie wirklich beherrschen oder ein gebildeter Kopf werden. Haben Sie je überlegt, wie albern es wäre, diese Art des sporadischen Arbeitens auf einem Bauernhof zu betreiben: im Frühjahr die Aussaat zu vergessen, den ganzen Sommer zu spielen und sich dann im Herbst mächtig ins Zeug zu legen, um die Ernte einzubringen? Die Landwirtschaft ist ein natürliches System. Man muß den Preis zahlen und dem Prozeß folgen. Und zu ernten gibt es immer nur das, was man gesät hat – Abkürzungen sind ausgeschlossen.

Dieses Prinzip gilt letzten Endes auch für das menschliche Verhalten und für zwischenmenschliche Beziehungen. Auch sie sind natürliche Systeme, die auf dem Gesetz der Ernte beruhen. Kurzfristig kann man in einem spezifischen sozialen System wie der Schule damit durchkommen, daß man lernt, wie man die von Menschen gemachten Regeln manipuliert, wie man das Spiel spielt. Wenn die Interaktion mit anderen kurzlebig oder einmalig ist, kann man mit der Image-Ethik durchkommen und einen guten Eindruck machen, weil man charmant und geschickt ist und so tut, als würden einen die Hobbys der anderen wirklich interessieren. Es gibt schnelle, einfache Techniken, die leicht zu lernen sind und in manchen vorübergehenden Situationen auch funktionieren. Aber in langfristigen Beziehungen haben diese sekundären Eigenschaften allein keinen anhaltenden Wert. Wenn es an tiefer Integrität und grundlegender Charakterstärke mangelt, werden die Herausforderungen des Lebens die wahren Strukturen und Motive an die Oberfläche holen. Kurzfristiger Erfolg wird einem Versagen in den Beziehungen zu anderen Menschen weichen.

Vielen Leuten mit sekundärer Größe – das heißt sozialer Anerkennung für ihre Talente – fehlt es in ihrem Charakter an primärer Größe oder Güte. Das zeigt sich früher oder später in all ihren Beziehungen, im Geschäftsleben, in der Ehe, im Freundeskreis oder im Umgang mit einem heranwachsenden Kind, das eine Identitätskrise durchmacht. Was sich letztlich doch konsequent mitteilt, ist eben der Charakter. Emerson hat das so formuliert: »Meine Ohren sind so voll von dem, was du bist, daß ich nicht einmal hören kann, was du sagst.«

Es kommt natürlich auch vor, daß Menschen über Charakterstärke verfügen, es ihnen aber an Kommunikationsfähigkeiten mangelt. Auch das beeinflußt zweifellos die Qualität von Beziehungen, aber die Auswirkungen sind noch immer sekundär.

Letztlich vermitteln wir das, was wir *sind,* viel besser als das, was wir *sagen* oder *tun.* Das wissen wir alle. Es gibt Leute, denen wir absolut vertrauen, weil wir ihren Charakter kennen. Das hat nichts damit zu tun, ob sie nun redegewandt sind oder nicht, ob sie Techniken für zwischenmenschliche Beziehungen beherrschen oder nicht. Wir trauen ihnen, und wir arbeiten erfolgreich mit ihnen.

In den Worten von William George Jordan: »In die Hände eines jeden einzelnen ist eine wunderbare Kraft für Gutes oder Böses gelegt – der stille, unbewußte, unsichtbare Einfluß auf sein Leben. Dies ist einfach die beständige Ausstrahlung dessen, was der Mensch wirklich ist, nicht was er zu sein vorgibt.«

Die Macht eines Paradigmas

Die sieben Wege stehen für viele der fundamentalen Prinzipien. Sie repräsentieren die Verinnerlichung guter Prinzipien, auf denen anhaltendes Glück und Erfolg beruhen.

Bevor wir diese sieben Wege richtig begreifen können, müssen wir unsere eigenen ›Paradigmen‹ verstehen und wissen, wie man einen ›Paradigmenwechsel‹ vornimmt.

Sowohl die Charakter-Ethik wie die Image-Ethik sind Beispiele für soziale Paradigmen. Das Wort *Paradigma* kommt aus dem Griechischen, ursprünglich ein wissenschaftlicher Begriff, wird er heute häufig verwendet, um ein Modell, eine Theorie, Wahrnehmung, Annahme oder einen Bezugsrahmen zu bezeichnen. Er bezieht sich allgemein auf die Art, in der wir die Welt ›sehen‹ – nicht als visuelle Wahrnehmung, sondern als Aufnehmen, Verstehen, Interpretieren. Für unsere Zwecke können wir Paradigmen mit Landkarten vergleichen. Wir alle wissen, daß die Landkarte nicht das Land ist. Eine Karte ist einfach eine Erklärung gewisser Aspekte eines Territoriums. Und genau das ist auch ein Paradigma. Es ist eine Theorie, eine Erklärung oder ein Modell von etwas anderem.

Stellen Sie sich vor, Sie wollten an einen bestimmten

Punkt im Zentrum Frankfurts gelangen. Dafür bedienen Sie sich eines Stadtplans. Aber Sie haben einen falschen Plan bekommen. Durch einen Fehler der Druckerei ist das, woran Sie sich zu orientieren versuchen, in Wirklichkeit der Plan von Hannover. Können Sie sich ausmalen, wie frustriert Sie wären, wie wenig effektiv ihre Bemühungen wären, an Ihr Ziel zu gelangen?

Sie könnten Ihr *Verhalten* verändern – sich mehr Mühe geben, noch fleißiger oder doppelt so schnell sein. Aber Ihre Bemühungen würden Sie nur noch schneller an den falschen Ort bringen.

Sie könnten Ihre *Einstellung* verändern – positiver denken. Sie würden noch immer nicht an den richtigen Ort gelangen, aber vielleicht würde Ihnen das nichts mehr ausmachen. Ihre Einstellung wäre so positiv, daß Sie überall glücklich waren.

Leider sind Sie immer noch verloren. Das grundlegende Problem hat nichts mit Ihrem Verhalten oder Ihrer Einstellung zu tun. Es hängt damit zusammen, daß Sie eine falsche Karte haben.

Wenn Sie einen richtigen Plan von Frankfurt haben, *dann* wird Fleiß wichtig. Wenn Sie unterwegs auf frustrierende Hindernisse treffen, *dann* kann es wesentlich auf Ihre Einstellung ankommen. Aber die erste und wichtigste Bedingung ist die Genauigkeit des Stadtplans.

Jeder von uns hat viele, viele Arten von Karten im Kopf. Sie lassen sich in zwei Hauptkategorien unterteilen: Karten, wie *die Dinge sind,* also von *Realitäten,* und Karten, wie *die Dinge sein sollten,* also von *Werten.* Wir interpretieren alles, was wir erfahren, anhand dieser mentalen Landkarten. Dabei stellen wir ihre Genauigkeit selten in Frage. Meist sind wir uns nicht einmal bewußt, daß wir sie benutzen. Wir nehmen einfach an, daß die Art, in der wir die Dinge sehen, auch die Art ist, wie sie sind oder wie sie sein sollten.

Und unsere Einstellungen und unser Verhalten erwachsen aus diesen Annahmen. Die Art, in der wir die Dinge sehen, ist die Quelle unseres Denkens und Handelns.

Bevor wir weitergehen, möchte ich Sie zu einer intellektuellen und emotionalen Erfahrung einladen. Nehmen Sie sich ein paar Sekunden Zeit, das Bild auf Seite 21 zu betrachten.

Und nun schauen Sie sich das Bild auf Seite 23 an, und beschreiben Sie sorgfältig, was Sie sehen.

Sehen Sie eine Frau? Wie alt würden Sie sie schätzen? Wie sieht sie aus? Was hat sie an? In welchen Rollen sehen Sie sie?

Vermutlich werden Sie die Frau auf dem zweiten Bild für ungefähr 25 halten – sehr schön, elegant, mit einer kleinen Nase und einer anmutigen Haltung. Wenn Sie ein alleinstehender Mann wären, würden Sie die Dame vielleicht gern ausführen. Wenn Sie in der Modebranche sind, würden Sie überlegen, ob Sie sie als Model anheuern.

Aber was wäre, wenn Sie ganz falsch liegen? Wenn ich behaupten würde, es handele sich um das Bild einer Frau über 60 oder 70? Sie sieht traurig aus, hat eine riesige Nase und ist ganz gewiß kein Model. Wenn Sie ihr auf der Straße begegnen, würden Sie ihr vermutlich über die Kreuzung helfen.

Wer hat recht? Schauen Sie sich das Bild noch einmal an. Können Sie die alte Frau sehen? Wenn nicht, schauen Sie weiter. Sehen Sie ihre große Nase? Ihren Schal?

Wenn wir einander gegenübersäßen, könnten wir über das Bild diskutieren. Sie könnten mir beschreiben, was Sie sehen, und ich könnte mit Ihnen über das sprechen, was ich sehe. Wir könnten so lange kommunizieren, bis Sie mir deutlich gezeigt hätten, was Sie in dem Bild sehen, und umgekehrt.

Das geht aber nicht. Schlagen Sie daher bitte Seite 25 auf, schauen Sie sich das Bild dort genau an, und blättern Sie dann wieder zu dem von eben zurück. Können Sie jetzt die alte Frau sehen? Es ist wichtig, daß Sie sie sehen können, bevor Sie weiterlesen.

Ich habe diese Übung vor vielen Jahren an der Harvard Business School kennengelernt. Der Professor hat sie eingesetzt, um klar und überzeugend zu demonstrieren, daß zwei

Menschen dasselbe sehen, sich darüber uneinig sein und doch jeder für sich recht haben können. Das ist nicht logisch, das ist psychologisch.

Er brachte einen Stapel großer Karten mit. Die eine Hälfte war mit dem Bild der jungen Frau von Seite 21 bedruckt, die andere mit dem der alten von Seite 25.

Die Karten wurden so verteilt, daß die Studenten auf der einen Seite des Zimmers die alte Frau bekamen, die auf der anderen die junge. Wir betrachteten die Karten, konzentrierten uns etwa zehn Sekunden darauf und gaben sie

dann wieder zurück. Dann projizierte der Professor das Bild von Seite 23, bei dem es sich um eine Kombination der beiden anderen handelt, auf eine Leinwand und forderte die Klasse auf zu beschreiben, was sie sah. Fast jeder, der erst die Karte mit der jungen Frau angeschaut hatte, sah nun auch eine junge Frau auf der Leinwand. Und umgekehrt erkannten die anderen fast alle wieder eine alte Frau.

Der Professor bat einen Studenten von der ›jungen‹ Seite, einem von der ›alten‹ zu erklären, was er sah. Das Gespräch ging kreuz und quer, und es entstanden deutliche Kommunikationsprobleme.

»Was heißt hier ›alt‹? Sie ist doch höchstens 20 oder 22!«

»Ach was! Du machst wohl Witze. Sie ist mindestens 70, geht wahrscheinlich auf die 80 zu!«

»Was ist eigentlich mit dir los? Bist du blind? Diese Dame ist jung und hübsch. Ich würde sie gern mal ausführen. Sie ist schön.«

»Schön? Sie ist eine alte Hexe.«

Die Argumente flogen nur so hin und her, und alle verteidigten standhaft ihre jeweilige Sicht der Sache. All das, obwohl diese Studenten einen ungemein wichtigen Vorteil hatten. Die meisten wußten bereits, daß es tatsächlich verschiedene Sichtweisen geben kann – auch wenn viele das nie zugegeben hätten. Dennoch versuchten anfänglich nur einige wenige Studenten, dieses Bild wirklich in einem anderen Bezugsrahmen zu betrachten.

Nach etlichen vergeblichen Verständigungsversuchen ging ein Student schließlich zur Leinwand, zeigte auf einen Strich in dem Bild und sagte: »Dies ist die Halskette der jungen Frau.« Ein anderer widersprach: »Nein, das ist der Mund der alten Frau.« Langsam begannen sie, ruhig spezifische Bezugspunkte zu besprechen, und schließlich erkannte ein Student nach dem anderen, wie die beiden Bilder ineinandergefügt waren. Durch anhaltend ruhige, respektvolle und genaue Kommunikation konnte schließlich jeder von uns auch die andere Sichtweise annehmen. Wenn wir aber kurz wegschauten und dann wieder auf das

Bild blickten, sahen wir sofort wieder das, worauf wir in den ersten zehn Sekunden konditioniert worden waren.

Ich benutze diese Übung häufig in meiner Arbeit mit Menschen und Organisationen, weil sie viele tiefe Einsichten in persönliche und zwischenmenschliche Effektivität gewährt. Sie zeigt, wie stark Konditionierung unsere Wahrnehmung und unsere Paradigmen beeinflußt. Wenn zehn Sekunden so starke Auswirkungen auf unsere Sichtweise

der Dinge haben können, wie steht es dann mit den lebenslangen Konditionierungen? All die Einflüsse in unserem Leben – Familie, Schule, Verein, Arbeitswelt, Freunde, Kollegen und derzeitige soziale Paradigmen wie die Image-Ethik – haben eine schweigende, unbewußte Wirkung auf uns gehabt und dazu beigetragen, unseren Bezugsrahmen, unsere Paradigmen und Landkarten zu formen.

Außerdem macht die Übung deutlich, daß diese Paradigmen die Quelle unserer Einstellungen und unseres Verhaltens sind. Nur innerhalb dieser Paradigmen können wir integer handeln. Es kann keine Integrität geben, wenn wir anders sprechen oder gehen, als wir sehen. Wenn Sie zu den 90 Prozent gehören, die nach der entsprechenden Konditionierung auch im zweiten Bild die junge Frau sehen, fanden Sie zweifellos eben die Vorstellung merkwürdig, ihr über die Straße zu helfen. Ihre *Einstellung* zu der Frau und Ihr *Verhalten* ihr gegenüber mußten mit dem übereinstimmen, wie Sie sie *gesehen* haben.

Das führt uns zu einem der grundsätzlichen Mängel der Image-Ethik. Der Versuch, die äußeren Einstellungen und Verhaltensweisen zu ändern, bringt auf lange Sicht sehr wenig, wenn wir dabei nicht die grundlegenden Paradigmen untersuchen, denen diese Einstellungen und Verhaltensweisen entspringen.

Diese Wahrnehmungsübung zeigt außerdem, wie stark unsere Paradigmen die Art und Weise beeinflussen, in der wir mit anderen Menschen interagieren. Auch wenn wir die Dinge klar und objektiv zu sehen glauben, beginnen wir zu erkennen, daß andere sie aus ihrer offenbar ebenso klaren und objektiven Sichtweise anders sehen. »Wo wir stehen, hängt davon ab, wo wir sitzen.«

Jeder von uns neigt zu dem Glauben, er sähe die Dinge, wie sie sind, er sei *objektiv.* Aber so ist es nicht. Wir sehen die Welt nicht so, wie *sie ist,* sondern so, wie *wir sind* – oder wie wir sie zu sehen konditioniert sind. Wenn wir den Mund aufmachen, um zu beschreiben, was wir sehen, beschreiben wir eigentlich uns selbst, unsere Wahrnehmungen und unsere Paradigmen. Wenn jemand anderer Meinung ist, denken wir automatisch, mit ihm sei irgend etwas nicht in Ordnung. Aber wie die Übung zeigt, sehen auch ernsthafte, nüchterne Menschen die Dinge ganz unterschiedlich; jeder schaut durch die einzigartige Brille seiner persönlichen Erfahrungen.

Das heißt nicht, daß es keine Tatsachen gibt. Bei der Übung schauen sich zwei Menschen, die anfangs verschiedenen konditionierenden Einflüssen ausgesetzt waren, das dritte Bild gemeinsam an. Sie betrachten nun dieselben

identischen Tatsachen – schwarze Striche und weiße Flächen –, und sie würden beide diese als Tatsachen anerkennen. Aber die jeweilige Interpretation dieser Tatsachen repräsentiert frühere Erfahrungen, und die Tatsachen haben außerhalb dieser Interpretation keinerlei Bedeutung. Je bewußter wir uns unserer grundlegenden Paradigmen, Karten oder Annahmen sind, je besser wir wissen, in welchem Umfang wir von unserer Erfahrung beeinflußt worden sind, desto mehr Verantwortung können wir für diese Paradigmen übernehmen. Wir können sie genauer untersuchen, sie mit der Realität vergleichen, auf andere hören und für deren Wahrnehmungen offen sein und dadurch zu einem breiteren Bild und einer objektiveren Sichtweise gelangen.

Die Macht eines Paradigmenwechsels

Die wichtigste Einsicht aus dieser Wahrnehmungsübung finden wir auf dem Gebiet des Paradigmenwechsels. Es ist das, was wir gern ein ›Aha!‹-Erlebnis nennen: Der Betrachter kann das zusammengesetzte Bild endlich auch anders ›sehen‹. Je stärker jemand an die ursprüngliche Wahrnehmung gebunden ist, desto stärker das ›Aha!‹-Erlebnis. Plötzlich geht einem ein Licht auf – wie bei dem Mini-Paradigmenwechsel, den ich an einem Sonntag vormittag in der New Yorker U-Bahn erlebte. Die Passagiere saßen still da, manche lasen Zeitung, andere waren in Gedanken verloren, einige hatten die Augen geschlossen und ruhten sich aus. Es war eine ruhige, friedliche Szene.

Dann stieg ein Mann mit seinen Kindern ein. Die Kleinen waren laut und ungestüm, die ganze Stimmung änderte sich abrupt.

Der Mann setzte sich neben mich und machte die Augen zu. Er nahm die Situation offenbar überhaupt nicht wahr. Die Kinder schrien herum, warfen Sachen hin und her, zerrten sogar an den Zeitungen der anderen Fahrgäste. Sie waren sehr störend. Aber der Mann neben mir tat gar nichts.

Es war schwierig, nicht davon irritiert zu sein. Ich konnte nicht fassen, daß er so teilnahmslos war, daß er seine Kinder dermaßen herumtoben ließ und nichts dagegen tat, überhaupt keine Verantwortung übernahm. Es war deutlich, daß sich auch alle anderen in der U-Bahn ärgerten. Mit aus meiner Sicht ungewöhnlicher Geduld und Zurückhaltung sprach ich ihn schließlich an:»Ihre Kinder stören wirklich sehr viele Leute hier. Könnten Sie sie nicht vielleicht etwas mehr unter Kontrolle bringen?«

Der Mann hob die Augen, als ob er sich zum erstenmal der Situation bewußt würde, und sagte leise:»Oh, Sie haben recht. Ich sollte etwas dagegen tun. Wir kommen gerade aus dem Krankenhaus, wo ihre Mutter vor einer Stunde gestorben ist. Ich weiß nicht, was ich denken soll, und die Kinder haben vermutlich auch keine Ahnung, wie sie damit umgehen sollen.«

Können Sie sich vorstellen, was ich in dem Augenblick empfand? Mein Paradigma wechselte. Plötzlich *sah* ich die Dinge anders, und da ich anders *sah, dachte, fühlte* und *verhielt* ich mich auch anders. Mein Ärger löste sich auf. Ich brauchte mich nicht darum zu bemühen, meine Einstellung oder mein Verhalten unter Kontrolle zu halten; mein Herz war von dem Schmerz des Mannes erfüllt. Mitgefühl und Sympathie konnten frei fließen.»Ihre Frau ist gerade gestorben? Oh, das tut mir so leid. Wollen Sie darüber sprechen? Kann ich irgendwie helfen?«Alles veränderte sich in einem kurzen Augenblick.

Viele Menschen erleben einen ähnlich fundamentalen Wechsel im Denken, wenn sie in einer lebensbedrohlichen Krise stehen und plötzlich ihre Prioritäten in einem anderen Licht sehen, wenn sie in eine neue Rolle wechseln, Ehemann oder -frau werden, Eltern oder Großeltern, Manager oder Führungskraft.

Wir könnten Wochen, Monate und sogar Jahre damit zubringen, an unseren Einstellungen und Verhaltensweisen im Rahmen der Image-Ethik zu arbeiten, ohne auch nur annähernd so große Veränderungen zu bewirken wie die, die spontan auftreten, wenn wir Dinge anders sehen.

Wenn wir nur relativ kleine Veränderungen in unserem Leben vornehmen wollen, können wir das vielleicht dadurch erreichen, daß wir uns unseren Einstellungen und Verhaltensweisen widmen. Eine bedeutsame, umfassende Veränderung verlangt dagegen, daß wir an unseren grundlegenden Paradigmen arbeiten.

In den Worten von Henry Thoreau:»Auf je tausend, die an den Blättern des Bösen zupfen, kommt einer, der an der Wurzel hackt.« Wir können nur dann große Verbesserungen in unserem Leben erzielen, wenn wir aufhören, an den Blättern der Einstellungen und Verhaltensweisen zu zupfen, und die Arbeit an der Wurzel aufnehmen, an den Paradigmen, denen diese Einstellungen und Verhaltensweisen entsprießen.

Sehen und Sein

Natürlich erfolgen nicht alle Paradigmenwechsel von einer Minute auf die nächste. Anders als meine plötzliche Einsicht in der U-Bahn war das Erlebnis des Paradigmenwechsels, das Sandra und ich mit unserem Sohn hatten, ein langsamer, schwieriger und absichtsvoller Prozeß. Die Art, wie wir zunächst mit dem Jungen umgegangen waren, war das Ergebnis jahrelanger Konditionierungen und Erfahrungen mit der Image-Ethik. Sie entstammte tiefliegenden Paradigmen über unseren eigenen Erfolg als Eltern sowie das Maß des Erfolgs unserer Kinder. Und erst, als wir diese grundlegenden Paradigmen geändert hatten und die Dinge anders sahen, konnten wir bei uns selbst und in der Situation eine maßgebliche Veränderung schaffen.

Um unseren Sohn anders zu *sehen,* mußten Sandra und ich anders *sein.* Unser neues Paradigma wurde geschaffen, als wir uns dem Wachstum und der Entwicklung unseres eigenen Charakters widmeten.

Paradigmen sind nicht vom Charakter zu trennen. In der menschlichen Dimension ist *sehen* zugleich auch *sein.* Und was wir *sehen* (wahrnehmen), steht in enger Wechselwirkung zu dem, was wir *sind.* Wir können unser Sehen nicht sehr verändern, ohne gleichzeitig unser Sein zu ändern, und umgekehrt.

Selbst bei meinem scheinbar so spontanen Paradigmenwechsel an dem Morgen in der U-Bahn war die Änderung meiner Sicht ein Ergebnis meines grundlegenden Charakters – und seiner Begrenzungen.

Ich bin sicher, daß es Leute gibt, die auch dann, wenn sie plötzlich die wahre Lage begriffen hätten, nicht mehr als einen Anflug von Bedauern oder eine unbestimmte Schuld verspürt hätten und weiter in peinlichem Schweigen neben dem trauernden, verwirrten Mann gesessen hätten. Andererseits bin ich genauso sicher, daß es Leute gibt, die von Anfang an einfühlsamer gewesen wären, gleich erkannt hätten, daß es um ein tieferes Problem ging, und früher Hilfe angeboten hätten als ich. Paradigmen sind mächtig, da sie die Brille schaffen, durch die wir die Welt sehen. Die Macht eines Paradigmenwechsels ist die essentielle Macht entscheidender Veränderungen, unabhängig davon, ob dieser Wechsel sofort erfolgt oder ein langsamer und bewußter Prozeß ist.

Das prinzipien-orientierte Paradigma

Die Charakter-Ethik beruht auf der grundlegenden Vorstellung von *Prinzipien,* die die Effektivität des Menschen bestimmen – von natürlichen Gesetzen, die in der menschlichen Dimension ebenso wirklich, unveränderlich und unbestreitbar vorhanden sind wie die Gesetze der Schwerkraft in der physikalischen.

Eine Vorstellung von der Wirklichkeit und den Auswirkungen solcher Prinzipien bietet Frank Koch in seiner Beschreibung eines Paradigmenwechsels in der Zeitschrift des Marine-Instituts.

Zwei der Ausbildungsschwadron zugeteilte Kriegsschiffe übten seit Tagen bei schwerem Wetter Manöver. Ich fuhr auf dem Leitschiff und hatte gegen Abend Dienst auf der Brücke. Nebelschwaden erschwerten die Sicht, also blieb auch der Kapitän oben und überwachte alles.

Kurz nach Anbruch der Dunkelheit meldete der Ausguck: »Licht steuerbord voraus!«

»Bleibt es stehen, oder bewegt es sich achteraus?«

Der Ausguck antwortete: »Es bleibt, Kapitän.« Das hieß, daß wir uns auf einem gefährlichen Kollisionskurs mit dem anderen Schiff befanden.

Da rief der Kapitän dem Signalgast zu: »Schicken Sie dem Schiff ein Signal: Wir sind auf Kollisionskurs, empfehlen 20 Grad Kursänderung.«

Zurück kam das Signal: »Empfehlen Ihnen, den Kurs um 20 Grad zu ändern.«

Der Kapitän sagte: »Melden Sie: ›Ich bin ein Kapitän, Kurs um 20 Grad ändern.‹«

»Ich bin ein Unteroffizier«, lautete die Antwort. »Sie sollten Ihren Kurs besser um 20 Grad ändern.«

Inzwischen war der Kapitän ziemlich wütend. Er schimpfte: »Signalisieren Sie, daß ich ein Kriegsschiff bin. Er soll den Kurs um 20 Grad ändern.«

Prompt wurde eine Antwort zurückgeblinkt: »Ich bin ein Leuchtturm.« Wir änderten unseren Kurs.

Der Paradigmenwechsel, den der Kapitän – und wir beim Lesen dieser Erzählung – erfahren haben, verändert die Sache vollkommen. Die Realität, die wir sehen, ist durch eine begrenzte Wahrnehmung bestimmt; dies gilt in unserem täglichen Leben ebenso wie für den Kapitän im Nebel.

Prinzipien sind wie Leuchttürme. Es sind Naturgesetze, die man nicht durchbrechen kann. Wie Cecil de Mille in seinem Monumentalfilm *Die zehn Gebote* sagte: »Wir können unmöglich das Gesetz brechen. Wir können nur uns selbst gegen das Gesetz brechen.«

Zwar kann der einzelne sein Leben und seine Interaktionen in Form von Paradigmen oder Landkarten betrachten, die aus seinen Erfahrungen erwachsen, aber diese Landkarten sind nicht das Territorium. Sie sind eine ›subjektive Realität‹, nicht mehr als ein Versuch, das Territorium zu beschreiben.

Die ›objektive Realität‹ oder das Territorium selbst besteht aus ›Leuchtturm‹-Prinzipien, die das Wachstum und Glück des Menschen bestimmen. Das sind natürliche Gesetze, Teil des Gewebes einer jeden zivilisierten Gesellschaft in der Geschichte. Sie bilden die Wurzeln jeder Familie und Institution, die überlebt und gedeiht. Die Existenz dieses Territoriums hängt nicht davon ab, in welchem Umfang unsere geistigen Landkarten sie genau beschreiben.

Die Wirklichkeit solcher Prinzipien oder natürlichen Gesetze wird jedem offensichtlich, der gründlich nachdenkt und die Zyklen der Sozialgeschichte untersucht. Diese Prinzipien tauchen immer und immer wieder auf. Wie gut die Menschen in einer Gesellschaft sie erkennen und in Harmonie mit ihnen leben, entscheidet darüber, ob sie sich auf Überleben und Stabilität zubewegen oder auf Desintegration und Zerstörung.

Die Prinzipien, von denen ich hier spreche, sind keine esoterischen, geheimnisvollen oder ›religiösen‹ Vorstellungen. Es gibt in diesem Buch kein einziges Prinzip, das für irgendeine bestimmte Religion oder Glaubensrichtung einschließlich meiner eigenen spezifisch wäre. Diese Prinzipien sind Teil fast jeder größeren, bleibenden Religion sowie beständiger Sozialphilosophien und ethischer Systeme. Sie sind evident und lassen sich leicht von jedermann verifizieren. Es ist beinahe so, als seien diese Prinzipien oder natürlichen Gesetze Teil der conditio humanae, des menschlichen Bewußtseins, des menschlichen Gewissens. Sie scheinen in allen Menschen vorhanden zu sein, unabhängig von der sozialen Konditionierung und der Loyalität ihnen gegenüber, auch wenn sie manchmal unterdrückt oder betäubt sein mögen.

Ich meine damit zum Beispiel ein Prinzip wie *Fairneß,* aus dem heraus sich unser ganzes Konzept von Gleichheit und Gerechtigkeit entwickelt hat. Kleine Kinder scheinen selbst bei gegenläufigen Konditionierungen ein angeborenes Gespür für den Gedanken der Fairneß zu haben. In der Frage, wie sie definiert und erreicht wird, gibt es riesige Unterschiede, aber die Vorstellung selbst ist beinahe universell.

Andere Beispiele wären *Integrität* und *Ehrlichkeit.* Sie schaffen die Vertrauensgrundlage, die für Kooperation und langfristiges persönliches und zwischenmenschliches Wachstum notwendig ist.

Dann gibt es das Prinzip des Respekts vor der *Würde des Menschen.* Das grundlegende Konzept in der Unabhängigkeitserklärung der Vereinigten Staaten von Amerika handelt von diesem Wert oder Prinzip: »Wir halten diese Wahrheiten für offenbar und keines weiteren Beweises bedürftig: daß alle Menschen gleich sind von Geburt, daß sie von ihrem Schöpfer mit Gewissen, unveräußerlichen Rechten ausgestattet sind, daß zu diesen Leben, Freiheit und das Streben nach Glück gehören.«

Ein weiteres Prinzip ist das *Dienen* oder der Gedanke, einen Beitrag zum Allgemeinwohl zu leisten. Weiterhin das Prinzip der *Qualität* oder der *Spitzenleistungen.* Es gibt das Prinzip der *Potentialität,* die Vorstellung, wir seien embryonal, könnten wachsen, uns entwickeln und immer mehr Potential freisetzen, immer mehr Talente entwickeln. Diesem Prinzip nah verwandt ist das des *Wachstums,* des Prozesses, Potentiale freizusetzen und Talente zu entwickeln. Damit geht die Notwendigkeit begleitender Prinzipien wie *Geduld, Pflege* und *Ermutigung* einher.

Prinzipien sind keine *Praktiken.* Eine Praktik ist eine spezifische Aktivität oder Handlung. Praktiken, die unter bestimmten Bedingungen funktionieren, tun das nicht notwendigerweise auch unter anderen. Das können alle Eltern bestätigen, die versucht haben, ihr zweites Kind genauso großzuziehen wie das erste.

Praktiken sind situationsspezifisch, Prinzipien dagegen beruhen auf tiefen, fundamentalen Wahrheiten mit universeller Anwendbarkeit. Sie gelten für den einzelnen, für Ehen, Familien, private und öffentliche Organisationen jeder Art. Wenn diese Wahrheiten so internalisiert werden, daß sie zu Prinzipien werden, geben sie Menschen die Macht, ein breites Spektrum von Praktiken zu schaffen, um mit unterschiedlichen Situationen umzugehen.

Prinzipien sind keine *Werte.* Eine Bande von Dieben

kann zwar gemeinsame Werte haben, aber die verletzen die fundamentalen Prinzipien, über die wir hier sprechen. Prinzipien sind das Territorium. Werte sind Landkarten. Wenn wir korrekte Prinzipien wertschätzen, haben wir Wahrheit – ein Wissen um die Dinge, wie sie sind.

Prinzipien sind Richtlinien für das Betragen des Menschen, die bewiesen haben, daß sie von anhaltendem, beständigem Wert sind. Sie sind fundamental. Man kann im Grunde nicht gegen sie argumentieren, da sie aus sich selbst heraus offensichtlich sind. Das kann man ganz schnell verstehen, wenn man darüber nachdenkt, wie absurd es wäre, ein effektives Leben führen zu wollen, das auf den Gegensätzen zu diesen Prinzipien beruht. Ich bezweifle, daß irgend jemand ernsthaft Unfairneß, Betrug, Niedertracht, Nutzlosigkeit, Mittelmäßigkeit oder Degeneration als solide Grundlage für anhaltendes Glück und Erfolg betrachten würde. Man kann sich zwar darüber streiten, wie diese Prinzipien definiert, manifestiert oder erreicht werden können, aber es scheint eine angeborene Bewußtheit davon zu geben, daß sie existieren.

Je besser unsere Landkarten und Paradigmen mit diesen Prinzipien oder natürlichen Gesetzen übereinstimmen, desto genauer und funktionaler werden sie sein. Korrekte Landkarten werden stärkere Auswirkungen auf unsere persönliche und zwischenmenschliche Effektivität haben, als es jede Art von Bestreben, unsere Einstellungen und Verhaltensweisen zu ändern, je könnte.

Die Prinzipien von Wachstum und Wandel

Die Image-Ethik bezieht ihren verlockenden Glanz und ihre enorme Anziehungskraft, ihre Beliebtheit und ihre schnelle Verbreitung daraus, daß sie eine wenig Anstrengung kostende und einfache Methode zu sein scheint, Lebensqualität (persönliche Effektivität und reiche, tiefe Beziehungen mit anderen Menschen) zu finden, ohne den natürlichen

Prozeß von Arbeit und Wachstum zu durchlaufen, der dies erst möglich macht.

Sie ist ein Symbol ohne Substanz und entspricht dem Schema von ›schnell reich werden‹, das ›Wohlstand ohne Arbeit‹ verspricht. Und vielleicht gelingt das manchmal sogar – aber es bleibt Ränkeschmiederei.

Die Image-Ethik ist illusionär und trügerisch. Mit ihren Techniken und Patentlösungen qualitativ hochstehende Ergebnisse erzielen zu wollen ist ungefähr genauso effektiv, wie sich mit dem Stadtplan von Hannover in Frankfurt zurechtzufinden.

In den Worten von Erich Fromm, der ein genauer Beobachter der Wurzeln und Früchte dessen war, was wir Image-Ethik nennen:

> Wir treffen heute auf ein Individuum, das sich wie ein Automat verhält, das sich selbst nicht kennt oder versteht. Die einzige Person, die es kennt, ist die Person, die es sein soll, bei der bedeutungsloses Plappern das kommunikative Sprechen, künstliches Lächeln ein echtes Lachen ersetzt und das Gefühl dumpfer Verzweiflung den Platz echten Schmerzes eingenommen hat. Über dieses Individuum kann man zweierlei aussagen. Zum einen leidet es unter einem unheilbar scheinenden Mangel an Spontanität und Individualität. Zum anderen unterscheidet es sich nicht wesentlich von den Millionen von uns anderen, die auf dieser Erden wandeln.

Das ganze Leben kennt aufeinanderfolgende Stadien von Wachstum und Entwicklung. Ein Kind lernt erst, sich umzudrehen, sich hinzusetzen, zu krabbeln und dann zu laufen und zu rennen. Jeder Schritt ist wichtig, und jeder braucht seine Zeit. Man kann keinen überspringen.

Das gilt für alle Phasen des Lebens, alle Gebiete von Entwicklung, für das Klavierspielen ebenso wie für effektive Kommunikation mit einem Geschäftspartner. Es gilt für den einzelnen, für Ehen, Familien und Organisationen.

Wir kennen und akzeptieren diese Tatsache oder dieses Prinzip des *Prozesses* im Bereich der physischen Dinge. Weniger üblich und schwieriger ist es, es auch auf emotionalem

Gebiet bei zwischenmenschlichen Beziehungen oder sogar im Hinblick auf den persönlichen Charakter zu verstehen. Und selbst wenn wir es verstehen, ist es immer noch schwierig, dieses Prinzip zu akzeptieren und im Einklang mit ihm zu leben. Daher suchen wir oft nach einer Abkürzung und erwarten von ihr, einige entscheidende Schritte überspringen zu können. Wir wollen Zeit und Mühe sparen und dennoch die gewünschten Ergebnisse ernten.

Aber was geschieht, wenn wir versuchen, einen natürlichen Prozeß in unserem Wachstum und unserer Entwicklung abzukürzen? Was geschieht, wenn Sie nur ein mittelmäßiger Tennisspieler sind, sich aber entscheiden, in einer höheren Klasse zu spielen, um einen besseren Eindruck zu machen? Würde das positive Denken allein ausreichen, um Sie effektiv gegen einen Profi antreten zu lassen?

Was wäre, wenn Sie Ihren Freunden erzählten, Sie könnten konzertreif Klavier spielen, obwohl Ihre tatsächlichen Fertigkeiten bestenfalls anfängerhaft sind?

Die Antworten sind klar. Es ist einfach unmöglich, diesen Entwicklungsprozeß zu verletzen, zu ignorieren oder abzukürzen. Das ist gegen die Natur, und die Suche nach einer solchen Abkürzung führt zu Enttäuschung und Frustration.

Wenn ich auf einer Zehn-Punkte-Skala mit irgend etwas bei Ebene zwei liege und zu Ebene fünf will, dann muß ich erst den Schritt zu Ebene drei machen. »Eine lange Reise beginnt mit dem ersten Schritt«, und man kann immer nur einen Schritt auf einmal machen.

Wenn Sie einem Lehrer nicht durch entsprechende Fragen oder das Kundtun Ihres Wissensstandes zu erkennen geben, auf welcher Ebene Sie sich befinden, werden Sie weder lernen noch wachsen. Sie können nicht lange so tun, als ob. Man wird Ihnen bald auf die Schliche kommen. Zuzugeben, wie unwissend wir sind, ist oft der erste Schritt in unserer Weiterbildung. Thoreau lehrte: »Wie können wir uns an unser Unwissen erinnern, das für unser Wachstum notwendig ist, wenn wir die ganze Zeit über unser Wissen benutzen?«

Ich erinnere mich an einen Vorfall, bei dem zwei junge Frauen, Töchter eines Bekannten, weinend zu mir kamen. Sie beklagten sich, ihr Vater sei so streng und habe so wenig Verständnis. Aus Angst vor den Konsequenzen konnten sie nicht offen mit ihren Eltern sein. Und doch brauchten sie dringend die Liebe, Unterstützung und Anleitung dieser Eltern.

Ich sprach mit dem Vater und stellte fest, daß er sich intellektuell dessen bewußt war, was ablief. Er gab zwar zu, daß seine Stimmungslagen Probleme machten, lehnte es aber ab, dafür die Verantwortung zu übernehmen und ehrlich die Tatsache zu akzeptieren, daß er auf einer niedrigen emotionalen Entwicklungsebene stand. Sein Stolz machte es ihm unmöglich, den ersten Schritt in Richtung Veränderung zu tun.

Um effektive Beziehungen zu einem Ehepartner, Kindern, Freunden oder Kollegen zu unterhalten, müssen wir zunächst lernen zuzuhören. Und das erfordert emotionale Stärke. Um zuzuhören, brauchen wir Geduld, Offenheit und den Wunsch zu verstehen – hochentwickelte Charaktereigenschaften. Es ist so viel einfacher, von einer niedrigen emotionalen Ebene aus zu agieren – und dabei scheinbar hochqualifizierten Rat zu erteilen.

Beim Klavier- oder Tennisspielen ist unser Entwicklungsstand sehr deutlich. Jeder Täuschungsversuch fliegt sofort auf. Aber auf dem Gebiet von Charakter und emotionaler Entwicklung ist weniger offensichtlich zu erkennen, wo wir stehen. Wir können einem Fremden oder einem Freund etwas vormachen, wir können so tun als ob. Und das kann eine Weile sogar gelingen – zumindest in der Öffentlichkeit. Wir können sogar uns selbst täuschen. Aber ich glaube, die meisten von uns kennen die Wahrheit darüber, was wir im Inneren wirklich sind; und das gilt gewiß auch für viele der Menschen, die mit uns leben und arbeiten.

Ich habe in der Geschäftswelt oft genug gesehen, welche Konsequenzen der Versuch hat, den natürlichen Prozeß des Wachstums abzukürzen. Da versuchen Manager eine neue Kultur mit besserer Produktivität, Qualität, Moral und hervorragendem Service zu ›kaufen‹: durch starke Reden, viel Lächeln und äußere Interventionen oder durch Fusionen, Akquisitionen und freundliche oder unfreundliche Übernahmen. Aber sie ignorieren, daß solche Manipulationen zu einem Klima mangelnden Vertrauens führen. Wenn ihre Methoden nicht greifen, suchen sie nach anderen Techniken der Image-Ethik – und ignorieren und verletzen dabei beständig die natürlichen Prinzipien und Prozesse, auf denen eine Kultur mit einem hohen Maß an Vertrauen beruht.

Ich erinnere mich daran, wie ich selbst dieses Gebot vor vielen Jahren ausgerechnet in meiner Vaterrolle verletzt habe. Ich kam nachmittags zum Kindergeburtstag meiner dreijährigen Tochter nach Hause. Sie hockte in einer Ecke des Wohnzimmers und umklammerte trotzig all ihre Geschenke. Kein anderes Kind sollte damit spielen dürfen. Als allererstes bemerkte ich, daß verschiedene andere Eltern im Zimmer Zeugen dieses selbstsüchtigen Verhaltens waren. Das war mir peinlich. Doppelt peinlich deswegen, weil ich zu der Zeit an der Universität Kurse über zwischenmenschliche Beziehungen gab. Und ich kannte, oder spürte doch zumindest, die Erwartung dieser Eltern.

Die Atmosphäre in dem Raum war wirklich aufgeladen. Die anderen Kinder drängten sich um meine Tochter, streckten die Hände aus und wollten mit den Geschenken spielen, die sie ihr gerade gebracht hatten. Und meine Tochter lehnte trotzig ab. Ich sagte zu mir selbst: »Ich sollte ihr gewiß beibringen zu teilen. Der Wert des Miteinander-Teilens ist schließlich eine unserer grundlegendsten Überzeugungen.«

Also versuchte ich es zunächst mit einer einfachen Bitte: »Schatz, würdest du bitte das Spielzeug, das deine Freunde dir mitgebracht haben, mit ihnen teilen?«

»Nein!« Die Antwort war klar und deutlich.

Als zweite Methode versuchte ich es mit ein wenig Vernunft. »Wenn du es lernst, mit ihnen dein Spielzeug zu teilen, wenn sie bei dir sind, dann werden sie dich auch mit ihrem spielen lassen, wenn du bei ihnen bist.«

Wieder lautete die sofortige Antwort: »Nein!«

Nun wuchs meine Verlegenheit. Es war deutlich, daß ich keinen Einfluß auf sie nehmen konnte. Die dritte Methode war Bestechung. Ganz leise sagte ich: »Schätzchen, wenn du teilst, habe ich eine besondere Überraschung für dich. Ich gebe dir einen Kaugummi.«

»Ich will keinen Kaugummi!« explodierte sie.

Nun wurde ich ziemlich ärgerlich. Bei meinem vierten Versuch griff ich zu Angst und Drohungen. »Wenn du nicht teilst, wirst du Schwierigkeiten bekommen!«

»Das macht mir nichts!« schrie sie. »Dies sind meine Sachen. Ich muß sie mit niemandem teilen!«

Schließlich setzte ich Gewalt ein. Ich nahm einfach einen Teil der Spielsachen und verteilte sie. »Hier Kinder, spielt damit.« Dabei brauchte meine Tochter vielleicht die Erfahrung, die Dinge wirklich zu besitzen, bevor sie sie geben konnte. (Kann ich eigentlich überhaupt etwas wirklich geben, wenn ich es nicht ganz besitze?) Sie brauchte einen Vater mit einer höheren Ebene von emotionaler Reife, um ihr diese Erfahrung zu geben.

Aber mir war in dem Moment die Meinung der anderen Eltern über mich wichtiger als das Wachstum und die Entwicklung meines Kindes und unsere Beziehung zueinander. Ich habe einfach ein erstes Urteil gefällt: Ich war im Recht, sie sollte teilen, und es war unrecht von ihr, das nicht zu tun. Vielleicht hatte ich einfach deswegen höhere Erwartungen an sie, weil ich mich auf meiner eigenen Skala auf einer niedrigeren Ebene befand. Ich war unfähig oder unwillig, *Geduld* und *Verständnis* zu geben, also erwartete ich von ihr, *Dinge* zu geben. In dem Versuch, meinen Mangel auszugleichen, *borgte ich Stärke* aus meiner Position und Autorität und zwang sie zu tun, was ich von ihr wollte.

Aber Stärke zu borgen baut Schwäche auf. Es baut Schwäche in dem Borgenden auf, weil es die Abhängigkeit von äußeren Faktoren verstärkt. Und es baut Schwäche in dem Menschen auf, der gezwungen ist nachzugeben. Es behindert die Entwicklung von unabhängiger Vernunft, Wachstum und innerer Disziplin. Außerdem baut es auch

Schwäche in der Beziehung auf. Kooperation wird durch Angst ersetzt, und die beiden Betroffenen werden despotischer und defensiver.

Und was geschieht, wenn die Quelle der geborgten Stärke – sei es überlegene Größe oder körperliche Kraft, die Position, Autorität, Statussymbole, Auftreten oder bisherige Leistungen – sich ändert oder nicht mehr da ist?

Wäre ich reifer gewesen, hätte ich mich auf meine eigene intrinsische Stärke, mein Verständnis von Teilen und Wachstum und meine Kapazität, zu lieben und zu nähren, verlassen können. Dann hätte ich meiner Tochter erlauben können, selbst frei zu entscheiden, ob sie teilen wollte oder nicht. Vielleicht hätte ich nach meinem Versuch, sie mit Vernunft zu überzeugen, die Aufmerksamkeit der anderen Kinder auf ein interessantes Spiel lenken und damit meine Tochter von diesem ganzen emotionalen Druck befreien können. Ich habe gelernt, daß Kinder, wenn sie erst einmal ein Gefühl von wirklichem Besitzen errungen haben, ganz natürlich, frei und spontan teilen.

Meine Erfahrung ist die, daß es Zeiten gibt zu lehren und Zeiten, nicht zu lehren. Wenn Beziehungen gespannt sind und die Luft voller Emotionen ist, wird der Versuch zu lehren oft als eine Form von Beurteilung und Ablehnung wahrgenommen. Viel besser scheint es zu wirken, wenn man mit dem Kind allein in einem Moment, in dem die Beziehung gut ist, über die Themen spricht. Es kann sein, daß die emotionale Reife, es so zu handhaben, damals über meiner Ebene von Geduld und innerer Kontrolle lag. Vielleicht muß das Gefühl des Besitzens vor dem Gefühl echten Teilens kommen. Viele Menschen, die mechanisch geben oder sich in ihren Ehen und Familien weigern, zu geben und zu teilen, haben vielleicht nie ihre eigene Identität und ihr eigenes Selbstwertgefühl erfahren, wissen nicht, was es heißt, sich selbst zu besitzen. Unseren Kindern wirklich wachsen zu helfen kann bedeuten, so geduldig zu sein, daß sie ein Gefühl von Besitzen erlangen, und so weise zu sein, sie den Wert des Gebens zu lehren und selbst mit gutem Beispiel voranzugehen.

Unsere Art, das Problem zu *sehen*, *ist* das Problem

Wenn sich im Leben von Individuen, Familien und Organisationen positive Dinge abspielen, die auf soliden Prinzipien beruhen, sind die Menschen fasziniert. Sie bewundern so viel persönliche Stärke und Reife, solche Familieneinigkeit und Teamarbeit, solch anpassungsfähige synergistische Organisationskulturen.

Und ihre erste Frage enthüllt ihr grundlegendes Paradigma. »Wie hast du das gemacht? Bring mir die Techniken bei.« Damit sagen sie in Wirklichkeit: »Gib mir eine Patentlösung oder einen Ratschlag, der den Schmerz in meiner eigenen Situation lindern wird.«

Sie werden Leute finden, die ihre Wünsche erfüllen und sie diese Dinge lehren; und kurzfristig mögen die neuen Fertigkeiten und Techniken funktionieren. Sie können einige der kosmetischen oder akuten Probleme durch soziales Aspirin und Heftpflaster beheben.

Aber der zugrundeliegende chronische Zustand bleibt bestehen, und schließlich werden wieder neue Symptome auftauchen. Je mehr die Leute auf schnelle Lösungen ausgerichtet sind und auf die akuten Probleme und den Schmerz schauen, desto mehr trägt dies zum chronischen Zustand bei.

Die Art, in der wir das Problem *sehen, ist* das Problem.

Schauen Sie sich noch einmal einige der am Anfang dieses Kapitels genannten Probleme und die Auswirkungen einer auf der Image-Ethik beruhenden Denkweise an.

Ich habe schon an so vielen Kursen über effektives Management-Training teilgenommen. Ich erwarte von meinen Angestellten eine Menge, und ich arbeite hart daran, freundlich zu ihnen zu sein und sie richtig zu behandeln. Aber ich spüre bei ihnen keine Loyalität. Wenn ich einen Tag krank zu Hause bleiben müßte, würden sie wahrscheinlich die meiste Zeit plaudernd auf dem Gang stehen. Wieso kann ich sie nicht dahin bringen, unabhängig und verantwortungsbewußt zu sein – oder Angestellte finden, die sich so verhalten können?

Die Image-Ethik sagt mir, daß ich irgendeine Art von dramatischen Handlungen begehen könnte – die Dinge einmal richtig aufrütteln, Köpfe rollen lassen –, die meine Angestellten auf Trab bringen und sie das schätzen lassen würde, was sie haben. Oder daß ich ein Motivations-Programm finden könnte, durch das sie sich ihrer Aufgabe mehr verpflichtet fühlen würden. Oder sogar, daß ich neue Leute suchen könnte, die die Arbeit besser machen würden.

Aber könnte es sein, daß hinter dem offenbar illoyalen Verhalten dieser Angestellten die Frage steht, ob ich wirklich in ihrem besten Interesse handele? Haben sie das Gefühl, ich würde sie als mechanische Objekte behandeln? Ist da etwas Wahres dran?

Ist das tief innen drin wirklich meine Art, sie zu sehen? Kann es sein, daß die Art, in der ich die Leute sehe, die für mich arbeiten, ein Teil des Problems ist?

> Es gibt so viel zu tun. Und nie genug Zeit. Ich fühle mich dauernd unter Druck und gehetzt, jeden Tag, siebenmal die Woche. Ich habe deswegen schon Seminare für Zeitplanung besucht, und ich habe ein halbes Dutzend verschiedener Planungssysteme ausprobiert. Sie haben ein bißchen geholfen, aber ich habe noch lange nicht das Gefühl, das glückliche, produktive, friedvolle Leben zu führen, das ich mir wünsche.

Die Image-Ethik sagt mir, daß es da draußen irgend etwas geben muß, irgendein neues Planungssystem oder ein Seminar, das mir helfen wird, mit diesem ganzen Druck effizienter umzugehen.

Aber wäre es möglich, daß *Effizienz* gar nicht die Antwort ist? Wird es einen Unterschied machen, ob ich mehr Dinge in weniger Zeit erledigen kann, oder wird das einfach das Tempo beschleunigen, in dem ich auf die Menschen und Umstände reagiere, die mein Leben zu kontrollieren scheinen?

Könnte es sein, daß ich etwas in einer tieferen, fundamentaleren Weise sehen muß? Gibt es ein Paradigma in mir selbst, das die Art beeinträchtigt, wie ich mit meiner Zeit, meinem Leben und meiner eigenen Natur umgehe?

> Aus meiner Ehe ist die Luft raus. Nicht daß wir uns streiten. Wir lieben uns einfach nicht mehr. Wir waren schon in der Beratung. Wir haben schon vieles probiert, aber wir können das Gefühl, das wir einmal füreinander hatten, anscheinend nicht wiederbeleben.

Die Image-Ethik sagt mir, daß es irgendein neues Buch oder ein Seminar geben muß, in dem Menschen all die Gefühle rauslassen, die meiner Frau helfen würden, mich besser zu verstehen. Oder vielleicht ist das sinnlos, vielleicht wird mir nur eine neue Beziehung die Liebe bringen, die ich brauche.

Aber könnte es sein, daß meine Frau nicht das wirkliche Problem ist? Gebe ich vielleicht den Schwächen meiner Frau Kraft und mache mein Leben zu einer Funktion dessen, wie ich behandelt werde?

Habe ich ein grundlegendes Paradigma über meine Frau, über die Ehe, darüber, was Liebe wirklich ist, das das Problem nährt?

Sehen Sie, wie fundamental die Paradigmen der Image-Ethik uns beeinflussen: unsere Art, die Probleme zu sehen, und die Art, wie wir sie zu lösen versuchen?

Immer mehr Leute verlieren langsam ihre Illusionen über die leeren Versprechungen der Image-Ethik. Während meiner Reisen und meiner Arbeit mit Organisationen stellte ich fest, daß langfristig denkende Manager nichts von Trimm-Psychologien und »motivierenden« Rednern halten, die ihnen nur eine Mischung von unterhaltsamen Geschichten und Platitüden zu bieten haben.

Sie wollen Substanz; sie wollen einen Prozeß. Sie wollen mehr als Aspirin und Heftpflaster. Sie wollen die chronischen grundlegenden Probleme lösen und sich auf jene Prinzipien ausrichten, die langfristige Ergebnisse bringen.

Eine neue Ebene des Denkens

Albert Einstein hat darauf hingewiesen, daß die bedeutsamen Probleme, vor denen wir stehen, nicht auf derselben Ebene des Denkens gelöst werden können wie der, auf der wir sie geschaffen haben.

Wenn wir um uns herum und in uns herein schauen und die Probleme erkennen, die wir schaffen, wenn wir im Rahmen der Image-Ethik leben und agieren, beginnen wir zu ahnen, daß es sich dabei um tiefe, fundamentale Probleme handelt, die nicht auf der oberflächlichen Ebene zu lösen sind, auf denen sie geschaffen wurden.

Wir brauchen eine neue, eine tiefere Ebene des Denkens – ein Paradigma, das auf jenen Prinzipien beruht, die das Territorium des effektiven menschlichen Seins und Handelns genau beschreiben –, um diese tiefen Anliegen zu bewältigen.

Um diese neue Ebene geht es bei den *sieben Wegen zur Effektivität*. Sie bilden einen prinzipien-orientierten, auf der Charakter-Ethik beruhenden Zugang zu persönlicher und zwischenmenschlicher Effektivität ›von innen nach außen‹.

›Von innen nach außen‹ heißt, daß Sie zunächst bei sich selbst beginnen, oder noch grundlegender, mit dem *innersten* Teil Ihrer selbst – mit Ihren Paradigmen, Ihrem Charakter und ihren Motiven.

Wenn Sie eine glückliche Ehe *haben* wollen, dann *seien* Sie die Art von Mensch, die positive Energien hervorruft und negativen ausweicht, statt ihnen Macht zu geben. Wenn Sie einen angenehmeren, kooperativeren Teenager *haben* wollen, dann *seien* Sie als Mutter oder Vater verständnisvoller, mitfühlender, beständiger, liebevoller. Wenn Sie mehr Freiheit, mehr Spielraum bei Ihrer Arbeit *haben* wollen, dann *seien* Sie ein verantwortungsbewußterer, hilfsbereiterer Angestellter, der mehr beiträgt. Wenn Sie Vertrauen *haben* wollen, *seien* Sie vertrauenswürdig. Wenn Sie die sekundäre Größe des erkannten Talents genießen wollen, dann richten Sie Ihre Aufmerksamkeit zunächst auf die primäre Größe des Charakters.

Der Zugang ›von innen nach außen‹ sagt, daß ›private Siege‹ vor öffentlichen Erfolgen kommen. Bevor wir anderen Versprechen geben, müssen wir sie erst uns selbst machen und halten. Es ist vergeblich, das Image vor den Charakter stellen oder Beziehungen zu anderen verbessern zu wollen, bevor wir selbst besser werden.

›Von innen nach außen‹ ist ein Prozeß – ein fortdauernder Prozeß der Erneuerung, der auf den natürlichen Gesetzen beruht, die das Wachstum und den Fortschritt des Menschen bestimmen. Er ist eine aufwärts gerichtete Spirale des Wachstums, die zu fortschreitend höheren Formen von verantwortungsbewußter Unabhängigkeit und effektiver gegenseitiger Abhängigkeit führt.

Ich habe die Gelegenheit gehabt, mit vielen Menschen zu arbeiten – wunderbaren Menschen, talentierten Menschen, Menschen, die auf der Suche sind, Menschen, die Schmerzen haben. Ich habe mit Führungskräften aus der Wirtschaft, Studenten, Kirchen- und Verwaltungsgruppen, Familien und Ehepaaren gearbeitet. Und bei all diesen Erfahrungen habe ich nie anhaltende Lösungen für Probleme oder dauerhaftes Glück und Erfolg gesehen, die von außen gekommen waren.

Was ich als Ergebnis des Paradigmas ›von außen nach innen‹ gesehen habe, sind unglückliche Menschen, die sich bewegungsunfähig und als Opfer fühlen, die auf die Schwächen der anderen und die Umstände schauen, von denen sie meinen, sie seien für ihre eigene stagnierende Situation verantwortlich. Ich habe unglückliche Ehen gesehen, in denen beide Partner wollten, daß der jeweils andere sich ändere, in denen beide die ›Sünden‹ des anderen auflisteten, in denen beide versuchten, den anderen nach ihren Vorstellungen zu formen. Ich habe Verhandlungen zwischen Betriebsrat und Geschäftsleitung gesehen, bei denen die Leute ungeheure Mengen von Zeit und Energie auf den Versuch verwandten, Regelungen zu schaffen, die die Menschen zwingen würden, so zu tun, als gäbe es tatsächlich eine Vertrauensgrundlage.

Mitglieder unserer Familie haben in drei der krisenreichsten Gegenden der Welt gelebt – in Südafrika, Israel und Irland –, und ich glaube, daß die Quelle der anhaltenden Probleme an diesen Orten in dem dominierenden sozialen Paradigma ›von außen‹ zu suchen ist. Jede beteiligte Gruppe ist davon überzeugt, daß das Problem irgendwo ›da draußen‹ liegt und daß es lösbar wäre, wenn ›die da‹ sich aufraffen oder schlicht verschwinden würden.

›Von innen nach außen‹ ist für die meisten Menschen ein dramatischer Paradigmenwechsel. Das liegt an den starken Auswirkungen der Konditionierung und dem gegenwärtigen sozialen Paradigma der Image-Ethik.

Aber ich bin aufgrund meiner eigenen Erfahrung – sowohl aus meinem persönlichen Leben wie aus der Arbeit mit Tausenden von Leuten – und der sorgfältigen Untersuchung erfolgreicher Menschen und Gesellschaften in der Geschichte der Überzeugung, daß viele der den *sieben Wegen* zugrundeliegenden Prinzipien bereits tief in uns stecken, in unserem Gewissen und unserem gesunden Verstand. Um sie zu erkennen und zu entwickeln und unsere tiefsten Anliegen mit ihnen zu befriedigen, müssen wir anders denken und unsere Paradigmen zu einer neuen, tieferen ›von innen nach außen‹-Ebene verschieben.

Wenn wir ernsthaft versuchen, diese Prinzipien zu verstehen und sie in unser Leben zu integrieren, werden wir sicher die Wahrheit von T. S. Eliots Beobachtung entdekken:

Wir werden nicht nachlassen in unseren Erkundungen
Und das Ende unserer Erkundungen
Wird sein, am Ausgangspunkt anzukommen
Und den Ort zum erstenmal zu erkennen.

Die sieben Wege –
ein Überblick

Wir sind das, was wir wiederholt tun,
Vorzüglichkeit ist daher keine Handlung,
sondern eine Gewohnheit.

ARISTOTELES

Unser Charakter besteht im wesentlichen aus unseren verschiedenen Gewohnheiten. Die entsprechende Lebensregel lautet:»Säe einen Gedanken und ernte eine Tat; säe eine Tat und ernte eine Gewohnheit; säe eine Gewohnheit und ernte einen Charakter; säe einen Charakter und ernte ein Schicksal.«

Gewohnheiten sind machtvolle Faktoren in unserem Leben. Da es sich um gleichbleibende, oft unbewußte Muster handelt, bringen sie ständig, täglich unseren Charakter zum Ausdruck und produzieren unsere Effektivität... oder Ineffektivität.

Der große Erzieher Horace Mann sagte dazu einmal:»Gewohnheiten sind wie Kabel. Wir weben jeden Tag einen Strang dazu, und bald können sie nicht mehr reißen.« Ich persönlich kann dem letzten Teil dieser Aussage nicht zustimmen. Ich weiß, daß man sie zerreißen kann. Gewohnheiten lassen sich lernen und verlernen. Aber ich weiß auch, daß es dafür keine Patentlösungen gibt. Es geschieht in einem Prozeß, dem man sich sehr stark verpflichten muß. Diesen Prozeß, sich die entscheidenden Gewohnheiten zu eigen zu machen, beschreiben die *sieben Wege zur Effektivität.*

Wer die Reise des Raumschiffs Apollo 11 verfolgt hat, war davon fasziniert, die ersten Menschen auf dem Mond laufen und zur Erde zurückkehren zu sehen. Superlative wie ›phantastisch‹ und ›unglaublich‹ waren zu schwach, um diese ereignisreichen Tage zu beschreiben. Aber um dorthin zu gelangen, mußten die Astronauten im Wortsinne aus der gewaltigen Schwerkraft der Erde ausbrechen. Die ersten wenigen Minuten des Starts und die ersten Kilometer der Reise haben mehr Energie verbraucht als die restlichen 400 000 Kilometer in den folgenden Tagen.

Auch Gewohnheiten haben eine enorme Schwerkraft – mehr als die meisten Leute erkennen oder zugeben würden. Man braucht mehr als ein bißchen Willenskraft und ein paar kleine Veränderungen im Leben, um tief verwurzelte gewohnheitsmäßige Eigenschaften wie Ungeduld, übermäßiges Kritisieren, Selbstsucht oder Zaudern, die die grundlegenden Prinzipien der menschlichen Effektivität verletzen, zu brechen. ›Das Abheben‹ bedarf enormer Anstrengungen, aber wenn wir uns erst von der Schwerkraft freigemacht haben, nimmt unsere Freiheit eine ganz neue Dimension an. Die Gravitation kann wie jede Naturkraft für uns oder gegen uns wirken. Vielleicht hindert uns derzeit die Schwerkraft einiger unserer Gewohnheiten daran, dorthin zu gehen, wo wir hinwollen. Aber die Schwerkraft ist es auch, die unsere Welt zusammenhält, die die Planeten in ihren Umlaufbahnen und unser Universum in Ordnung hält. Sie ist stark, und wenn wir sie effektiv nutzen, können wir die Schwerkraft der Gewohnheiten dafür einsetzen, die Festigkeit und Ordnung zu schaffen, die notwendig ist, um Effektivität in unser Leben zu bringen.

Die Definition von ›Gewohnheiten‹

Wir werden Gewohnheiten für unsere Zwecke als die gemeinsame Schnittmenge zwischen *Wissen, Fertigkeiten* und *Wünschen* definieren.

Wissen ist das theoretische Paradigma: *was tun* und *warum.* Fertigkeiten bieten das *wie.* Und das Wünschen ist die Motivation, das ›ich will‹. Um uns etwas in unserem

Leben zur Gewohnheit zu machen, müssen wir alle drei haben.

Mein Zusammenwirken mit Kollegen, mit meinem Partner oder meinen Kindern könnte schon deswegen ineffektiv sein, weil ich ihnen dauernd erzähle, was ich denke, ihnen aber nie richtig zuhöre. Wenn ich nicht nach den korrekten Prinzipien von menschlichen Interaktionen suche, *weiß* ich vielleicht nicht einmal, daß ich zuhören muß.

Selbst wenn ich weiß, daß ich anderen zuhören muß, um zu effektiven Interaktionen mit ihnen zu gelangen, fehlt es mir möglicherweise an der Fertigkeit. Ich weiß vielleicht gar nicht, *wie* man einem anderen Menschen wirklich gut zuhört.

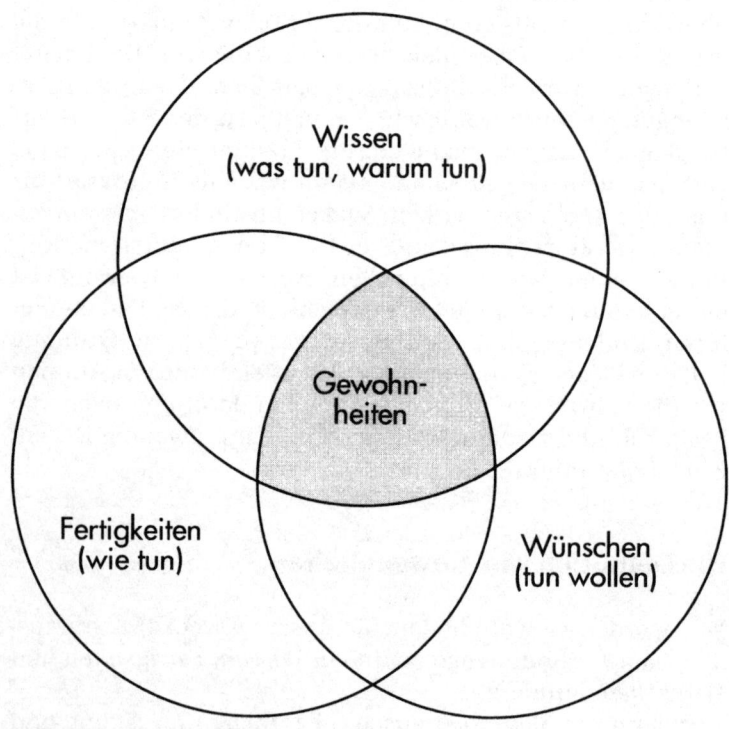

Effektive Gewohnheiten
Verinnerlichte Prinzipien und Verhaltensmuster

Aber zu wissen, daß ich zuhören muß und wie, ist noch nicht genug. Wenn ich nicht zuhören *will,* wenn ich nicht den Wunsch habe, wird es nicht zu einer Gewohnheit in meinem Leben werden.

Sich etwas zur Gewohnheit zu machen erfordert Arbeit in allen drei Dimensionen.

Der Wechsel von Sein und Sehen ist ein aufwärts gerichteter Prozeß – das Sein ändert das Sehen, was wiederum das Sein ändert und so weiter. Damit bewegen wir uns in einer aufwärts gerichteten Wachstumsspirale. Wenn wir an unserem Wissen, unseren Fertigkeiten und unserem Wünschen arbeiten, können wir zu neuen Ebenen von persönlicher und zwischenmenschlicher Effektivität durchstoßen; wir brechen mit alten Paradigmen, die vielleicht über Jahre eine Quelle von Pseudo-Sicherheit waren.

Dieser Prozeß ist manchmal schmerzhaft. Es handelt sich um eine Veränderung, für die man eine höhere Motivation braucht, nämlich die Bereitschaft, das, was man jetzt zu wollen glaubt, dem unterzuordnen, was man später will. Aber dieser Prozeß führt zu Glück, »dem Ziel und der Absicht unserer Existenz«. Glück läßt sich, zumindest teilweise, als die Frucht des Wunsches und der Möglichkeit definieren, das, was wir *jetzt* wollen, dem zu opfern, was wir *später* wollen.

Das Reife-Kontinuum

Die *sieben Wege* sind keine losgelösten Bruchstücke von irgendwelchen psychologischen Fitneß-Formeln. Sie stehen im Einklang mit den natürlichen Gesetzen des Wachstums und bilden einen folgerichtigen und hochgradig integrierten Zugang zur Entwicklung von persönlicher und sozialer Effektivität. Sie lassen uns im Reife-Kontinuum von *Abhängigkeit* (Dependenz) zu *Unabhängigkeit* (Independenz) und schließlich zu *Interdependenz* aufsteigen. Unser Leben beginnt als Säugling, vollkommen *abhängig* von anderen. Wir werden von anderen gelenkt, genährt und versorgt. Ohne das würden wir nur ein paar Stunden oder höchstens ein paar Tage überleben.

Im Laufe der nächsten Monate und Jahre werden wir allmählich immer *unabhängiger* – körperlich, geistig, emotional und finanziell –, bis wir schließlich für uns selbst sorgen können, innengeleitet und selbständig leben.

Wenn wir weiter wachsen und reifen, wird uns immer deutlicher bewußt, daß die gesamte Natur aus einem Gewebe gegenseitiger Abhängigkeiten besteht, *interdependent* ist. Wir erkennen ein ökologisches System, das über die Natur einschließlich der Gesellschaft regiert. Wir entdecken außerdem, daß die höheren Bereiche unserer Natur mit unseren Beziehungen zu anderen zu tun haben – daß auch das menschliche Leben interdependent ist.

Unser Heranwachsen vom Säugling zum Erwachsenen steht in Übereinstimmung mit den Naturgesetzen. Und Wachstum hat viele Dimensionen. Die volle körperliche Reife zu erreichen heißt beispielsweise noch nicht unbedingt, daß wir gleichzeitig die emotionale oder geistige Reife erlangen. Andererseits heißt die körperliche Abhängigkeit eines Menschen nicht, daß er geistig oder emotional unreif ist.

Auf dem Reife-Kontinuum ist *Abhängigkeit* das Paradigma von *du* – *du* sorgst für mich; *du* bist bei mir angekommen; *du* bist nicht bis zu mir durchgedrungen; *du* bist schuld an den Ergebnissen.

Unabhängigkeit ist das Paradigma von *ich* – *ich* kann das; *ich* bin verantwortlich; *ich* bin selbständig; *ich* kann wählen.

Interdependenz ist das Paradigma von *wir* – *wir* schaffen das; *wir* können kooperieren; *wir* können unsere Talente und Fähigkeiten zusammenlegen und gemeinsam etwas Größeres erreichen.

Abhängige Menschen brauchen andere, um zu bekommen, was sie wollen. Unabhängige Menschen können durch ihre eigenen Bemühungen das bekommen, was sie wollen. Interdependente Menschen kombinieren ihre eigenen Bemühungen mit denen anderer, um zu größerem Erfolg zu gelangen.

Wenn ich physisch abhängig wäre – gelähmt, krank oder

körperbehindert –, würde ich Ihre Hilfe brauchen. Wenn ich emotional abhängig wäre, würden mein Selbstwertgefühl und meine Sicherheit auf Ihrer Meinung über mich beruhen. Wenn Sie mich nicht mögen würden, wäre das vernichtend. Wenn ich intellektuell abhängig wäre, würde ich mich darauf verlassen, daß Sie das Denken für mich übernehmen, die Fragen und Probleme meines Lebens für mich lösen würden.

Wenn ich unabhängig wäre, käme ich physisch ganz gut allein zurecht. Ich könnte meine eigenen Gedanken haben, von einer Abstraktionsebene zur anderen wandern. Ich könnte kreativ und analytisch denken und meine Gedanken in verständlicher Form äußern. Emotional hätte ich ein inneres Wertgefühl, wäre innengeleitet. Mein Selbstwert wäre keine Funktion davon, daß ich gemocht oder gut behandelt werde.

Man sieht deutlich, daß Unabhängigkeit viel reifer ist als Abhängigkeit. Unabhängigkeit ist schon eine beachtliche Leistung. Aber sie ist noch nicht das Höchste.

Dennoch hebt das gegenwärtige soziale Paradigma die Unabhängigkeit auf einen Thron. Sie ist das erklärte Ziel vieler einzelner Menschen und ganzer sozialer Bewegungen. In den meisten Programmen zur Persönlichkeitsentwicklung wird Unabhängigkeit in einer Weise gelobt, daß Kommunikation, Teamarbeit und Kooperation wie geringere Werte erscheinen.

Aber ein Großteil unserer derzeitigen Betonung der Unabhängigkeit ist eine Reaktion auf Abhängigkeit – darauf, daß andere uns kontrollieren, über uns bestimmen, uns benutzen und manipulieren.

Das wenig verstandene Konzept der Interdependenz scheint vielen nach Abhängigkeit zu riechen, und so gibt es Leute, die aus selbstsüchtigen Gründen aus ihren Ehen ausbrechen, ihre Kinder verlassen und alle möglichen sozialen Verantwortungen aufgeben – und das alles im Namen der Unabhängigkeit.

Reaktionen wie »meine Fesseln abwerfen«, »mich befreien«, »mich selbst verwirklichen« und »mein eigenes Ding machen« enthüllen oft fundamentalere Abhängigkeiten, vor denen man nicht weglaufen kann, da sie nicht äußerlich, sondern innerlich sind – Abhängigkeiten wie etwa die, unser Leben durch die Schwächen anderer Menschen zerstören zu lassen oder uns selbst als Opfer von anderen Menschen und Ereignissen zu fühlen, die außerhalb unserer Kontrolle liegen.

Vielleicht müssen wir wirklich die Bedingungen ändern, unter denen wir leben. Aber das Problem der Abhängigkeit ist meist eine Frage der persönlichen Reife, die wenig mit den Umständen zu tun hat. Oft bleiben Unreife und Abhängigkeit auch unter besseren Bedingungen bestehen.

Die wahre Unabhängigkeit des Charakters gibt uns die Kraft, selbst zu machen, statt ›gemacht‹ zu werden. Sie nimmt uns die Abhängigkeit von den Bedingungen und ist ein wertvolles, befreiendes Ziel. Aber sie ist noch nicht das höchste Ziel in einem effektiven Leben.

Unabhängiges Denken allein paßt nicht zu einer interdependenten Wirklichkeit. Unabhängige Menschen, die nicht die Reife haben, interdependent zu denken und zu handeln, mögen gute individuelle Leistungen vollbringen, aber sie werden keine guten Kapitäne oder Mannschaftsspieler abgeben. Sie leben nicht mit dem Paradigma der Interdependenz, welches notwendig ist, um in einer Ehe, einer Familie oder einer Organisation Erfolg zu haben.

Das Leben ist von Natur aus hochgradig interdependent. Der Versuch, durch Unabhängigkeit maximale Effektivität zu erreichen, gleicht dem, mit einem Tennisschläger Golf spielen zu wollen – das Werkzeug paßt nicht zur Wirklichkeit.

Interdependenz ist ein sehr viel reiferes, entwickelteres Konzept. Wenn ich physisch interdependent bin, bin ich selbständig und fähig, aber ich erkenne auch, daß ich gemeinsam mit anderen viel mehr erreichen kann, als ich es selbst bei bestem Bemühen allein könnte. Wenn ich emotional interdependent bin, habe ich ein starkes Selbstwertgefühl, erkenne aber auch das Bedürfnis nach Liebe, möchte sie geben und von anderen bekommen. Wenn ich intellektuell interdependent bin, erkenne ich mein Bedürfnis, die besten Gedanken der anderen mit meinen eigenen zusammenzufügen.

Als interdependenter Mensch habe ich die Möglichkeit, mich selbst sinnvoll bei anderen einzubringen, und ich habe Zugang zu den unermeßlichen Ressourcen und dem Potential anderer Menschen.

Für Interdependenz können sich nur unabhängige Menschen entscheiden. Abhängige können nicht beschließen, interdependent zu werden. Sie haben dafür nicht die nötige Charakterstärke; sie besitzen noch nicht genug von sich selbst.

Deswegen haben der 1., 2. und 3. Weg in den folgenden Kapiteln mit der Beherrschung des eigenen Ich zu tun. Sie führen von Abhängigkeit zu Unabhängigkeit. Dies macht die ›privaten Siege‹ aus, die Essenz des Charakter-Wachstums. *Private Siege stehen vor öffentlichen Siegen.* Dieser Prozeß läßt sich ebensowenig umkehren, wie man vor dem Säen ernten kann. Er kommt von innen heraus.

Wenn Sie wirklich unabhängig werden, haben Sie das Fundament für effektive Interdependenz. Sie haben die Charakter-Grundlage, von der aus Sie effektiv an den mehr imageorientierten ›öffentlichen Siegen‹ wie Teamarbeit, Kooperation und Kommunikation des 4., 5. und 6. Weges arbeiten können.

Das heißt nicht, daß Sie den 1., 2. und 3. Weg perfekt beherrschen müssen, bevor Sie an dem 4., 5. und 6. arbeiten. Wenn Sie die Abfolge verstehen, werden Sie Ihr Wachstum besser lenken können, aber ich wollte nicht etwa vorschlagen, daß Sie sich jahrelang in Isolation begeben, bis Sie den 1., 2. und 3. Weg wirklich ganz entwickelt haben.

Als Teil einer interdependenten Welt müssen Sie jeden Tag mit dieser Welt umgehen. Aber die akuten Probleme dieser Welt können leicht die chronischen Ursachen im Charakter verschleiern. Zu verstehen, wie alles, was Sie sind, sich auf jedes interdependente Miteinander auswirkt, wird Ihnen helfen, Ihre Bemühungen in der richtigen Reihenfolge, in Einklang mit den natürlichen Gesetzen des Wachstums einzusetzen.

Der 7. Weg ist der der Erneuerung – einer regelmäßigen, ausgewogenen Erneuerung der vier grundlegenden Dimen-

sionen des Lebens. Sie umfaßt und verkörpert alle anderen
Wege. Der Weg der ständigen Erneuerung schafft die aufwärts gerichtete Wachstumsspirale. Mit jeder Umdrehung
entwickeln Sie ein besseres Verständnis jedes einzelnen
Weges und stärkere Möglichkeiten, sie in ihrer Gesamtheit
zu befolgen.

Das Diagramm auf dieser Seite ist eine bildliche Darstellung der Abfolge und der Interdependenz der sieben
Schritte. Wir werden sie im Verlauf dieses Buches oft benutzen, wenn wir sowohl die Abfolgebeziehung zwischen
den ihnen zugrunde liegenden Prinzipien wie ihre Synergie erforschen – wie sie sich miteinander kühne neue Formen schaffen, die noch mehr zu ihrem Wert beitragen.

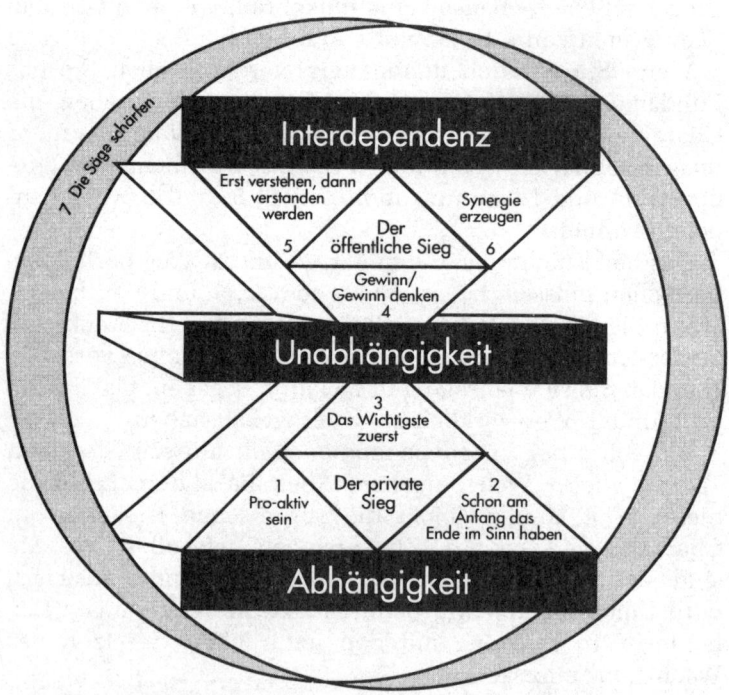

Das Paradigma der sieben Wege

Eine Definition von Effektivität

Die *sieben Wege* sind Wege der Effektivität. Da sie auf Prinzipien beruhen, bringen sie die bestmöglichen langfristigen Ergebnisse. Sie werden zur Charaktergrundlage eines Menschen. Sie schaffen einen kraftspendenden Mittelpunkt auf korrekten Landkarten. Aus ihm heraus kann ein Mensch effektiv Probleme lösen, Chancen verbessern, kontinuierlich weiterlernen und andere Prinzipien in eine aufwärts gerichtete Wachstumsspirale integrieren.

Sie sind außerdem deswegen Wege der Effektivität, weil sie auf einem Paradigma von Effektivität beruhen, das im Einklang mit einem Naturgesetz steht. Es ist das Gebot, das ich das ›P/PK-Gleichgewicht‹ nenne und an dem sich viele Menschen reiben. Dieses Gebot ist leicht zu verstehen, wenn wir an Äsops Fabel von der Gans und den goldenen Eiern zurückdenken.

Das ist die Geschichte eines armen Bauern, der eines Tages im Nest seiner Lieblingsgans ein glänzendes goldenes Ei entdeckt. Zunächst denkt er, es müsse sich um eine Täuschung handeln. Aber statt das Ei beiseite zu legen, beschließt er doch, es schätzen zu lassen.

Das Ei ist aus reinem Gold! Der Bauer kann sein Glück kaum fassen. Am nächsten Tag wiederholt sich das Ereignis, und er staunt noch mehr. Tag für Tag läuft er nach dem Erwachen zum Nest und findet ein goldenes Ei. Er wird sagenhaft reich. Es scheint alles zu schön, um wahr zu sein. Aber mit seinem wachsenden Reichtum kommen auch Gier und Ungeduld. Der Bauer will nicht mehr jeden Tag auf das goldene Ei warten, sondern die Gans schlachten und alle Eier auf einmal haben. Aber als er die Gans aufschneidet, ist sie leer. Keine goldenen Eier – und keine Möglichkeit mehr, noch welche zu bekommen. Der Bauer hat die Gans vernichtet, die ihm die goldenen Eier produziert hat.

Ich meine, daß in dieser Fabel ein Naturgesetz steckt, ein Gebot – die grundlegende Definition von Effektivität. Die meisten Menschen verstehen Effektivität gemäß dem Paradigma des goldenen Eies so: Je mehr man produziert, desto mehr schafft man, desto effektiver ist man.

Aber die Geschichte zeigt, daß wahre Effektivität eine Funktion von zwei Dingen ist: dem, was produziert wird (den goldenen Eiern), und dem produzierenden Faktor oder der Kapazität zu produzieren (der Gans). Wenn Ihr Lebensmuster nur auf goldene Eier ausgerichtet ist und die Gans vernachlässigt, wird es Ihnen bald an dem Faktor fehlen, der die goldenen Eier produziert. Wenn Sie sich andererseits nur um die Gans kümmern und die Eier ignorieren, werden Sie bald nichts mehr haben, um sich selbst oder die Gans zu ernähren.

Effektivität beruht auf dem Gleichgewicht – dem, was ich das P/PK-Gleichgewicht nenne. *P* steht für die *Produktion* der gewünschten Ergebnisse, die goldenen Eier. *PK* steht für *Produktions-Kapazität,* die Fähigkeit oder den Faktor, die goldenen Eier zu produzieren.

Drei Arten von Wertschöpfungsfaktoren

Es gibt im Grunde drei verschiedene Arten von Wertschöpfungsfaktoren: physische, finanzielle und menschliche. Betrachten wir sie der Reihe nach. Vor einigen Jahren habe ich einen *physischen Faktor* erworben, einen Motormäher. Ich habe ihn immer wieder benutzt, ohne mich um seine Wartung zu kümmern. Zwei Sommer lang arbeitete er fabelhaft, aber dann brach er zusammen. Als ich ihn reparieren und schleifen lassen wollte, stellte ich fest, daß der Motor über die Hälfte seiner ursprünglichen Kapazität verloren hatte. Er war wertlos geworden. Hätte ich in PK investiert – den Faktor gepflegt und gewartet –, würde ich noch immer seine P genießen – einen gemähten Rasen. So wie die Dinge lagen, hat es mich viel mehr Zeit und Geld gekostet, den Rasenmäher zu ersetzen, als ich je für die Wartung aufgewendet hätte. Es war einfach nicht effektiv.

Bei unserer Suche nach kurzfristigem Gewinn oder schnellen Ergebnissen ruinieren wir oft den wertvollen

physischen Faktor – das Auto, den Computer, die Wasch-
maschine oder den Trockner, selbst unseren Körper oder
unsere Umwelt. Wenn wir P und PK im Gleichgewicht halten, erzielen wir einen viel effektiveren Gebrauch der
physischen Faktoren. Außerdem beeinflußt dieses Gleichgewicht sehr stark den effektiven Einsatz von *finanziellen*
Faktoren. Wie oft verwechseln Menschen Kapitaleinsatz
und Rendite? Haben Sie je Ihr Kapital angegriffen, um den
Lebensstandard zu erhöhen, mehr goldene Eier zu bekommen? Geringer werdendes Kapital bedeutet geringere Kapazität, Rendite oder Einkommen zu produzieren. Und das
schwindende Kapital wird immer kleiner, bis man nicht
einmal mehr die Grundbedürfnisse damit erfüllen kann.
Unser wichtigster finanzieller Faktor ist unsere Fähigkeit,
Geld zu verdienen. Wenn wir nicht kontinuierlich in die
Verbesserung unserer eigenen PK investieren, schränken
wir unsere Optionen ein. Wir sind in unserer derzeitigen
Situation gefangen, haben Angst vor unserer Firma oder
der Beurteilung unseres Chefs, sind ökonomisch abhängig
und defensiv. Auch das ist einfach nicht effektiv.

Im *menschlichen* Bereich ist das Gleichgewicht von P
und PK ebenso grundlegend, aber noch wichtiger, da Menschen die physischen und die finanziellen Faktoren kontrollieren.

Wenn sich zwei Menschen in einer Ehe mehr um die gol-
denen Eier, den gemeinsamen Nutzen kümmern als um die
Beziehung, durch die dieser möglich wird, kommt es zu
Rücksichtslosigkeit und fehlendem Einfühlungsvermögen.
Sie vernachlässigen die kleinen Aufmerksamkeiten und
Höflichkeiten, die in einer tiefen Beziehung so wichtig
sind. Sie beginnen, Kontrollhebel zu benutzen, um einan-
der zu manipulieren, schauen nur auf ihre eigenen Bedürf-
nisse, rechtfertigen ihre eigene Position und suchen nach
Beweisen dafür, daß der andere etwas falsch macht. Die
Liebe, der Reichtum, die Sanftheit und Spontaneität begin-
nen zu zerbröckeln. Die Gans wird von Tag zu Tag kranker.

Und wie sieht es mit der Beziehung zwischen Eltern und
Kindern aus? Wenn Kinder klein sind, sind sie sehr abhän-

gig, sehr verletzbar. So fällt es leicht, die PK-Arbeit zu vernachlässigen, die Schulung, die Kommunikation, das Zuhören. Man kann so einfach seinen Vorteil ausnutzen oder manipulieren, um das zu bekommen, was man will und wie man es will – und zwar sofort! Sie sind größer, schlauer, und Sie haben recht! Also warum sollten Sie ihnen nicht einfach sagen, was sie tun sollen? Wenn nötig, schreien Sie sie an, schüchtern Sie sie ein, beharren Sie auf Ihrem Willen.

Oder Sie verwöhnen die Kleinen. Sie steuern das goldene Ei des Beliebtseins an, tun ihnen jeden Gefallen, lassen ihnen immer ihren Willen. Dann wachsen sie ohne jedes innere Gefühl von Maßstäben oder Erwartungen auf, ohne persönliche Verpflichtung, diszipliniert und verantwortungsbewußt zu sein.

In beiden Fällen sind Sie ausschließlich auf die goldenen Eier aus. Sie wollen Ihren Willen durchsetzen oder beliebt sein. Aber was geschieht unterdessen mit der Gans? Wie werden in ein paar Jahren das Verantwortungsgefühl und die Selbstdisziplin des Kindes aussehen? Entwickelt es seine eigenen Fähigkeiten, richtige Entscheidungen zu treffen und wichtige Ziele zu erreichen? Und was ist mit Ihrer Beziehung zueinander? Wird das Kind in den kritischen Teenager-Jahren erfahren haben, daß Sie ihm zuhören werden, ohne zu urteilen? Wird ihm seine Erfahrung sagen, daß Sie es wirklich als Menschen gern haben, daß es Ihnen vertrauen kann, ganz gleich was kommt? Wird die Beziehung so stark sein, daß Sie es erreichen, mit ihm zu kommunizieren und es zu beeinflussen?

Nehmen wir einmal an, Sie wollen, daß Ihre Tochter ein ordentliches Zimmer hat – das ist P, Produktion, das goldene Ei. Und nehmen wir weiter an, Sie wollen, daß sie es selbst aufräumt – das ist PK, Produktions-Kapazität. Ihre Tochter ist die Gans, der Faktor, der goldene Eier produziert. Wenn Sie P und PK im Gleichgewicht halten, wird sie ihr Zimmer gern aufräumen, ohne daß sie daran erinnert werden muß, weil sie die Disziplin hat, bei einer Aufgabe zu bleiben. Sie ist ein wertvoller Faktor, eine Gans, die goldene Eier legen kann.

Aber wenn Ihr Paradigma auf Produktion ausgerichtet ist, darauf, das Zimmer aufgeräumt zu kriegen, fangen Sie vielleicht an herumzunörgeln, sie solle sich darum kümmern. Oder Sie steigern Ihre Bemühungen noch und brüllen oder drohen, um an Ihr goldenes Ei zu kommen. Dabei untergraben Sie die Gesundheit und das Wohlergehen der Gans.

Lassen Sie mich von einer interessanten PK-Erfahrung erzählen, die ich mit einer meiner Töchter hatte. Wir planten eine private Verabredung, was ich mit jedem meiner Kinder regelmäßig tue. Und wir finden alle, daß die Vorfreude auf das Treffen ebenso befriedigend ist wie das eigentliche Ereignis.

Also ging ich zu meiner Tochter und fragte: »Heute ist dein Abend, Schatz. Was möchtest du machen?«

»Ach, ist schon in Ordnung, Papi«, meinte sie.

»Nein, wirklich«, sagte ich. »Was würdest du gern tun?«

»Na ja«, antwortete sie schließlich, »was ich gern tun würde, dazu hast du keine Lust.«

»Wirklich, Schatz«, sagte ich ganz ernst, »ich will. Was auch immer, du hast die Wahl.«

»Ich möchte gern *Krieg der Sterne* sehen«, erwiderte sie. »Aber ich weiß, daß du diesen Film nicht magst. Du bist schon mal dabei eingeschlafen. Du magst diese Fantasy-Filme nicht. Das ist schon okay, Papi.«

»Nein, Schatz. Wenn's das ist, was du willst, dann will ich das auch.«

»Mach dir keine Sorgen darum, Papi. Wir müssen diese Verabredung ja nicht jedesmal einhalten.« Und nach einer Pause fügte sie hinzu: »Aber weißt du, warum du *Krieg der Sterne* nicht magst? Es liegt daran, daß du die Philosophie und das Training eines Jedi-Ritters nicht verstehst.«

»Was?«

»Du weißt doch, was du so lehrst. Das sind dieselben Sachen, die bei der Schulung eines Jedi-Ritters wichtig sind.«

»Wirklich? Also, auf geht's!«

Sie saß im Kino neben mir und gab mir das Paradigma. Ich wurde ihr Schüler, lernte von ihr. Es war vollkommen faszinierend. Ich konnte aus einem neuen Paradigma heraus sehen, wie sich die grundlegende Philosophie eines Jedi-Ritters bei der Schulung unter verschiedenen Bedingungen manifestiert.

Das war keine geplante P-Erfahrung; es war vielmehr die überraschende Frucht einer PK-Investition. Es machte unsere Verbindung stärker und war sehr befriedigend. Aber wir kamen auch in den Genuß von goldenen Eiern, da die Gans – die Qualität der Beziehung – gefüttert wurde.

PK in Organisationen

Einer der unglaublich wertvollen Aspekte eines jeden korrekten Prinzips ist der, daß es unter den unterschiedlichsten Bedingungen gültig und anwendbar ist. In diesem Buch möchte ich Ihnen einige der Aspekte vorstellen, unter denen diese Prinzipien für Organisationen einschließlich Familien ebenso wie für einzelne Menschen gelten.

Das Gleichgewicht von P und PK ist besonders da wichtig, wo es die menschlichen Faktoren einer Organisation betrifft – die Kunden und die Angestellten.

Ich kenne ein Restaurant, in dem es eine fantastische Muschelsuppe gab. Es war jeden Mittag knallvoll. Dann wurde der Betrieb verkauft, und der neue Besitzer schielte hauptsächlich nach den goldenen Eiern: Er gab weniger Muscheln in die Suppe. Ungefähr einen Monat lang waren die Kosten niedriger, die Umsätze gleich und der Gewinn entsprechend höher. Aber nach und nach blieben die Kunden aus. Das Vertrauen war dahin, und im Lokal herrschte Flaute. Der neue Besitzer versuchte verzweifelt, den Laden wieder in Schwung zu bringen, aber er hatte die Kunden vernachlässigt, ihr Vertrauen mißbraucht und damit den Faktor Kundentreue verloren. Es gab keine Gans mehr, die goldene Eier hätte legen können.

Es gibt Organisationen, in denen viel vom Kunden geredet wird und darüber diejenigen vernachlässigt werden, die mit dem Kunden zu tun haben – die Angestellten. Das

PK-Gebot heißt: *Die Angestellten immer genau so behandeln, wie sie die besten Kunden behandeln sollen.*

Man kann die Hand eines Menschen kaufen, aber nicht sein Herz. In seinem Herzen aber sitzen sein Enthusiasmus und seine Loyalität. Man kann seinen Rücken kaufen, aber nicht sein Gehirn. Dort sitzen seine Kreativität, sein Einfallsreichtum und seine geistige Beweglichkeit.

PK-Arbeit ist, wenn man Angestellte als Freiwillige behandelt, so wie man Kunden als Freiwillige behandelt, denn genau das sind sie. Sie geben freiwillig ihr Bestes – Hand und Verstand.

Zweiter Teil

Der private Sieg

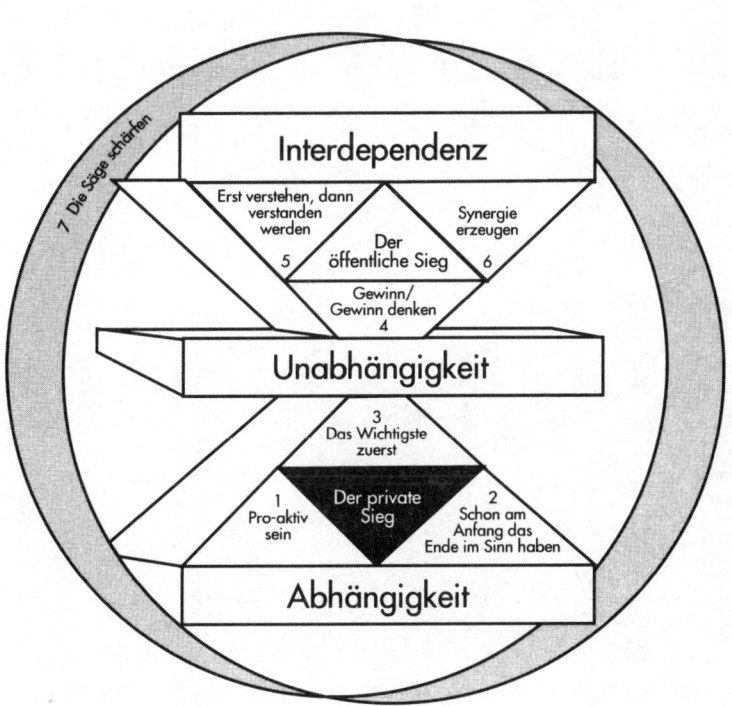

Pro-aktiv sein

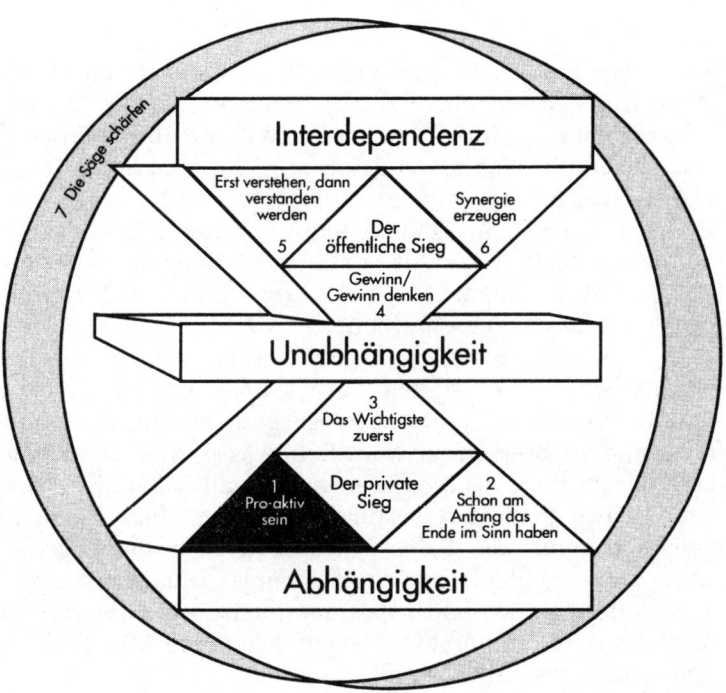

Prinzipien der persönlichen Vision

Ich kenne keine ermutigendere Tatsache
als die fraglose Fähigkeit des Menschen,
sein Leben durch bewußte
Anstrengung weiterzuentwickeln.

HENRY DAVID THOREAU

Versuchen Sie beim Lesen dieses Buches, einen Schritt Abstand von sich selbst zu halten. Projizieren Sie Ihr Bewußtsein in eine Ecke Ihres Zimmers hinauf. Mit Ihrem inneren Auge sehen Sie sich selbst da unten sitzen und lesen. Ist es fast so, als seien Sie jemand anderes?

Und nun versuchen Sie noch etwas. Denken Sie über die Stimmung nach, in der Sie gerade sind. Können Sie sie benennen? Was fühlen Sie? Wie würden Sie Ihre derzeitige Geistesverfassung beschreiben?

Denken Sie nun einen Moment darüber nach, wie Ihr Geist arbeitet. Ist er schnell und wach? Fühlen Sie sich hin und her gerissen, einerseits diese geistige Übung zu machen und andererseits zu bewerten, was sie soll? Die Fähigkeit, das zu tun, was Sie da eben gemacht haben, ist spezifisch menschlich. Tiere verfügen nicht über diese Möglichkeit. Wir nennen sie ›Selbst-Bewußtheit‹ oder die Fähigkeit, über den eigentlichen Gedankenvorgang nachzudenken. Sie ist der Grund dafür, daß der Mensch die Herrschaft über die Welt einnimmt und in jeder Generation wieder bedeutsame Fortschritte erzielt.

Sie erlaubt uns, die Erfahrungen anderer ebenso auszuwerten und von ihnen zu lernen wie aus unseren eigenen. Und darum können wir auch unsere Gewohnheiten selbst schaffen und verändern.

Wir sind nicht unsere Gefühle. Wir sind nicht unsere Stimmungen. Wir sind nicht einmal unsere Gedanken. Allein die Tatsache, daß wir über diese Dinge nachdenken können, trennt uns von ihnen und von der Tierwelt. Selbst-Bewußtheit ermöglicht es uns, beiseite zu treten und sogar die Art und Weise zu untersuchen, in der wir uns selbst ›sehen‹ – unser Selbst-Paradigma, das fundamentale Paradigma der Effektivität. Es beeinflußt nicht nur unsere Einstellungen und Verhaltensweisen, sondern auch unsere Art, andere Menschen zu sehen. Es bildet unsere Landkarte von der grundlegenden Natur des Menschseins.

Erst unter Berücksichtigung dessen, wie wir uns selbst (und andere) sehen, werden wir verstehen können, wie andere sich selbst und ihre Welt empfinden und sehen. Sonst projizieren wir unbewußt unsere Absichten auf ihr Verhalten und bezeichnen uns selbst als objektiv.

Das schränkt aber unser persönliches Potential und unsere Fähigkeit, Beziehungen zu anderen aufzunehmen, erheblich ein. Aber dank der einzigartigen menschlichen Fähigkeit der Selbst-Bewußtheit können wir unsere Paradigmen untersuchen. Wir können bestimmen, ob sie auf der Wirklichkeit oder Prinzipien beruhen, oder ob sie eine Funktion von Konditionierungen und Bedingungen sind.

Das soziale Paradigma der Gegenwart sagt uns, wir seien weitgehend von Konditionierungen und Bedingungen bestimmt. Auch wenn wir die enorme Macht der Konditionierungen in unserem Leben anerkannt haben – zu sagen, wir seien von ihnen *bestimmt,* wir hätten keine Kontrolle über ihren Einfluß, schafft eine recht andere Landkarte.

Im Grunde gibt es drei soziale Landkarten – drei Theorien der Determination, die allein oder in Verbindung miteinander allgemein als Erklärung für die Natur des Menschen dienen. Der *genetische Determinismus* sagt etwa: Ihre Großeltern haben das alles angerichtet. An denen liegt es, daß Sie so stur sind. Ihre Großeltern waren es schließlich auch, und es liegt in Ihrer DNS. Diese Sturheit wird einfach von einer Generation zur nächsten weitergereicht, und Sie haben sie geerbt. Außerdem sind Sie Ire, und Iren sind nun mal stur. Der *psychische Determinismus* verweist dagegen auf Ihre Eltern. Ihre persönlichen Neigungen und Ihre Charakterstruktur wurden demnach im wesentlichen von Ihrer Erziehung und Ihren Kindheitserfahrungen festgelegt. Deswegen haben Sie Angst, vor einer Gruppe zu stehen. Es liegt an der Art, wie Ihre Eltern Sie großgezogen haben. Sie fühlen sich furchtbar schuldig, wenn Sie einen Fehler machen, weil Sie sich tief innen an die emotionalen Prägungen in der Zeit ›erinnern‹, als Sie sehr verletzbar und zart und abhängig waren. Sie ›erinnern‹ sich an die emotionale Bestrafung, an die Ablehnung, an den Vergleich mit anderen, wenn Sie nicht ganz so gut waren, wie es von Ihnen erwartet wurde. Der *Umwelt-Determinismus* sagt: Ihr Chef ist schuld – oder Ihr Partner, oder dieser aufmüpfige Teenager, oder Ihre ökonomische Situation oder die nationale Politik. Irgend jemand oder irgend etwas in Ihrer Umwelt trägt die Verantwortung für Ihre Situation.

Jede dieser Landkarten beruht auf der Reiz-Reaktions-Theorie, an die wir zumeist im Zusammenhang mit den Pawlowschen Hunde-Experimenten denken. Die Grundvorstellung ist die, daß wir konditioniert sind, auf bestimmte Weise auf einen bestimmten Reiz zu reagieren.

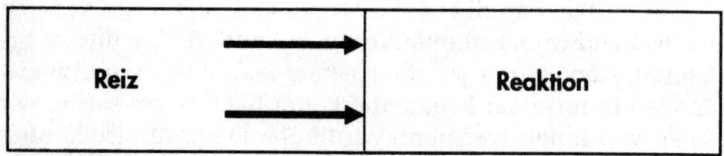

Reaktives Modell

Wie genau und funktional beschreiben diese deterministischen Landkarten das Territorium? Wie klar reflektieren diese Spiegel die wahre Natur des Menschen? Werden sie zu sich selbst erfüllenden Prophezeiungen? Beruhen sie auf Prinzipien, die wir in unserem Inneren für gültig erklären können?

Zwischen Reiz und Reaktion

Lassen Sie mich als Antwort auf diese Frage die bewegende Geschichte von Viktor E. Frankl erzählen.

Frankl war Determinist, aufgewachsen in der Tradition der Freudschen Psychologie. Die postuliert, daß das, was einem als Kind widerfährt, den Charakter und die Persönlichkeit formt und im Grunde das ganze Leben bestimmt. Die Grenzen und Parameter in Ihrem Leben sind festgelegt, und im Grunde können Sie nicht viel daran ändern.

Frankl war außerdem Psychiater und Jude. Die Nazis sperrten ihn in Konzentrationslager, wo er Dinge erlebt hat, die so weit jenseits jeglicher Menschenwürde liegen, daß wir sie nicht einmal beschreiben wollen. Seine Eltern, seine Brüder und seine Frau starben in den Lagern oder wurden in die Gasöfen geschickt. Mit Ausnahme seiner Schwester kam die ganze Familie um. Frankl selbst wurde gefoltert und erlitt unzählige Entwürdigungen. Dabei wußte er von einem Moment zum nächsten nicht, ob sein Weg in die Öfen führen oder ob er zu den ›Verschonten‹ gehören würde, die die toten Körper entfernten oder die Asche der Unglückseligen wegschaufeln mußten.

Eines Tages, er war nackt und allein in einem kleinen Raum, begann er sich dessen bewußt zu werden, was er später die ›letzte Freiheit des Menschen‹ nannte – der Freiheit, die die Nazischergen ihm nicht wegnehmen konnten. Sie konnten seine gesamte Umgebung kontrollieren, sie konnten mit seinem Körper machen, was sie wollten, aber Viktor Frankl blieb ein selbstbewußtes Wesen, das beobachten konnte, was mit ihm geschah. Seine grundlegende Identität war intakt. *Er konnte in sich selbst entscheiden, wie all das sich auf ihn auswirken würde.* Zwischen dem, was ihm widerfuhr, dem Reiz, und seiner Reaktion darauf lag seine Freiheit oder Kraft, die Reaktion zu bestimmen. Inmitten seiner furchtbaren Erfahrungen projizierte Frankl sich selbst in andere Umgebungen und unter andere Bedingungen, sah beispielsweise, wie er nach seiner Befreiung aus dem Lager seine Studenten unterrichtete. Mit seinem inneren Auge zeichnete er sich selbst im Hörsaal, wo er seinen Studenten genau die Lektionen vermittelte, die er während seiner Folterungen lernte.

Durch eine Reihe solcher Übungen – mentaler, emotionaler und moralischer, bei denen er vor allem mit Erinnerung und Imagination arbeitete – übte er seine kleine, noch embryonale Freiheit aus. Diese wuchs und wuchs, bis Frankl schließlich mehr Freiheit hatte als seine Nazi-Aufseher. Sie besaßen mehr *Freiheiten,* mehr Optionen in ihrer Umgebung, aus denen sie auswählen konnten, aber er verfügte über mehr *Freiheit,* mehr innere Kraft, seine Optionen auszuüben. Er wurde zu einer Inspiration für die Menschen in seiner Umgebung, selbst für einige der Wächter. Er half anderen, Sinn in ihrem Leiden und Würde in ihrem Gefangensein zu finden. Inmitten der degradierendsten Bedingungen, die man sich vorstellen kann, nutzte Frankl die menschliche Gabe der Selbst-Bewußtheit, um einen fundamentalen Grundsatz zu entdecken: *Zwischen Reiz und Reaktion hat der Mensch die Freiheit zu wählen.*

In der Freiheit der Wahl liegen die Begabungen, die uns als Menschen einzigartig machen. Zusätzlich zur *Selbst-Bewußtheit* haben wir die *Imagination* – die Fähigkeit, im Geiste etwas jenseits unserer gegenwärtigen Wirklichkeit zu erschaffen. Wir haben *Gewissen* – eine tiefe innere Bewußtheit von Recht und Unrecht, von den Prinzipien, die unser Verhalten bestimmen, und ein Gespür dafür, bis zu welchem Grad sich unsere Gedanken und Handlungen im Einklang mit ihnen befinden. Und wir haben den *unabhängigen Willen* – die Fähigkeit, frei von allen anderen Einflüssen auf der Grundlage unserer Selbst-Bewußtheit zu handeln.

Eine Definition von ›Pro-Aktivität‹

Mit der Entdeckung dieser Fähigkeit des Menschen beschrieb Frankl eine genaue Landkarte seiner selbst. Von ihr ausgehend begann er das erste und grundlegende Prinzip

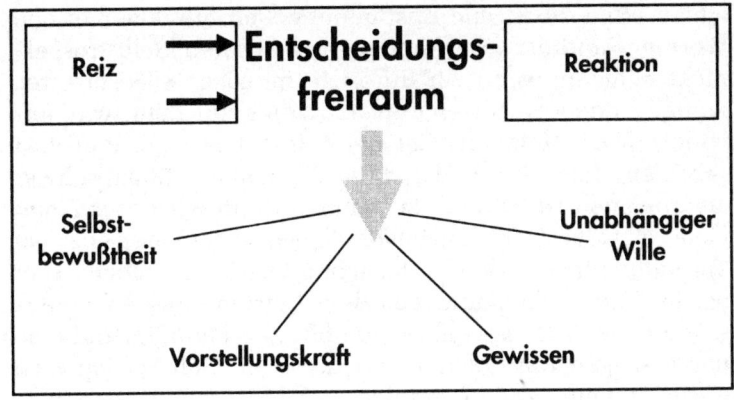

Pro-aktives Modell

eines sehr effektiven Menschen in jeder Umgebung zu entwickeln, das Prinzip der *Pro-Aktivität*.

Das Wort *Pro-Aktivität* taucht zwar mittlerweile manchmal in der Management-Literatur auf, aber in den meisten Wörterbüchern wird man es vergebens suchen. Es bedeutet mehr, als einfach nur die Initiative zu ergreifen. Es heißt, daß wir als Menschen selbst für unser Leben verantwortlich sind. Unser Verhalten ist eine Funktion unserer Entscheidungen, nicht der gegebenen Bedingungen. Wir können unsere Gefühle Werten unterordnen. Wir haben die Initiative und die Verantwortlichkeit, Dinge zu gestalten.

Die Fähigkeit, einen Impuls einem Wert unterzuordnen, ist die Essenz eines pro-aktiven Menschen. Reaktive Leute werden von Gefühlen, den Umständen, den Bedingungen oder ihrer Umwelt getrieben. Pro-aktive Menschen erhalten den Antrieb aus ihren Werten – sorgfältig überdachten, ausgewählten und internalisierten Werten.

Natürlich werden auch pro-aktive Menschen von äußeren, also physischen, sozialen oder psychologischen Reizen beeinflußt. Aber ihre Reaktion auf die bewußten oder unbewußten Reize ist eine auf Werten beruhende Wahl oder Antwort.

Eleanor Roosevelt hat einmal bemerkt, niemand könne

einem ohne die eigene Zustimmung weh tun. Oder in den Worten Gandhis: »Sie können uns unseren Selbstrespekt nicht nehmen, wenn wir ihn nicht hergeben.« Unsere freiwillige Erlaubnis, unser Einverständnis mit dem, was uns widerfährt, verletzt uns viel mehr als das, was uns zunächst geschieht. Ich gebe zu, daß diese Einsicht emotional schwer anzunehmen ist. Das gilt besonders, wenn wir unser Elend viele Jahre lang auf die Umstände geschoben oder mit dem Verhalten eines anderen Menschen begründet haben. Aber bis jemand ehrlich und aus dem tiefsten Inneren heraus sagen kann: »Das was ich heute bin, bin ich aufgrund meiner gestrigen Entscheidungen«, kann er nicht sagen: »Ich treffe jetzt eine andere Wahl.«

Bei einem meiner Vorträge über Pro-Aktivität erhob sich plötzlich eine Frau unter den Zuhörern und begann aufgeregt zu reden. Es waren viele Leute da, und als sich einige umdrehten und sie anstarrten, wurde ihr plötzlich klar, was sie da tat. Verlegen setzte sie sich wieder hin. Aber es schien ihr schwerzufallen, sich zurückzuhalten, und sie fing an, mit den Leuten neben sich zu sprechen. Sie schien sehr glücklich zu sein. Ich konnte kaum die nächste Pause abwarten, um herauszufinden, was geschehen war. Dann ging ich sofort zu ihr und fragte, ob sie bereit wäre, die anderen an ihrer Erfahrung teilhaben zu lassen.

»Sie können sich einfach nicht vorstellen, was mit mir passiert ist!« rief sie aus. »Ich bin Krankenschwester bei einem entsetzlich miesepetrigen, undankbaren Mann. Nichts ist ihm gut genug. Er zeigt niemals irgendwelche Anerkennung oder Dank. Dauernd blafft er mich an und findet an allem etwas auszusetzen. Dieser Mann hat mir das Leben schwergemacht, und ich lasse meine Frustrationen oft an meiner Familie aus. Die anderen Krankenschwestern empfinden das genauso. Wir wünschen uns fast, daß er abdankt.

Und daß Sie den Nerv hatten, sich da oben hinzustellen und zu behaupten, nichts könne mich verletzen, niemand könne mir ohne meine Zustimmung weh tun, ich hätte selbst ein so erbärmliches emotionales Leben gewählt, nun, das konnte ich Ihnen einfach nicht abkaufen.

Aber ich dachte immer weiter darüber nach. Ich schaute tief in mich hinein und begann zu fragen: ›Habe ich die Macht, meine Reaktion zu wählen?‹ Als ich schließlich erkannte, daß ich sie sehr wohl habe, als ich die bittere Pille geschluckt und eingesehen hatte, daß ich mich dafür entschieden hatte, unglücklich zu sein, da erkannte ich auch, daß ich mich auch entscheiden könnte, es nicht zu sein.

In dem Moment bin ich aufgestanden. Ich hatte das Gefühl, aus dem Gefängnis freizukommen. Ich wollte es in die ganze Welt hinausbrüllen: ›Ich bin frei! Ich bin raus aus dem Gefängnis! Ich werde mich nicht mehr davon kontrollieren lassen, wie mich jemand anders behandelt.‹«

Es ist nicht das, was uns geschieht, sondern die Art, wie wir darauf reagieren, die uns verletzt. Natürlich gibt es Dinge, die uns physisch oder ökonomisch weh tun und Kummer verursachen können. Aber das muß nicht unseren Charakter, unsere grundlegende Identität treffen. Vielmehr werden unsere schwierigsten Erfahrungen zu Schmelztiegeln: In ihnen wird unser Charakter geformt und die inneren Kräfte entwickelt. In ihnen entsteht die Freiheit, zukünftig mit schwierigen Bedingungen fertig zu werden und andere zu inspirieren, es ebenso zu machen. Frankl ist einer von vielen, denen es gelungen ist, in schwierigen Zeiten persönliche Freiheit zu entwickeln und andere zu inspirieren. Die autobiographischen Berichte von Kriegsgefangenen liefern weitere überzeugende Beweise für die transformierende Kraft solcher persönlicher Freiheit und die Auswirkungen des verantwortlichen Umgangs mit dieser Freiheit auf die Gefängniskultur und die Gefangenen.

Wir haben fast alle schon einmal jemanden getroffen, der unter sehr schweren Bedingungen lebt, vielleicht todkrank ist oder eine schwere körperliche Behinderung hat und dabei fabelhafte emotionale Stärke bewahrt. Wie inspirierend die Integrität dieser Menschen ist! Nichts hinterläßt einen größeren, anhaltenderen Eindruck auf andere als die Bewußtheit, daß jemand das Leiden und die Umstände transzendiert hat und nun einen Wert verkörpert und ausdrückt, der das Leben inspiriert, adelt und erhöht.

Zu den inspirierendsten Zeiten, die Sandra und ich je erlebt haben, gehörten vier Jahre mit einer lieben Freundin namens Carla, die an unheilbarem Krebs litt. Sie war eine von Sandras Brautjungfern gewesen, und die beiden waren seit 25 Jahren engste Freundinnen.

Als Carla ins letzte Stadium der Krankheit kam, verbrachte Sandra viel Zeit an ihrem Bett und half ihr, ihre persönliche Geschichte aufzuzeichnen. Von diesen ausgedehnten und schwierigen Besuchen kam sie starr vor Bewunderung für den Mut ihrer Freundin zurück, die den Wunsch hatte, besondere Botschaften zu schreiben, die ihren Kindern in unterschiedlichen Stadien ihres Lebens ausgehändigt werden sollten.

Carla nahm so wenig schmerzstillende Mittel wie möglich, um vollen Zugang zu ihren geistigen und emotionalen Kräften zu haben. Sie flüsterte auf ein Tonband oder diktierte Sandra direkt. Carla war so pro-aktiv, so tapfer und so voller Sorge um andere, daß sie für viele Menschen in ihrer Umgebung zu einer Quelle der Inspiration wurde.

Ich werde nie die Erfahrung vergessen, am Tage vor ihrem Tode tief in Carlas Augen geschaut und aus dieser tiefen, ausgezehrten Agonie heraus einen Menschen mit unglaublichem intrinsischen Wert gespürt zu haben. Ich konnte in ihren Augen ein Leben voller Charakter, Leistung und Dienen sowie Liebe, Fürsorge und Wertschätzung sehen.

Über die Jahre habe ich viele Gruppen von Menschen gefragt, wie viele von ihnen je die Erfahrung gemacht haben, bei einem sterbenden Menschen zu sein, der eine wunderbare Einstellung hatte und bis zum Ende Liebe und Mitgefühl ausgestrahlt und auf unvergleichbare Weise gedient hat. Meist sind es etwa ein Viertel der Teilnehmer. Dann frage ich, wie viele von ihnen diesen Menschen nie vergessen werden – wie viele von ihnen zumindest vorübergehend von solchem inspirierenden Mut transformiert, tief bewegt und zu edlerem Dienen und Mitgefühl motiviert wurden. Es antworten dieselben – fast unweigerlich.

Viktor Frankl meint, es gebe im Leben drei zentrale

Werte – den der Erfahrung, oder das, was uns geschieht; den kreativen, oder das, was wir ins Leben rufen; und den der Einstellung, oder unsere Reaktionen unter schwierigen Umständen wie einer tödlichen Krankheit.

Meine eigenen Erfahrungen mit Menschen bestätigen Frankls Aussage, daß der höchste der drei Werte der der Einstellung im Sinne des Paradigmas oder der Neuordnung ist. Es kommt mit anderen Worten am meisten darauf an, wie wir auf das *reagieren,* was wir im Leben erleben.

Schwierige Umstände erschaffen oft Paradigmenwechsel, ganz neue Bezugsrahmen, in denen Menschen sich selbst, die Welt und andere in ihr sehen und sich fragen, was das Leben von ihnen verlangt. Ihr weiterer Blickwinkel spiegelt die Einstellungswerte, die uns alle inspirieren und ermutigen.

Unsere grundlegende Natur ist die, zu machen und nicht ›gemacht‹ zu werden. Das gibt uns die Möglichkeit, unsere Reaktion auf bestimmte Bedingungen zu wählen, und die Kraft, Bedingungen zu schaffen. Die Initiative zu ergreifen bedeutet nicht, drängend, unangenehm oder aggressiv zu sein. Es heißt vielmehr, unsere Verantwortung dafür anzuerkennen, daß Dinge geschehen.

Auf unsere Sprache hören

Unsere Einstellungen und Verhaltensweisen entspringen unseren Paradigmen. Mit Hilfe unserer Selbstbewußtheit können wir also in ihnen die Natur der zugrundeliegenden Landkarten untersuchen. Unsere Sprache liefert beispielsweise einen sehr realen Hinweis darauf, bis zu welchem Grad wir uns selbst als pro-aktive Menschen sehen.

Reaktive Menschen befreien sich in ihrer Sprache von Verantwortung. »So bin ich einfach.« *Ich werde bestimmt. Es gibt nichts, was ich daran ändern könnte.*

»Er macht mich so wütend!« *Ich bin nicht verantwortlich. Mein emotionales Leben wird von etwas außerhalb meiner Kontrolle regiert.* »Das kann ich nicht tun. Ich habe einfach keine Zeit dafür.« *Etwas außerhalb von mir – begrenzte Zeit – hat die Kontrolle über mich.* »Wenn meine Frau nur etwas geduldiger wäre.« *Die Umstände oder andere Menschen zwingen mich zu tun, was ich tue. Ich bin nicht frei, meine eigenen Handlungen zu bestimmen.*

Reaktive Sprache ist deswegen ein ernsthaftes Problem, weil sie zu einer sich selbst erfüllenden Prophezeiung wird. Die Menschen werden in dem Paradigma bestätigt, sie seien fremdbestimmt, und produzieren Beweise, die diese Vorstellung unterstützen. Sie fühlen sich immer mehr als Opfer ohne Kontrolle über ihr Leben und ihr Schicksal. Sie suchen die Schuld an ihrer Situation bei Kräften außerhalb ihrer selbst, anderen Leuten, den Umständen, selbst bei den Sternen.

Als ich in einem Seminar über das Konzept der Pro-Aktivität sprach, kam ein Mann zu mir und sagte: »Mir gefällt das, was du da sagst, Stephen. Aber jede Situation ist doch anders. Meine Ehe zum Beispiel. Ich mache mir wirklich Sorgen. Meine Frau und ich haben einfach nicht mehr die gleichen Gefühle füreinander wie früher. Ich glaube, ich liebe sie einfach nicht mehr, und sie mich auch nicht. Was kann ich tun?«

»Das Gefühl ist nicht mehr da?« fragte ich.

»Richtig«, stimmte er zu. »Und wir haben drei Kinder, um die wir uns sorgen. Was schlägst du vor?«

»Liebe sie«, antwortete ich.

»Aber ich sag' doch, das Gefühl ist einfach nicht mehr da.«

»Liebe deine Frau.«

»Du verstehst nicht. Das Gefühl von Liebe ist einfach nicht da.«

»Dann liebe sie. Wenn das Gefühl nicht da ist, dann ist das ein guter Grund, sie zu lieben.«

»Aber wie liebt man denn, wenn man nicht liebt?«

»Lieben ist ein Verb, mein Freund. Liebe – das Gefühl – ist eine Frucht des Liebens, des Tuns. Also liebe sie. Diene ihr. Bringe Opfer. Höre ihr zu. Fühle mit ihr. Schätze sie. Bestätige sie. Bist du dazu bereit?«

›Lieben‹ gibt es in der Sprache aller hochentwickelten Gesellschaften als Verb. Reaktive Menschen machen daraus ein Gefühl. Sie werden von Gefühlen getrieben. Wenn unsere Gefühle unsere Handlungen kontrollieren, dann liegt das daran, daß wir unsere Verantwortung abgetreten und ihnen die Macht gegeben haben, das zu tun. Liebe ist ein Wert, der durch liebende Handlungen verwirklicht wird. Pro-aktive Menschen ordnen ihre Gefühle ihren Werten unter. Liebe – das Gefühl – kann man wieder einfangen.

Interessensphäre/Einflußbereich

Eine gute Art, uns des Grades unserer eigenen Pro-Aktivität bewußt zu werden, besteht darin, zu betrachten, wohin unsere Zeit und Energie geht. Wir alle haben eine große Bandbreite von Interessen – unsere Gesundheit, unsere Kinder,

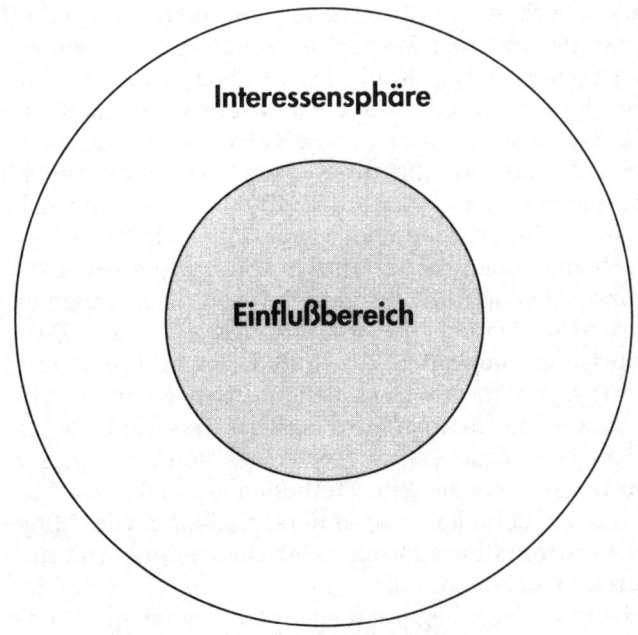

Interessensphäre

Einflußbereich

Probleme in der Arbeit, die nationale Verschuldung, die Gefahr eines Atomkriegs. Wir können diese klassifizieren nach Elementen, die uns emotional und geistig nicht besonders anrühren, und Elementen, die in unserer ›Interessensphäre‹ liegen.

Wenn wir uns die Dinge in unserer Interessensphäre anschauen, wird deutlich, daß sich darunter einige befinden, über die wir keine wirkliche Kontrolle haben, und andere, bei denen wir etwas bewirken können. Letztere könnten wir als den persönlichen Einflußbereich beschreiben. Nicht auf alles in unserer Interessensphäre haben wir persönlich Einfluß; deshalb ist dieser Bereich kleiner.

Direkte, indirekte und keine Kontrolle

Die Probleme, vor denen wir stehen, fallen in eines von drei Gebiete: direkte Kontrolle (Probleme, die mit unserem eigenen Verhalten zu tun haben); indirekte Kontrolle (Probleme, die mit dem Verhalten anderer Menschen zu tun haben); oder keine Kontrolle (Probleme, an denen wir nichts ändern können, wie etwa unsere Vergangenheit oder gewisse Realitäten). Der pro-aktive Ansatz sucht als ersten Schritt die Lösung aller drei Arten von Problemen innerhalb unseres gegenwärtigen Einflußbereichs und schließt die Dinge ein, an denen wir etwas ändern können.

Probleme, über die wir *direkte Kontrolle* haben, lösen wir dadurch, daß wir an unseren Gewohnheiten arbeiten. Sie liegen offensichtlich in unserem Einflußbereich. Das sind die ›privaten Siege‹ des 1., 2. und 3. Weges. Probleme, über die wir *indirekte Kontrolle* haben, lösen wir dadurch, daß wir unsere Einflußmethoden ändern. Das sind die ›öffentlichen Siege‹ des 4., 5. und 6. Weges. Ich habe persönlich mehr als 30 verschiedene Methoden gefunden, als Mensch Einfluß zu nehmen – so unterschiedliche wie Mitgefühl oder Konfrontation, Vorbild oder Überredung. Die meisten Menschen haben nur drei oder vier dieser Methoden im Repertoire. Meist beginnen sie mit Argumenten. Wenn die nicht ziehen, kämpfen oder fliehen sie. Es ist sehr befrei-end, die Vorstellung zu akzeptieren, daß ich neue Einfluß-weisen lernen kann, statt mich immer wieder alter, ineffek-tiver Methoden zu bedienen, um jemand anderen ›auf Vor-dermann zu bringen‹.

Probleme, über die wir *keine Kontrolle* haben, erfordern, daß wir die Verantwortung für unseren Gesichtsausdruck übernehmen, lächeln, diese Probleme echt und friedvoll ak-zeptieren und mit ihnen leben lernen, auch wenn wir sie nicht mögen. Auf diese Weise geben wir den Problemen nicht die Macht, uns unter Kontrolle zu haben. Wir können uns dem Gebet der Anonymen Alkoholiker anschließen: »Gott gebe mir die Gelassenheit, Dinge hinzunehmen, die ich nicht ändern kann, den Mut, Dinge zu ändern, die ich ändern kann, und die Weisheit, das eine vom anderen zu unterscheiden.«

Unabhängig davon, ob ein Problem direkt, indirekt oder gar nicht von uns zu beeinflussen ist, halten wir den ersten Schritt zur Lösung in den Händen. Unsere Gewohnheiten, die Art, wie wir Einfluß nehmen, und unsere Art, mit Pro-blemen, die außerhalb unserer Kontrolle sind, umzugehen, das alles liegt in unserem eigenen Einflußbereich.

Den Einflußbereich erweitern

Ich habe ein paar Jahre lang mit einer Organisation zusam-mengearbeitet, die von einem sehr dynamischen Menschen geleitet wurde. Er konnte Trends erkennen. Er war kreativ, begabt, fähig und brillant – und jeder wußte das. Aber sein Management-Stil war absolut diktatorisch. Er hatte den Hang, seine Leute wie Laufburschen zu behandeln, so als ob sie überhaupt keine eigene Urteilsfähigkeit hätten. Wenn er mit den Angestellten redete, klang das etwa so: »Tu dies... tu das... mach's so... mach's anders – entscheiden tue ich.«

Das führte dazu, daß er sich von fast allen seinen Führungskräften entfremdete. Die trafen sich auf dem Flur und beklagten sich untereinander über ihn. Ihre Diskussionen waren so anspruchsvoll und präzise, als ob sie die Absicht hätten, die Situation wirklich zu verbessern. Aber sie redeten nur und nutzten die Schwäche des Präsidenten als Vorwand, sich für nicht-verantwortlich zu erklären.

»Du kannst dir nicht vorstellen, was diesmal los war«, meinte einer. »Neulich ist er in meine Abteilung gekommen. Ich hatte alles gut auf der Reihe. Aber er kam rein und setzte völlig andere Signale. Meine Arbeit von mehreren Monaten war damit gekippt, einfach so. Ich weiß nicht, wie ich weiter für ihn arbeiten soll. Wann wird er eigentlich pensioniert?«

»Er ist erst neunundfünfzig«, antwortete irgend jemand. »Meinst du, du kannst das noch sechs Jahre aushalten?«

»Weiß ich nicht. Er ist wahrscheinlich eh der Typ, den sie überhaupt nicht in Pension schicken.«

Aber einer aus diesem Führungsteam war pro-aktiv. Er wurde von Werten geleitet, nicht von Gefühlen. Er übernahm die Initiative – verhielt sich vorausschauend, interpretierte die Situation, entwickelte Empathie. Er war nicht blind für die Schwächen des Präsidenten. Aber statt sie zu kritisieren, begann er sie auszugleichen. Wo der Präsident im Stil schwach war, versuchte er, Puffer für seine eigenen Leute zu sein und solche Schwächen bedeutungslos werden zu lassen. Und er nutzte die Stärken des Präsidenten – seine Weitsicht, sein Talent und seine Kreativität. Dieser Mann richtete seine Aufmerksamkeit ganz auf seinen persönlichen Einflußbereich. Zwar wurde auch er wie ein Laufbursche behandelt, aber er tat dennoch mehr, als von ihm erwartet wurde. Er ahnte voraus, was der Präsident brauchte. Er fand heraus, welches Anliegen des Präsidenten der Aufgabe zugrunde lag. Wenn er dann Informationen präsentierte, lieferte er zusätzlich eine Analyse und die auf dieser Analyse beruhenden Empfehlungen.

Als ich eines Tages in einer beratenden Funktion mit diesem Präsidenten zusammensaß, sagte er: »Stephen, ich kann es einfach nicht fassen, was dieser Mann geleistet hat. Er hat mir nicht nur die gewünschte Information geliefert, sondern zusätzlich genau die, die wir brauchten. Er hat mir sogar eine auf meinen Anliegen beruhende Analyse und seine daraus resultierenden Empfehlungen gebracht.

Diese Empfehlungen stimmen mit der Analyse überein, und die Analyse deckt sich mit den Daten. Er ist bemerkenswert! Es ist eine solche Erleichterung, mich um diesen Teil des Geschäfts nicht kümmern zu müssen.«

Bei der nächsten Sitzung hieß es wieder »tu dies« und »tu das« – mit einer Ausnahme. Dieser Mann wurde gefragt: »Was hältst du davon?« Sein Einflußbereich war gewachsen.

Das führte zu ziemlicher Unruhe in der Organisation. Die reaktiven Geister auf den Führungsetagen begannen, ihre rachsüchtige Munition auf diesen pro-aktiven Mann abzufeuern.

Es liegt in der Natur reaktiver Leute, sich vor Verantwortung zu drücken. Es ist viel sicherer zu sagen: »Ich bin nicht verantwortlich.« Wenn ich sagen muß: »Ich bin verantwortlich«, dann muß ich vielleicht auch sagen: »Ich bin unverantwortlich.« Es fällt schwer zuzugeben, daß man die Macht über die eigene Reaktion auf etwas hat und daß die selbstgewählte Art von Reaktion negativ und destruktiv war. Das gilt natürlich besonders, wenn man jahrelang die Schwächen eines anderen als Ausrede dafür benutzt hat, die Verantwortung für die eigenen Ergebnisse abzuschieben.

Also beschäftigten sich diese Führungskräfte damit, noch mehr Informationen, noch mehr Munition, noch mehr Beweise dafür zu finden, daß sie nicht verantwortlich waren.

Aber unser Mann war auch ihnen gegenüber pro-aktiv. Stück für Stück dehnte sich sein Einflußbereich auch auf sie aus. Und er wuchs so lange weiter, bis schließlich keiner in der Organisation, einschließlich des Präsidenten, noch einen entscheidenden Schritt ohne die Beteiligung und Billigung dieses Mannes unternahm. Aber der Präsident fühlte sich nicht bedroht, da die Stärke dieses Mannes seine Stärke ergänzte und seine Schwächen ausglich. Also verfügte er über die Kräfte von zwei Menschen, über ein sich ergänzendes Team.

Der Erfolg dieses Mannes hing nicht von den Umständen ab. Viele andere befanden sich in derselben Situation wie er. Der Unterschied lag in seiner Art der Reaktion auf diese Bedingungen, in seiner Ausrichtung auf seinen persönlichen Einflußbereich.

Manche Leute meinen, pro-aktiv sein hieße, sich aufdringlich, aggressiv oder unsensibel zu verhalten, aber das ist überhaupt nicht der Fall. Pro-aktive Menschen sind nicht aufdringlich. Sie sind klug, sie sind von Werten geleitet, sie können in der Realität lesen und wissen, was gebraucht wird.

Nehmen wir Gandhi. Seine Ankläger saßen in den Büros der Legislative und kritisierten, daß er ihrem Kreis nicht beitreten wollte, in dem Großbritannien wegen seiner Unterdrückung des indischen Volkes verurteilt wurde. Derweil war Gandhi draußen auf den Reisfeldern und erweiterte langsam, leise und fast unmerklich seinen Einflußbereich bei den Arbeitern. Eine Grundwelle von Unterstützung, Vertrauen und Zuversicht folgte ihm auf seinen Wegen. Ohne Amt oder politische Position zwang er England schließlich durch Mitgefühl, Mut, Fasten und moralische Überzeugung in die Knie und erlöste 300 Millionen Menschen mit der Kraft seines erheblich erweiterten Einflußbereiches von der politischen Herrschaft Großbritanniens.

Das ›Haben‹ und das ›Sein‹

Eine Möglichkeit festzustellen, auf welchem Gebiet wir uns mit unseren persönlichen Belangen gerade bewegen, ist die, zwischen *Haben* und *Sein* zu unterscheiden. Die Interessensphäre ist gespickt voll mit *Haben*. Sie schließt die Dinge ein, die uns Sorgen machen.

»Ich werde glücklich sein, wenn ich mein Haus *abbezahlt habe*.«

»*Hätte ich bloß* einen Vorgesetzten, der nicht ein solcher Tyrann ist.«

»Wenn ich nur einen geduldigeren Mann *hätte*.«

»Wenn ich gehorsamere Kinder *hätte.*«

»Wenn ich erst mein Diplom *habe.*«

»Wenn ich einfach nur mehr Zeit für mich selbst *haben könnte.*«

Der persönliche Einflußbereich ist voll mit *sein* – ich kann geduldiger *sein,* weise *sein,* liebevoll *sein.* Es ist die Ausrichtung auf den Charakter.

Wann immer wir glauben, das Problem sei ›da draußen‹, ist dieser Gedanke das Problem. Wir geben dem, was da draußen ist, die Macht, Kontrolle über uns zu haben. Das Paradigma der Veränderung ist ›von außen nach innen‹ – was da draußen ist, muß sich verändern, bevor wir uns verändern können.

Der pro-aktive Zugang ist der der Veränderung ›von innen nach außen‹: Ich kann anders *sein* und dadurch positive Veränderungen in dem bewirken, was da draußen ist – ich kann erfindungsreicher *sein,* ich kann sorgfältiger *sein,* ich kann kreativer *sein,* ich kann kooperativer *sein.*

Eine meiner Lieblingsgeschichten stammt aus dem Alten Testament, das Teil des Grundgewebes der jüdisch-christlichen Tradition ist. Es ist die Geschichte von Joseph, den seine Brüder im Alter von siebzehn Jahren in die Sklaverei verkauften. Stellen Sie sich vor, wie leicht es für ihn gewesen wäre, als Diener des Potiphar in Selbstmitleid zu verfallen, sich auf die Schwächen seiner Brüder, seines neuen Herrn und all das zu konzentrieren, was er nicht hatte. Aber Joseph war pro-aktiv. Er arbeitete am *Sein.* Und binnen kurzem leitete er Potiphars Haushalt. Er hatte das Sagen über alles, was Potiphar besaß, weil dessen Vertrauen so groß war. Dann kam der Tag, an dem Joseph in einer schwierigen Situation steckte und sich weigerte, seine Integrität aufzugeben. Das führte dazu, daß er zu Unrecht für dreizehn Jahre ins Gefängnis mußte. Aber er war wieder pro-aktiv. Er arbeitete an seinem persönlichen Einflußbereich, am *Sein* statt am *Haben.* Bald leitete er das Gefängnis und schließlich das ganze Land Ägypten und war nur dem Pharao unterstellt.

Wenn ich ein Problem in meiner Ehe habe, was gewinne

ich dann, wenn ich immer wieder meine Frau beschuldige? Mit meiner Aussage, ich sei nicht verantwortlich, mache ich mich selbst zu einem kraftlosen Opfer. Ich mache mich selbst in einer schwierigen Situation bewegungsunfähig. Außerdem verringere ich meine Fähigkeit, sie zu beeinflussen – meine nörgelnde, anschuldigende, kritische Haltung bestätigt ihr nur ihre eigene Schwäche. Meine Kritik ist schlimmer als das, was ich korrigieren will. Meine Fähigkeit, positiven Einfluß auf die Situation zu nehmen, verkümmert und stirbt ab.

Wenn ich wirklich meine Situation verbessern will, kann ich an der einen Stelle anfangen, über die ich wirklich die Kontrolle habe – bei mir selbst. Ich kann aufhören, meine Frau verändern zu wollen, und an meinen eigenen Schwächen arbeiten. Ich kann versuchen, ein fabelhafter Partner zu sein, eine Quelle bedingungsloser Liebe und Unterstützung. Vielleicht wird meine Frau die Kraft des pro-aktiven Beispiels spüren und ähnlich antworten. Aber ob sie das tut oder nicht, die Arbeit an mir selbst, an meinem *Sein,* ist die positivste Art, Einfluß auf meine Situation zu nehmen.

Es gibt so viele Möglichkeiten, im persönlichen Einflußbereich zu arbeiten – ein besserer Zuhörer zu *sein,* ein liebevollerer Partner zu *sein,* ein fleißigerer Student zu *sein,* ein willigerer und interessierterer Mitarbeiter zu *sein.* Manchmal ist es das pro-aktivste, was wir tun können, einfach glücklich zu *sein,* ein echtes Lächeln zu zeigen. Glücklichsein ist, genau wie Unglücklichsein, eine pro-aktive Wahl.

Das andere Ende des Stocks

Bevor wir den Fokus unseres Lebens ganz auf den persönlichen Einflußbereich ausrichten, müssen wir zwei Punkte, die außerhalb des persönlichen Einflußbereiches, aber in unserer Interessensphäre liegen, betrachten – *Folgen* und *Fehler.*

Wir haben zwar die Freiheit, über unser Handeln zu entscheiden, nicht aber über die Folgen unserer Handlungen. Die Folgen werden von Naturgesetzen bestimmt. Sie liegen in der Interessensphäre außerhalb des persönlichen Einflußbereiches. Wir können uns entscheiden, uns vor einem schnellen Zug auf die Gleise zu stellen. Aber wir können nicht entscheiden, was geschehen wird, wenn der Zug uns trifft.

Wir können beschließen, bei unseren geschäftlichen Unternehmungen unehrlich zu sein. Die sozialen Konsequenzen dieser Entscheidung können davon abhängen, ob man uns auf die Schliche kommt oder nicht, aber die natürlichen Folgen für unseren grundlegenden Charakter stehen fest.

Unser Verhalten wird von Prinzipien regiert. In Harmonie mit ihnen zu leben hat positive Folgen, sie zu verletzen negative. Wir haben die Freiheit, unsere Reaktion in jeder Situation zu wählen, aber damit wählen wir zugleich auch die dazugehörigen Folgen. »Wenn wir ein Ende des Stocks aufheben, heben wir auch das andere auf.«

Jeder von uns kennt unweigerlich Zeiten im Leben, in denen man meint, man hätte den falschen Stock aufgehoben. Unsere Entscheidungen haben zu Konsequenzen geführt, auf die wir gut hätten verzichten können. Wenn wir noch mal entscheiden könnten, würden wir es anders machen. Diese Entscheidungen nennen wir Fehler, und sie sind der zweite Punkt, über den wir nachdenken müssen.

Für Menschen, die voller Reue stecken, ist die notwendigste pro-aktive Übung vielleicht die, zu erkennen, daß vergangene Fehler auch da draußen in der Interessensphäre liegen. Wir können sie nicht zurückrufen, wir können sie nicht ungeschehen machen, wir haben keinerlei Kontrolle über ihre Folgen.

Einer meiner Söhne hat an der Universität in der Abwehr der Football-Mannschaft mitgespielt. Dort hat er gelernt, jedesmal, wenn er oder einer seiner Mitspieler einen ernsten Fehler gemacht hatte, kurz sein Hosengummi schnappen zu lassen. Das diente dazu, die Sache ›abzuhaken«, damit der vergangene Fehler nicht den weiteren Spielverlauf und das Ergebnis beeinflussen konnte.

Die pro-aktive Art, mit einem Fehler umzugehen, ist die, ihn sofort anzuerkennen, zu korrigieren und aus ihm zu lernen. Das macht buchstäblich aus jedem Fehler einen Erfolg. »Erfolg«, sagte der IBM-Gründer T. J. Watson, »beruht oft genug auf Fehlern.«

Aber einen Fehler nicht anzuerkennen, ihn nicht zu korrigieren und nicht aus ihm zu lernen ist eine andere Art von Fehler. Er setzt einen auf eine Fährte der Selbsttäuschung und Selbstrechtfertigung, zu der häufig das Rationalisieren (rationale Lügen) vor sich selbst und anderen gehört. Dieser zweite Fehler, dieses Vertuschen, verleiht dem ersten Macht, schenkt ihm unangemessen große Bedeutung und verursacht viel tiefere Verletzungen im Inneren.

Weder das, was andere tun, noch unsere eigenen Fehler sind es, die uns am meisten verletzen; es ist unsere Reaktion auf diese Dinge. Der Giftschlange, die uns gebissen hat, hinterherzujagen treibt das Gift nur durch unser ganzes System. Es ist viel besser, sofort Maßnahmen zur Entgiftung zu ergreifen.

Unsere Reaktion auf einen Fehler wirkt sich auf die Qualität des nächsten Augenblicks aus. Es ist wichtig, daß wir unsere Fehler sofort eingestehen und korrigieren, so daß nicht sie, sondern wir die Macht über den nächsten Moment gewinnen.

Pro-Aktivität: Der Dreißig-Tage-Test

Wir müssen nicht die furchtbare Erfahrung von Viktor Frankl im Konzentrationslager machen, um unsere Pro-Aktivität zu erkennen und zu entwickeln. Die pro-aktive Fähigkeit, mit den außergewöhnlichen Herausforderungen fertig zu werden, entwickeln wir bei den gewöhnlichen Ereignissen des Alltags, bei der Art, wie wir Verpflichtungen eingehen und halten, wie wir mit einem Verkehrsstau umgehen, wie wir auf einen zornigen Kunden oder ein ungehorsames Kind reagieren, wie wir unsere Probleme sehen und unsere Energien ausrichten, welche Sprache wir benutzen.

Ich fordere Sie auf, den Weg der Pro-Aktivität dreißig Tage zu testen. Versuchen Sie's einfach, und schauen Sie, was passiert. Arbeiten Sie dreißig Tage lang an Ihrem persönlichen Einflußbereich. Gehen Sie kleine Verpflichtungen ein, die Sie einhalten. Seien Sie ein Licht, nicht ein Richter. Seien Sie ein Modell, nicht ein Kritiker. Seien Sie Teil der Lösung, nicht Teil des Problems.

Versuchen Sie's in Ihrer Ehe, in Ihrer Familie, bei der Arbeit. Argumentieren Sie nicht mit den Schwächen anderer. Argumentieren Sie nicht mit den eigenen Schwächen. Wenn Sie einen Fehler machen, geben Sie ihn zu, korrigieren Sie ihn, und lernen Sie daraus – sofort. Geraten Sie nicht in eine beschuldigende, anschuldigende Stimmung. Arbeiten Sie an den Dingen, über die Sie Kontrolle haben. Arbeiten Sie an sich selbst. Am *Sein*.

Betrachten Sie die Schwächen anderer mit Mitgefühl, ohne Anschuldigungen. Die Frage ist nicht, was die tun oder tun sollten. Es geht vielmehr um die von Ihnen gewählte Reaktion auf die Situation und das, was Sie tun sollten. Wenn Sie anfangen zu denken, das Problem sei außerhalb Ihrer persönlichen Einflußmöglichkeiten, ›da draußen‹, dann halten Sie ein. Genau dieser Gedanke ist das Problem.

Menschen, die Tag für Tag ihre noch unterentwickelte Freiheit ausüben, werden diese ganz allmählich ausdehnen. Menschen, die dies nicht tun, werden feststellen, daß diese Freiheit immer mehr dahinwelkt, bis sie selbst im Wortsinne ›gelebt werden‹. Sie agieren nur die Skripten aus, die ihnen Eltern, Kollegen und die Gesellschaft geschrieben haben.

Wir tragen selbst die Verantwortung für unsere eigene Effektivität, für unser eigenes Glück und letztlich wohl meist auch für die Umstände.

Samuel Johnson hat dazu bemerkt: »Die Quelle der Zufriedenheit muß dem eigenen Geist entspringen, und wer so wenig über die Natur des Menschen weiß, daß er Glück durch das Verändern von irgend etwas anderem als seinen eigenen Charakteranlagen sucht, der wird sein Leben mit fruchtlosen Bemühungen verschwenden und den Kummer, den er zu entfernen trachtet, vervielfältigen.«

Zu wissen, daß wir verantwortlich sind – ›ver-antwortlich‹ –, ist für unsere Effektivität und für jedes der folgenden Prinzipien von fundamentaler Bedeutung.

Anwendungsvorschläge

1. Achten Sie einen ganzen Tag lang auf Ihre Sprache und die Sprache der Menschen um Sie herum. Wie oft benutzen und hören Sie reaktive Formulierungen wie ›wenn nur‹, ›ich kann nicht‹ oder ›ich muß‹?

2. Suchen Sie eine Situation, in die Sie in der nächsten Zukunft geraten könnten und in der Sie aufgrund früherer Erfahrungen vermutlich reaktiv antworten werden. Betrachten Sie die Situation noch einmal im Kontext Ihres Einflußbereiches. Wie könnten Sie pro-aktiv reagieren? Nehmen Sie sich ein bißchen Zeit, und schaffen Sie sich innerlich ein lebhaftes Bild von der Situation und davon, wie Sie selbst pro-aktiv handeln. Denken Sie an das Entscheidungsfeld zwischen Reiz und Reaktion. Verpflichten Sie sich, Ihre Freiheit der Wahl auszuüben.

3. Wählen Sie ein frustrierendes Problem aus Ihrem Berufs- oder Privatleben aus. Bestimmen Sie, ob es direkter, indirekter oder keiner Kontrolle durch Sie unterliegt. Identifizieren Sie den ersten Schritt, den Sie in Ihrem Einflußbereich tun können, und tun Sie dann diesen Schritt.

4. Versuchen Sie den Dreißig-Tage-Test der Pro-Aktivität. Seien Sie sich der Veränderung in Ihrem Einflußbereich bewußt.

Schon am Anfang das Ende im Sinn haben

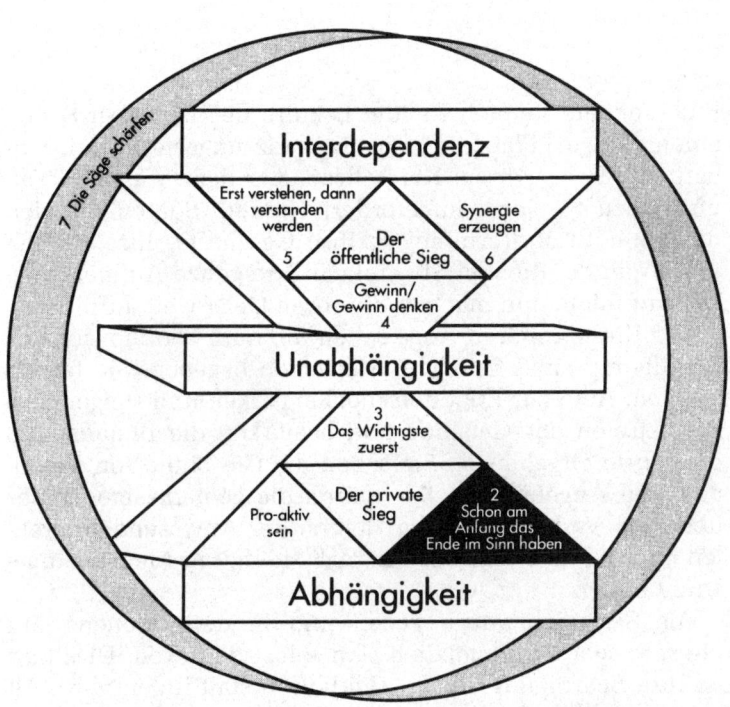

Die Prinzipien
persönlicher Führung

Was hinter uns liegt, und was vor uns liegt,
sind Winzigkeiten im Vergleich zu dem,
was in uns liegt.

OLIVER WENDELL HOLMES

Bitte suchen Sie sich für die Lektüre der nächsten Seiten einen ruhigen Platz, an dem Sie ganz ungestört sind. Verbannen Sie aus Ihrem Kopf alles außer dem, was Sie lesen und wozu Sie jetzt aufgefordert werden. Sorgen Sie sich nicht um Ihren Terminplan, Ihre Geschäfte, Ihre Familie und Freunde. Richten Sie einfach Ihre ganze Aufmerksamkeit auf mich, und machen Sie Ihren Geist weit auf.

Vor Ihrem inneren Auge sehen Sie nun, wie Sie sich zur Beerdigung eines geliebten Menschen begeben. Sie fahren mit dem Auto zur Friedhofskapelle, parken und steigen aus. Sie betreten das Gebäude und bemerken die Blumen und die sanfte Orgelmusik. Sie sehen die Gesichter von Freunden und Angehörigen. Sie spüren die gemeinsame Trauer über den Verlust. Aber die Herzen der Anwesenden strahlen auch Freude darüber aus, daß sie diesen Menschen gekannt haben.

Als Sie nach vorne gehen und in den offenen Sarg blicken, sehen Sie plötzlich sich selbst da liegen. Dies hier ist Ihre Beerdigung, die in drei Jahren stattfinden wird. All diese Menschen sind gekommen, um Ihnen die letzte Ehre zu erweisen, Ihnen Liebe und Anerkennung für Ihr Leben auszusprechen.

Sie suchen sich einen Platz und warten auf den Beginn

der Feier. Ein Programm sagt Ihnen, daß es vier Redner geben wird. Der erste ist jemand aus Ihrer Familie, der engen und auch der weiteren – Kinder, Brüder, Schwestern, Nichten, Neffen, Tanten, Onkel, Kusinen, Vettern und Großeltern, die aus dem ganzen Land angereist sind, um dabeizusein. Der zweite Sprecher ist einer Ihrer Freunde, jemand, der einen Eindruck davon vermitteln kann, wie Sie als Person waren. Der dritte Sprecher stammt aus Ihrer Berufswelt. Und der vierte kommt aus einer Organisation, z. B. dem Verein, bei dem Sie sich engagiert haben.

Nun denken Sie gründlich nach. Was würden Sie von jedem der Redner gern über sich und Ihr Leben hören? Welche Art von Ehepartner, Vater oder Mutter sollen die Worte beschreiben? Welche Art von Sohn, Tochter, Vetter oder Kusine? Welche Art von Freund? Welche Art von Kollege?

Welchen Charakter sollen die Reden beschreiben? An welche Beiträge und Leistungen sollen sie erinnern? Schauen Sie sich die Anwesenden sorgfältig an. Was hätten Sie gern zu deren Leben beigetragen?

Nehmen Sie sich nun, bevor Sie weiterlesen, ein paar Minuten Zeit, um Ihre Eindrücke zu notieren. Das wird Ihr persönliches Verständnis des 2. Weges erheblich vergrößern.

Was es bedeutet, »schon am Anfang das Ende im Sinn zu haben«

Wenn Sie diese Visualisierungsübung ernsthaft durchgeführt haben, haben Sie einen Augenblick lang einige Ihrer tiefen, fundamentalen Werte berührt. Sie haben kurz Kontakt zu dem inneren Führungssystem im Herzen Ihres Einflußbereichs aufgenommen.

Der 2. Weg gilt für viele verschiedene Situationen und auf mehreren Ebenen des Lebens. Die grundlegende Anwendung ist jedoch die, heute mit dem Bild oder Paradigma des Lebensendes als Bezugsrahmen oder Kriterium zu beginnen, an dem alles gemessen wird. Jeder Teil Ihres Lebens – Ihr Verhalten heute, morgen, übermorgen, nächste Woche und nächstes Jahr – läßt sich im Kontext des Ganzen betrachten, dessen, was Ihnen wirklich wichtig ist. Wenn Sie immer das ›Ende‹ im Hinterkopf behalten, können Sie sicherstellen, daß nichts, was Sie im Laufe des Tages tun, die Kriterien verletzt, die Sie für wichtig erklärt haben. Dann ist jeder Tag Ihres Lebens ein bedeutungsvoller Beitrag zu der Vision, die Sie von ihrem Leben als Ganzem haben.

Schon am Anfang das Ende im Sinn zu haben bedeutet, mit einem klaren Verständnis des Zieles zu starten. Es bedeutet, zu wissen, wo Sie hingehen, damit Sie besser verstehen, wo Sie jetzt sind, und Ihre Schritte immer in die richtige Richtung lenken.

Man kann ganz leicht in eine Aktivitätsfalle geraten, in der Geschäftigkeit des Lebens gefangen sein, härter und härter für die nächste Sprosse auf der Erfolgsleiter arbeiten, nur um dann zu entdecken, daß die ganze Leiter an die falsche Mauer gelehnt ist. Es ist möglich, sehr, sehr beschäftigt, aber nur wenig effektiv zu sein.

Viele Menschen stellen fest, daß sie leere Siege erringen. Sie erreichen Erfolge auf Kosten von Dingen, von denen sie plötzlich merken, daß sie ihnen wichtig waren. Menschen aus allen Lebensbereichen – Ärzte, Akademiker, Politiker, Geschäftsleute, Sportler und Installateure – mühen sich häufig um ein höheres Einkommen, mehr Anerkennung oder einen bestimmten Grad von professioneller Kompetenz, nur um festzustellen, daß ihr Drang, das Ziel zu erreichen, sie für die Dinge blind gemacht hat, auf die es wirklich ankam und die nun verschwunden sind. Wie anders unser Leben doch ist, wenn wir wirklich wissen, was uns im Innersten wichtig ist. Und wenn wir dieses Bild vor Augen haben, schaffen wir es jeden Tag wieder, das zu sein und zu tun, worauf es wirklich ankommt. Wenn die Leiter nicht an der richtigen Mauer lehnt, bringt uns jeder Schritt einfach schneller an den falschen Ort. Wir mögen sehr geschäftig sein, vielleicht sogar sehr *effizient,* aber wirklich *effektiv* werden wir nur dann sein, wenn wir schon am Anfang das Ende im Sinn haben.

Wenn Sie sorgfältig über das nachdenken, was Sie gern bei Ihrer Beerdigungserfahrung hören wollten, werden Sie *Ihre* Definition von Erfolg finden. Die kann ganz anders ausfallen, als Sie dachten. Vielleicht sind Ruhm, Leistung, Geld oder einige andere der gemeinhin angestrebten Dinge nicht einmal Teil der richtigen Mauer.

Wenn Sie schon am Anfang das Ende im Sinn haben, gewinnen Sie eine andere Perspektive. Ein Mann fragt den anderen bei der Beerdigung eines gemeinsamen Freundes: »Wieviel hat er hinterlassen?« Antwortet der andere: »Er hat alles hinter sich gelassen.«

Alles wird zweimal geschaffen

»Schon am Anfang das Ende im Sinn haben« beruht auf dem Gesetz, daß alles zweimal geschaffen wird. Es gibt bei allem eine mentale oder erste Phase des Entstehens und eine physische oder zweite Phase.

Nehmen wir zum Beispiel den Bau eines Hauses. Es entsteht in jedem Detail, bevor Sie überhaupt den ersten Nagel einschlagen. Sie versuchen sich eine sehr klare Vorstellung davon zu machen, was für ein Haus Sie wollen. Wenn Sie ein richtiges Familienhaus wollen, planen Sie das Wohnzimmer so, daß es zu einem natürlichen Versammlungsort wird. Sie sehen Schiebetüren nach draußen und einen Patio vor, in dem die Kinder spielen können. Sie arbeiten mit Ideen. Sie arbeiten mit dem Kopf, bis Sie ein klares Bild davon gewonnen haben, was Sie bauen wollen.

Dann reduzieren Sie das auf einen Plan und erstellen Bauzeichnungen. All das geschieht, bevor die Erde angerührt wird. Wenn nicht, werden Sie in der zweiten Phase des Entstehens teure Veränderungen vornehmen müssen, die den Preis für Ihr Haus leicht auf das Doppelte treiben können.

Die Schreiner-Regel lautet: »Zweimal messen, einmal schneiden.« Sie müssen sicher sein, daß Ihre erste Schöpfung, der Bauplan, wirklich das ist, was Sie wollen, daß Sie alles richtig durchdacht haben. Dann setzen Sie das in Steine und Mörtel um. Sie gehen jeden Tag zum Bauwagen und studieren den Bauplan, um zu wissen, was an diesem Tag zu tun ist. Sie haben schon am Anfang das Ende im Sinn.

Oder schauen wir uns einen Betrieb an. Wenn Sie ein erfolgreiches Unternehmen haben wollen, definieren Sie klar, was Sie erreichen wollen. Sie überdenken sorgfältig das Produkt oder die Dienstleistung, die Sie für Ihren Zielmarkt anbieten wollen, und dann organisieren Sie all die verschiedenen Elemente – Finanzen, Forschung und Entwicklung, Produktion, Marketing, Personal, Gebäude und so fort –, mit denen Sie dieses Ziel erreichen. Das Ausmaß, in dem Sie dabei schon zu Beginn das Ende vor Augen haben, bestimmt oft, ob Sie ein erfolgreiches Unternehmen starten oder nicht. Die meisten geschäftlichen Niederlagen beginnen bei der ersten Schöpfung durch Probleme wie mangelhafte Kapitaldeckung, falsche Einschätzung des Markts oder das Fehlen eines Geschäftsplans.

Dasselbe gilt für das Elternsein. Wenn Sie verantwortungsvolle, selbstdisziplinierte Kinder großziehen wollen, müssen Sie das im täglichen Umgang mit Ihren Kindern vor Augen haben. Sie können ihnen gegenüber keine Verhaltensweisen einsetzen, die ihre Selbstdisziplin oder ihr Selbstwertgefühl untergraben.

Dieses Gesetz wird in unterschiedlicher Weise in vielen verschiedenen Gebieten des Lebens angewendet. Bevor Sie eine Reise antreten, bestimmen Sie Ihr Ziel und arbeiten die beste Strecke aus. Bevor Sie einen Garten anlegen, machen Sie sich ein inneres Bild oder zeichnen das gewünschte Ergebnis auf. Sie schreiben Ihre Reden auf Papier, bevor Sie sie halten. Sie entwerfen die Kleider, die Sie machen, bevor Sie zur Nadel greifen.

In dem Ausmaß, in dem wir das Gesetz der zwei Phasen des Entstehens als Prinzip begreifen und die Verantwortung für beide übernehmen, handeln wir innerhalb unseres Einflußbereichs und erweitern dessen Grenzen. In dem Umfang, in dem wir nicht im Einklang mit diesem Prinzip handeln und nicht die Verantwortung für die erste Phase des Entstehens übernehmen, verkleinern wir ihn.

Durch Absicht oder Zufall

Alles wird zweimal geschaffen, aber nicht alles entsteht in einem bewußten Entwurf. Wenn wir in unserem persönlichen Leben nicht unsere eigene Selbst-Bewußtheit entwickeln und Verantwortung für die erste Phase des Entstehens übernehmen, geben wir durch diese Unterlassung anderen Menschen und Umständen außerhalb unseres Einflußbereiches die Macht, große Teile unseres Lebens zu formen. Wir leben reaktiv die Skripten aus, die uns Familie, Kollegen, fremde Terminkalender, der Druck der Umstände vorgeben – Skripten aus unseren früheren Jahren, aus unserer Ausbildung, aus unseren Konditionierungen. Diese Skripten sind von Menschen gemacht, nicht von Prinzipien geprägt. Und sie entstehen aus unseren tiefen Verletzbarkeiten, unserer starken Abhängigkeit von anderen und unserem Bedürfnis nach Annahme und Liebe, nach Zugehörigkeit und Bedeutung und dem Gefühl, wichtig zu sein.

Ob wir uns dessen bewußt sind oder nicht, ob wir es unter Kontrolle haben oder nicht, es gibt für jeden Teil unseres Lebens eine erste Phase des Entstehens. Wir sind entweder der zweite Gestalter unseres eigenen pro-aktiven Entwurfs oder der zweite Gestalter der Umstände, fremder Terminkalender oder früherer Gewohnheiten.

Die einzigartigen menschlichen Fähigkeiten der Selbst-Bewußtheit, der Vorstellungskraft und des Gewissens ermöglichen es uns, die erste Phase des Entstehens zu untersuchen und selbst die Verantwortung für diese zu übernehmen, unser eigenes Skript zu schreiben. Anders gesagt bedeutet der 1. Weg: »Sie selbst sind der Gestalter.« Der 2. Weg betrifft die erste Gestalt.

Führung und Management – die zwei Phasen

Der 2. Weg beruht auf den Prinzipien von persönlicher Führung, was bedeutet, daß Führung Teil der ersten Phase des Entstehens ist. Führung ist nicht Management. Management gehört zur zweiten Phase, die wir in dem Kapitel über den 3. Weg betrachten werden. Aber an erster Stelle steht Führung.

Management ist ausgerichtet auf die funktionale Ebene: Wie kann ich bestimmte Dinge am besten bewerkstelligen? Führung beschäftigt sich mit der darüberliegenden Ebene: Welches sind die Dinge, die ich bewerkstelligen will? In den Worten von Peter Drucker und Warren Bennis: »Management ist, wenn man die Dinge richtig macht; Führung ist, wenn man die richtigen Dinge macht.« Management ist Effizienz beim Klettern auf der Erfolgsleiter; Führung bestimmt, ob die Leiter an der richtigen Wand steht.

Den wichtigen Unterschied zwischen beidem kann man schnell verstehen, wenn man sich vorstellt, wie eine Gruppe von Arbeitern sich mit Macheten einen Weg durch den Dschungel erkämpft. Sie sind die Macher, die Problemlöser. Sie arbeiten sich durchs Unterholz, machen den Weg frei. Die Manager sind hinter ihnen, schärfen ihre Macheten, schreiben die Verfahrens- und Vorgehensregeln fest, halten Trainingsprogramme ab, bringen technologische Verbesserungen ein, erstellen Arbeitspläne und Ausgleichsprogramme für die Machetenschwinger.

Der Führer ist derjenige, der auf den höchsten Baum klettert, die ganze Situation von oben betrachtet und runterruft: »Wir sind im falschen Dschungel!«

Aber wie reagieren die meisten stark beschäftigten und sehr effizienten Mitarbeiter und Manager? »Halt die Klappe! Wir machen gute Fortschritte!«

Wir sind als einzelne, Gruppen und Unternehmen oft so sehr damit beschäftigt, uns durchs Unterholz zu kämpfen, daß wir nicht einmal merken, daß wir im falschen Dschungel sind. Und die sich immer schneller wandelnde Umwelt macht effektive Führung in jedem Aspekt unseres unabhängigen und interdependenten Lebens noch notwendiger als je zuvor. Wir brauchen eher eine Vision oder einen Zielpunkt und einen Kompaß (einen Satz von Prinzipien oder Richtlinien) und weniger Straßenkarten. Wir wissen oft nichts über die Beschaffenheit des vor uns liegenden Geländes und haben keine Ahnung, was wir brauchen werden, um es zu durchqueren. Vieles wird von unserer Urteilskraft in dem jeweiligen Moment abhängen. Aber ein innerer Kompaß wird uns immer die Richtung weisen.

Effektivität – und oft sogar das Überleben – hängt nicht ausschließlich davon ab, wieviel Mühe wir aufwenden, sondern davon, ob wir den Aufwand im richtigen Dschungel treiben. Und die Metamorphose, die in fast jedem Industriezweig und jedem Beruf stattfindet, verlangt in erster Linie nach Führung und erst in zweiter nach Management.

Der Verbrauchermarkt ändert sich so schnell, daß viele Produkte und Dienstleistungen, die noch vor kurzem erfolgreich den Bedürfnissen und dem Geschmack der Konsumenten entsprachen, heute vollkommen überholt sind. Pro-aktive, starke Führung muß beständig die Veränderungen in der Umwelt, besonders die Kaufgewohnheiten und Motive der Kunden überwachen und über die notwendige Stärke verfügen, die Ressourcen in die richtige Richtung zu lenken.

Effizientes Management ohne effektive Führung ist, wie jemand sagte, »wie die Liegestühle auf der Titanic in Reih und Glied aufzustellen«. Es gibt keinen Management-Erfolg, der Führungs-Versagen wettmachen könnte. Aber Führung ist schwierig, da wir oft in einem Management-Paradigma gefangen sind.

Bei der Abschlußsitzung eines einjährigen Trainingsprogramms für Führungskräfte kam der Vorsitzende einer Ölgesellschaft auf mich zu und sagte: »Als Sie damals im zweiten Monat auf den Unterschied zwischen Management und Führung hinwiesen, habe ich mir meine Rolle als Vorsitzender dieser Gesellschaft angeschaut und erkannt, daß ich überhaupt keine Führung leistete. Ich war vollkommen mit Management beschäftigt, unter den erdrückenden Forderungen und Details der tagtäglichen Logistik begraben.

Also beschloß ich, mich vom Management zurückzuziehen. Dafür konnte ich andere Leute finden. Ich wollte meine Organisation wirklich führen.

Das war schwierig. Ich hatte regelrechte Entzugserscheinungen, da ich nichts mehr mit den dringlichen Angelegenheiten zu tun hatte, die direkt vor mir lagen und mir auf die Schnelle das Gefühl von Leistung vermitteln konnten. Es war zunächst nicht sehr befriedigend, mich mit Fragen der Richtung, der Unternehmenskultur, der tiefen Analyse von Problemen, dem Aufspüren neuer Möglichkeiten herumzuschlagen. Auch andere erlitten durch meinen Wandel Entzugserscheinungen, da ihre Arbeitsplätze weniger bequem wurden: Sie vermißten die leichte Zugänglichkeit, die bis dahin bestanden hatte. Sie wollten immer noch, daß ich für sie verfügbar war, daß ich reagierte, daß ich ihnen auf einer tagtäglichen Ebene half, ihre Probleme zu lösen.

Aber ich war beharrlich. Ich war absolut überzeugt davon, daß ich Führung bieten mußte. Und ich tat es auch. Heute läuft unser ganzes Geschäft anders. Wir sind besser auf unsere Umwelt eingestimmt. Wir haben unsere Erträge verdoppelt und unseren Gewinn vervierfacht. Jetzt führe ich wirklich.«

Ich bin davon überzeugt, daß oft auch Eltern in dem Management-Paradigma gefangen sind. Dann denken sie an Kontrolle, Effizienz und Regeln, statt an Richtungen, Sinn und Familiengefühl.

Und in unserem persönlichen Leben fehlt es uns noch stärker an Führung. Wir sind darauf ausgerichtet, effizientes Management zu betreiben, Ziele zu setzen und zu erreichen, bevor wir überhaupt unsere Werte geklärt haben.

Neue Skripten erstellen: Selbst zum eigenen ersten Gestalter werden

Wie bereits gesagt, beruht Pro-Aktivität auf der einzigartigen Begabung des Menschen zur Selbst-Bewußtheit. Die beiden zusätzlichen einzigartigen Gaben, die uns in die

Lage versetzen, unsere Pro-Aktivität zu erweitern und persönliche Führung in unserem Leben auszuüben, sind *Vorstellungskraft* und *Gewissen.*

Mit unserer Vorstellungskraft können wir die ungeschöpften Welten des in uns liegenden Potentials visualisieren. Durch das Gewissen können wir die Verbindung zwischen den universalen Gesetzen oder Prinzipien und unseren eigenen Talenten und Beitragsmöglichkeiten und der persönlichen Richtung aufnehmen, innerhalb deren wir uns am effektivsten entwickeln können. Zusammen mit der Selbst-Bewußtheit geben uns diese beiden Gaben die Macht, unsere eigenen Skripten neu zu schreiben.

Da wir bereits mit vielen Skripten leben, die man uns mitgegeben hat, ist der Prozeß, unser eigenes Lebensskript zu schreiben, eigentlich eher der des ›Neu-Schreibens‹ oder Paradigmenwechsels – einige der grundlegenden vorhandenen Paradigmen zu verändern.

Einer der inspirierendsten Berichte über dieses Neu-Schreiben findet sich in der Autobiographie von Anwar Sadat, dem früheren Präsidenten von Ägypten. Sadat war mit dem Skript tiefen Hasses auf Israel großgezogen, genährt und geprägt worden. Er sagte im Fernsehen Dinge wie:»Solange Israel auch nur einen Zentimeter arabischen Bodens besetzt hält, werde ich nie die Hand eines Israelis schütteln. Nie, nie nie!« Und riesige Menschenmengen im ganzen Land wiederholten seine Worte: »Nie, nie nie!« Er lenkte die Energien und vereinte den Willen des gesamten Landes mit diesem Skript.

Das Skript war sehr unabhängig und nationalistisch und weckte bei den Menschen tiefe Emotionen. Aber es war auch sehr töricht, und Sadat erkannte das. Es ignorierte die gefährliche, hochgradig interdependente Wirklichkeit.

Also schrieb er ein neues Skript. Dies war ein Prozeß, den er als junger Mann in der Gefängniszelle 54, einer Einzelzelle im Kairoer Zentralgefängnis, gelernt hatte, in der er wegen seiner Beteiligung an einer Verschwörung gegen König Faruk einsaß. Er lernte, sich so weit von seinem eigenen Denken zu lösen, daß er erkennen konnte, ob die

Skripten angemessen und klug waren. Er lernte, wie man den eigenen Geist entleert und durch einen tiefen persönlichen Meditationsprozeß, seine eigene Form von Gebet, neue Skripten schreibt.

Er berichtet, daß es ihm fast widerstrebt habe, seine Gefängniszelle zu verlassen, da er dort gelernt habe, was wirklicher Erfolg mit dem Selbst bedeutet. Der ist nicht darin zu suchen, Dinge zu haben, sondern Meisterschaft, den Sieg über das Selbst, zu erlangen.

Während der Regierungszeit von Nasser wurde Sadat auf eine relativ unbedeutende Stellung verbannt. Alle meinten, er sei gebrochen, aber dem war nicht so. Sie projizierten einfach ihre eigenen Vorstellungen auf ihn. Sie verstanden ihn nicht. Er wartete auf seine Zeit.

Und als die kam, als er ägyptischer Präsident wurde und sich den politischen Wirklichkeiten stellte, schrieb er ein neues Skript für seine Haltung zu Israel. Er besuchte die Knesset in Tel Aviv und leitete eine der vorbildhaftesten Friedensbewegungen in der Geschichte ein, eine kühne Initiative, die schließlich zu den Vereinbarungen von Camp David führte.

Sadat war in der Lage, seine Selbst-Bewußtheit, seine Vorstellungskraft und sein Gewissen zur Ausübung von persönlicher Führung einzusetzen, um ein wesentliches Paradigma zu ändern, um die Sichtweise der Situation zu wechseln. Er arbeitete im Zentrum seines Einflußbereichs. Und dieses neue Skript, dieser Paradigmenwechsel führte zu Veränderungen in den Einstellungen und Verhaltensweisen, die wiederum das Leben vieler Millionen Menschen in der weiteren Interessensphäre beeinflußten.

Viele von uns entdecken bei der Entwicklung der eigenen Selbst-Bewußtheit ineffektive Skripten, tief eingebettete Gewohnheiten, die unserer gar nicht würdig sind und überhaupt nicht zu den Dingen passen, die wir im Leben wirklich schätzen. Der 2. Weg besagt, daß wir nicht mit solchen Skripten leben müssen. Wir haben die Verantwortung, unsere Vorstellungskraft und unsere Kreativität dazu zu nutzen, neue zu schreiben, die effektiver sind, die besser mit

unseren tiefsten Werten und den richtigen Prinzipien übereinstimmen, die unseren Werten Bedeutung verleihen.

Nehmen wir zum Beispiel einmal an, ich überreagiere
bei meinen Kindern. Wann immer sie gerade etwas tun, das
ich für unpassend halte, beginnt sich etwas in meinem
Bauch zu verkrampfen. Ich spüre, wie sich defensive Mau-
ern aufbauen. Ich bereite mich auf Kampf vor. Mein Blick
gilt nicht dem langfristigen Wachstum und Verständnis,
sondern dem kurzfristigen Verhalten. Ich versuche die
Schlacht zu gewinnen, nicht den Krieg.

Ich hole meine Waffen hervor – meine überlegene
Größe, meine Autorität – und brülle oder schüchtere sie
ein, drohe oder strafe. Und ich gewinne. Da stehe ich, sieg-
reich, mitten in dem Schutt einer zerstörten Beziehung.
Meine Kinder sind äußerlich gefügig und innerlich voller
Rebellion. Sie unterdrücken Gefühle, die sich später auf
viel häßlichere Weise äußern werden.

Wenn ich bei dem Begräbnis säße, das wir vorhin visua-
lisiert haben, und eines meiner Kinder das Wort ergreifen würde, dann würde ich mir wünschen, daß es sein
Leben eher als eine Bereicherung durch Lehren, Übung
und liebevolle Disziplin darstellen würde, als daß es die
Narben, die die vielen Gefechte hinterließen, beschreiben
würde.

Ich würde mir wünschen, daß sein Herz und sein Geist
voller angenehmer Erinnerungen an gemeinsame tiefe und
bedeutungsvolle Zeiten wären. Ich würde mir wünschen,
daß es mich als liebenden Vater in Erinnerung behält, der
die Freude und den Schmerz des Erwachsenwerdens mit
ihm geteilt hat. Ich würde mir wünschen, daß es sich an die
Momente erinnert, in denen es mit seinen Problemen und
Fragen zu mir kam, in denen ich zugehört, ihm Liebe ge-
schenkt und geholfen habe. Ich würde mir wünschen, daß
es weiß, daß ich nicht vollkommen war, aber daß ich alles
eingesetzt habe, was ich konnte. Und daß ich es, vielleicht
mehr als sonst irgend jemanden auf der Welt, geliebt habe.

Der Grund dafür, daß ich mir solche Dinge wünschen
würde, ist der, daß ich meine Kinder in meinem tiefsten In-

neren schätze. Ich liebe sie, ich möchte ihnen helfen. Ich mag meine Rolle als ihr Vater.

Aber ich sehe diese Werte nicht immer. Ich verheddere mich. Das Allerwichtigste wird unter Schichten von drükenden Problemen, unmittelbaren Anliegen und äußerem Verhalten verschüttet. Ich werde reaktiv. Und die Art, wie ich tagtäglich mit meinen Kindern umgehe, birgt oft wenig Ähnlichkeit mit dem, was ich tief innen für sie empfinde. Da ich selbst-bewußt bin, da ich Vorstellungskraft und Gewissen habe, kann ich meine tiefsten Werte untersuchen. Ich kann erkennen, daß das Skript, das ich lebe, nicht in Harmonie mit diesen Werten steht, daß mein Leben nicht das Produkt meines eigenen pro-aktiven Entwurfs ist, sondern das Ergebnis der ersten Phase des Entstehens, die ich den Umständen und anderen Menschen überlassen habe. Und ich kann mich verändern. Ich kann meine Vorstellungskraft entfalten, statt meinen Erinnerungen nachzuhängen. Ich kann mich an mein grenzenloses Potential anbinden statt an meine begrenzende Vergangenheit. Ich kann mein eigener erster Gestalter werden. Schon am Anfang das Ende im Sinn zu haben heißt, auf meine Elternrolle wie auf viele andere im Leben mit klaren Werten und Richtungsvorstellungen zuzugehen. Es heißt, die Verantwortung für die erste Phase des Entstehens in mir zu übernehmen, mein eigenes Skript so umzuschreiben, daß die Paradigmen, aus denen meine Verhaltensweisen und Einstellungen fließen, mit meinen tiefsten Werten übereinstimmen und im Einklang mit den richtigen Prinzipien stehen.

Es bedeutet auch, jeden Tag mit einem klaren Bewußtsein für diese Werte zu gestalten. Dann kann ich, wenn ich auf Schwierigkeiten und Herausforderungen stoße, meine Entscheidungen aufgrund dieser Werte treffen. Ich kann mit Integrität handeln. Ich muß nicht auf Emotionen oder auf Umstände reagieren. Ich kann wahrhaft pro-aktiv, werte-geleitet sein, weil meine Werte klar sind.

Eine Lebensaussage formulieren

Die effektivste Art, die ich kenne, schon am Anfang das Ende im Sinn zu haben, ist die, eine *Aussage über das persönliche Leben,* eine eigene Philosophie oder ein Glaubensbekenntnis zu entwickeln. Diese Aussage definiert, was Sie sein wollen (Charakter), tun wollen (Beiträge und Leistungen) und auf welchen Werten oder Prinzipien das Sein und Tun beruhen.

Da jeder Mensch einzigartig ist, wird die Lebensaussage, die Berufung, diese Einzigartigkeit in Form und Inhalt spiegeln. Sie wird zur Basis für wesentliche, lebensbestimmende Beschlüsse, zur Grundlage für tägliche Entscheidungen inmitten all der Umstände und Emotionen, die auf unser Leben einwirken. Sie verleiht dem Individuum inmitten allen Wandels zeitlose Kraft.

Menschen können nicht mit Wandel leben, wenn es in ihrem Inneren keinen unwandelbaren Kern gibt. Der Schlüssel zur Wandlungsfähigkeit liegt in einem unwandelbaren Gefühl dafür wer wir sind, warum es uns gibt und was wir schätzen.

Wenn wir eine Lebensaussage treffen, können wir mit dem Wandel fließen. Wir brauchen keine Vorurteile oder Voreingenommenheiten. Wir brauchen nicht alles und jeden nach Stereotypen und Kategorien einzuordnen, um die Wirklichkeit in den Griff zu bekommen.

Auch unsere persönliche Umwelt verändert sich zunehmend schneller. So schneller Wandel läßt eine große Zahl von Menschen, die das Gefühl haben, sie könnten kaum damit umgehen, sie kämen nicht damit zurecht, einfach ausbrennen. Sie werden reaktiv und geben im Grunde auf. Sie hoffen nur noch, daß das, was ihnen widerfährt, gut sein möge.

Aber das muß nicht so sein. In dem Konzentrationslager, in dem Viktor Frankl auf das Gebot der Pro-Aktivität stieß, lernte er auch, wie wichtig Sinn und Bedeutung im Leben sind. Die Essenz der ›Logotherapie‹, der von ihm später entwickelten und gelehrten Philosophie, besagt, daß viele sogenannte geistige und emotionale Krankheiten in Wirklichkeit Symptome eines zugrundeliegenden Gefühls von Bedeutungslosigkeit oder Leere sind. Logotherapie bringt diese Leere dadurch zum Verschwinden, daß sie dem Menschen hilft, seine einzigartige Bedeutung, seine Berufung im Leben zu entdecken.

Wenn Sie dieses Gefühl von Berufung entdeckt haben, haben Sie die Essenz Ihrer eigenen Pro-Aktivität. Sie haben die Vision und die Werte, die Ihr Leben leiten. Sie haben die Grundrichtung, aus der heraus Sie Ihre kurz- und langfristigen Ziele setzen. Sie haben die Kraft eines auf korrekten Prinzipien beruhenden Gesetzestextes, an dem sich jede Entscheidung über den effektivsten Einsatz Ihrer Zeit, Ihrer Talente und Ihrer Energien auch effektiv messen läßt.

Im Zentrum

Um eine Aussage über unsere persönliche Berufung zu machen, müssen wir ganz im Zentrum unseres Einflußbereiches ansetzen. Dieses Zentrum besteht aus unseren grundlegenden Paradigmen, den Brillengläsern, durch die wir die Welt sehen.

Was auch immer im Zentrum unseres Lebens ist, es wird die Quelle unserer Sicherheit, Orientierung, Weisheit und Kraft sein.

Sicherheit heißt Ihr Selbstwertgefühl, Ihre Identität, Ihr emotionaler Anker, Ihre Selbstachtung, Ihre grundlegende persönliche Stärke oder das Fehlen derselben.

Orientierung bedeutet die Quelle Ihrer Ausrichtung im Leben. Ihre Landkarte, Ihr innerer Bezugsrahmen, der für Sie das interpretiert, was da draußen vor sich geht; das schließt Standards, Prinzipien oder implizite Kriterien ein, die Sie bei Ihren aktuellen Entscheidungen und Taten leiten.

Weisheit ist Ihre Perspektive im Leben, Ihr Gefühl von Ausgewogenheit, Ihr Verständnis davon, wie die verschiedenen Teile und Prinzipien in Beziehung zueinander stehen und anwendbar sind. Sie umfaßt Beurteilung, Unterscheidungsvermögen und Verständnis. Sie ist eine Gestalt oder Einheit, ein integriertes Ganzes.

Kraft ist die Fähigkeit oder Fertigkeit zu handeln, die Stärke und Macht, etwas zu leisten. Es ist die vitale Energie, Entscheidungen zu treffen und zu wählen. Sie schließt außerdem die Fähigkeit ein, tief eingegrabene Gewohnheiten zu überwinden und höhere, effektivere, auf Prinzipien beruhende Gewohnheiten zu kultivieren.

Diese vier Faktoren – Sicherheit, Orientierung, Weisheit und Kraft – sind interdependent. Sicherheit und klare Orientierung führen zu wahrer Weisheit, und Weisheit wird zu dem Funken oder Katalysator, der Kraft freisetzt oder lenkt. Wenn diese vier Faktoren gemeinsam vorhanden sind, miteinander im Einklang stehen und einander beleben, dann schaffen sie die große Stärke einer edlen Persönlichkeit, eines ausgewogenen Charakters, eines wunderbar integrierten Menschen.

Alternative Zentren

Jeder von uns hat ein Zentrum, auch wenn wir es manchmal nicht als solches erkennen. Und wir erkennen auch nicht die alles umfassenden Auswirkungen dieses Zentrums auf jeden Aspekt unseres Lebens. Die Übersicht zeigt verschiedene typische Zentren oder Kernparadigmen. Diese beste Art, Ihre eigene Mitte zu identifizieren, ist die, die Tabelle genau zu studieren. Wenn Sie sich mit einer oder mehreren der Beschreibungen identifizieren können, können Sie diese zu dem Zentrum zurückverfolgen, aus dem sie fließt, einem Zentrum, das vielleicht Ihre persönliche Effektivität behindert.

Das Zentrum eines Menschen ist häufig eine Kombination aus diesen und/oder anderen Zentren. Die meisten Leute sind überwiegend ein Spielball der verschiedenen Einflüsse in ihrem Leben. Je nach den äußeren oder inneren Umständen kann ein bestimmtes Zentrum aktiviert werden, bis die ihm zugrundeliegenden Bedürfnisse befriedigt sind. Dann wird ein anderes Zentrum zur treibenden Kraft.

So von einem Zentrum zum nächsten zu driften ist wie eine Achterbahnfahrt durchs Leben. In einem Moment ist man hoch oben, im nächsten ganz unten. Man versucht, die eine Schwäche dadurch zu kompensieren, daß man eine Anleihe von einer anderen Stärke aufnimmt. Es gibt keinen kontinuierlichen Richtungssinn, keine anhaltende Weisheit, keine beständige Versorgung mit Kraft oder einem Gefühl von persönlichem intrinsischen Wert oder Identität.

Das Ideal wäre natürlich ein klares Zentrum, aus dem Sie beständig ein hohes Maß an Sicherheit, Orientierung, Weisheit und Kraft beziehen, das Ihre Pro-Aktivität bestärkt und jedem Teil Ihres Lebens Kongruenz und Harmonie schenkt.

Ein Prinzipien-Zentrum

Dadurch, daß wir unser Leben um korrekte Prinzipien zentrieren, schaffen wir ein solides Fundament für die Entwicklung der vier lebenswichtigen Faktoren.

Unsere *Sicherheit* entstammt dem Wissen, daß korrekte Prinzipien, im Gegensatz zu Zentren, die auf Menschen oder Dingen beruhen und häufigen Veränderungen unterworfen sind, beständig sind. Wir können uns auf sie verlassen.

Prinzipien reagieren auf gar nichts. Sie werden nicht wütend und behandeln uns nicht anders. Sie lassen sich nicht scheiden und brennen auch nicht mit unserer besten Freundin durch. Sie sind nicht hinter uns her. Sie können uns den Weg nicht mit Abkürzungen und Patentlösungen pflastern. Sie hängen nicht vom Verhalten anderer, der Umgebung oder ihrer modischen Gültigkeit ab. Prinzipien sterben nicht. Sie sind nicht einen Tag da und am nächsten fort. Sie verschwinden nicht durch Feuer, Erdbeben oder Diebstahl.

Zentrum	Sicherheit	Orientierung	Weisheit	Kraft
Wenn Sie partner-zentriert sind	• Ihre Gefühle von Sicherheit hängen davon ab, wie Ihr Partner Sie behandelt. • Die Gefühle und Launen Ihres Partners können Sie sehr verletzen. • Wenn Ihr Partner nicht mit Ihnen einig ist oder Ihre Erwartungen nicht erfüllt, sind Sie sehr enttäuscht, was zu Rückzug oder Konflikten führt.	• Ihre Rechnung hängt von Ihren eigenen Wünschen und Bedürfnissen und denen Ihres Partners ab. • Ihre Kriterien und Entscheidungen sind auf das beschränkt, was Sie für das Beste für Ihre Partnerschaft halten, oder auf die Meinungen und Vorlieben Ihres Partners.	• Ihre Lebensperspektive kreist um Dinge, die Ihren Partner oder Ihre Beziehung positiv oder negativ beeinflussen könnten.	• Ihre Handlungskraft ist durch eigene Schwächen und die Ihres Partners begrenzt.
Wenn Sie familien-zentriert sind	• Alles, was in die Beziehung eindringen könnte, wird als Bedrohung wahrgenommen. • Ihre Sicherheit beruht auf Akzeptanz durch die Familie und der Erfüllung der familiären Erwartungen. • Ihr Gefühl von persönlicher Sicherheit hängt von der Familie ab. • Ihre Selbstwertgefühle beruhen auf dem Ruf der Familie.	• Die Familien-Skripten sind Ihre Quelle für richtige Einstellungen und Verhaltensweisen. • Ihr Entscheidungskriterium ist das, was für die Familie gut ist oder was die Familienmitglieder wollen.	• Sie interpretieren das ganze Leben in bezug auf Ihre Familie und schaffen reduziertes Verständnis und Familiennarzißmus.	• Ihre Handlungen sind durch Familienmodelle und Traditionen beschränkt.
Wenn Sie geld-zentriert sind	• Ihr persönlicher Wert wird von Ihrem Marktwert bestimmt. • Sie sind überall dort verletzbar, wo Ihre ökonomische Sicherheit bedroht ist.	• Ihr Entscheidungskriterium ist Gewinn.	• Geld zu machen ist die Brille, duch die Sie das Leben sehen und verstehen, was zu unausgewogenen und einseitigen Urteilen führt.	• Sie sind auf das beschränkt, was Sie mit Ihrem Geld und Ihrer begrenzten Sicht erreichen können.

Zentrum	Sicherheit	Orientierung	Weisheit	Kraft
Wenn Sie arbeits-zentriert sind	• Sie neigen dazu, sich durch Ihre Berufsrolle zu definieren. • Sie fühlen sich nur wohl, wenn Sie arbeiten.	• Sie richten Ihre Entscheidungen nach den Bedürfnissen und Erwartungen Ihrer Arbeit.	• Sie neigen dazu, auf Ihre Arbeitsrolle beschränkt zu sein. • Sie betrachten Ihre Arbeit als Ihr Leben.	• Ihre Handlungen sind durch Rollenmodelle bei der Arbeit, berufliche Möglichkeiten, betriebliche Einschränkungen, die Wahrnehmung Ihres Chefs und Ihre mögliche Unfähigkeit, diese Arbeit an einem bestimmten Punkt Ihres Lebens leisten zu können, begrenzt.
Wenn Sie besitz-zentriert sind	• Ihre Sicherheit beruht auf Ihrem Ruf, Ihrem sozialen Status oder Ihren greifbaren Besitztümern. • Sie neigen zu Vergleichen zwischen dem, was Sie selbst, und dem, was andere haben.	• Sie richten Ihre Entscheidungen danach aus, wie Sie Ihren Besitz schützen, vermehren oder besser zur Geltung bringen können.	• Sie sehen die Welt in Form von ökonomischen und sozialen Beziehungen.	• Sie wirken innerhalb der Grenzen dessen, was Sie kaufen, oder der sozialen Bedeutung, die Sie erlangen können.
Wenn Sie vergnügungs-zentriert sind	• Sie fühlen sich nur sicher, wenn Sie in einem "Vergnügungs-Hoch" sind. • Ihre Sicherheit ist kurzlebig, betäubend und von Ihrer Umwelt abhängig.	• Sie richten Ihre Entscheidungen nach dem für Sie größten Vergnügen aus.	• Sie betrachten die Welt unter dem Aspekt, was für Sie an Vergnügen zu gewinnen ist.	• Ihre Kraft geht gegen Null.
Wenn Sie freundschafts-zentriert sind	• Ihre Sicherheit ist eine Funktion des sozialen Spiegels. • Sie sind sehr stark von den Meinungen anderer abhängig.	• Ihr Entscheidungskriterium lautet: "Was werden die anderen denken?" • Sie werden leicht verlegen.	• Sie sehen die Welt durch Ihre soziale Brille.	• Sie werden von Ihrer Zone des sozialen Wohlbefindens eingeschränkt. • Ihre Handlungen sind so wechselhaft wie Ihre Meinungen.

Wenn Sie feindschafts-zentriert sind	• Ihre Sicherheit ist flüchtig, beruht auf den Bewegungen Ihres Feindes. • Sie fragen sich dauernd, was er wohl vorhat. • Sie suchen Selbstrechtfertigung und Bestätigung von Gleichgesinnten.	• Sie werden in Gegenabhängigkeit von den Handlungen Ihres Feindes geleitet. • Sie treffen Ihre Entscheidungen auf der Grundlage dessen, was Ihren Feind treffen wird.	• Ihre Urteilskraft ist eng und verzerrt. • Sie sind defensiv, überreaktiv und paranoid.	• Das kleine bißchen Kraft, über das Sie verfügen, entstammt Wut, Neid, Ablehnung und Rache – negative Energie, die schrumpft und zerstört und wenig Energie für anderes läßt.
Wenn Sie vereins-zentriert sind	• Ihre Sicherheit beruht auf Vereinsaktivitäten und der Achtung, die Sie bei denen genießen, die in dem Verein was zu sagen haben. • Sie finden Identität und Sicherheit in gesellschaftlichen Etiketten und Vergleichen.	• Sie werden davon geleitet, wie andere im Rahmen Ihres Vereins über Ihre Handlungen urteilen werden.	• Sie sehen die Welt in Form von "Insidern" und "Outsidern", "Dazugehörigen" und "Andersartigen".	• Die wahrgenommene Kraft entstammt Ihrer Stellung oder Rolle im Verein.
Wenn Sie ich-zentriert sind	• Ihre Sicherheit verändert und verschiebt sich ständig.	• Ihre Urteilskriterien heißen: "Wenn es sich gut anfühlt..." "Was ich will." "Was ich brauche." "Was steckt für mich drin?"	• Sie sehen die Welt anhand dessen, wie Entscheidungen, Ereignisse oder Umstände Sie betreffen werden.	• Ihre Fähigkeit zu handeln ist auf Ihre eigenen Ressourcen beschränkt; die Vorteile der Interdependenz sind unzugänglich.

Prinzipien sind tiefe, fundamentale Wahrheiten, klassische Wahrheiten, allgemeine gemeinsame Nenner. Es sind fest gesponnene Fäden, die mit Genauigkeit, Beständigkeit, Schönheit und Stärke im Gewebe des Lebens verlaufen.

Selbst inmitten von Menschen oder Umständen, die diese Prinzipien zu ignorieren scheinen, können wir in dem Wissen aufgehoben sein, daß Prinzipien größer sind als Leute oder Umstände und daß sie in Tausenden von Jahren immer und immer wieder gesiegt haben. Noch wichtiger ist, daß wir sicher wissen, daß wir sie in unserem eigenen Leben, in unseren eigenen Erfahrungen bestätigen können.

Wir sind zugegebenermaßen nicht allwissend. Unser Wissen und Verständnis von korrekten Prinzipien ist durch unseren eigenen Mangel an Bewußtheit über unsere wahre Natur und die Welt um uns herum und die Flut von modischen Philosophien und Theorien, die nicht im Einklang mit den korrekten Prinzipien stehen, eingeschränkt. Auch diese Dinge werden eine kurze Blüte erleben, aber wie viele vor ihnen bald wieder verwelken, da sie auf den falschen Fundamenten aufgebaut sind.

Wir sind eingeschränkt, aber wir können die Grenzen unserer Einschränkungen hinausschieben. Das Prinzip unseres eigenen Wachstums zu verstehen macht es uns möglich, korrekte Prinzipien zu suchen. Dabei können wir darauf vertrauen, daß die Brille, durch die wir die Welt sehen, immer schärfer wird, je mehr wir lernen. Nicht die Prinzipien ändern sich, sondern unser Verständnis von ihnen.

Die *Weisheit* und *Orientierung,* die mit einem Leben nach diesen Prinzipien einhergehen, entstammen korrekten Landkarten, beruhen darauf, wie die Dinge wirklich sind, waren und sein werden. Korrekte Karten machen es uns möglich, klar zu sehen, wo wir hinwollen und wie wir dorthin gelangen. Wir können unsere Entscheidungen aufgrund richtiger Daten treffen, so daß ihre Umsetzung möglich und sinnvoll wird.

Die persönliche *Kraft,* die aus einem solchen Leben erwächst, ist die Kraft eines selbst-bewußten, pro-aktiven, wissenden Individuums, das nicht von den Einstellungen, Verhaltensweisen und Handlungen oder den Umständen und Umwelteinflüssen eingeschränkt ist, von Grenzen, die andere Menschen setzen. Die einzige wirkliche Eingrenzung der Kraft besteht aus den natürlichen Konsequenzen der Prinzipien selbst. Wir haben die Freiheit, aufgrund unseres Wissens um korrekte Prinzipien über unsere Handlungen zu entscheiden, aber wir haben nicht die Freiheit, die Konsequenzen dieser Handlungen zu bestimmen. Wie gesagt: »Wenn man ein Ende des Stocks hochhebt, hebt man auch das andere.«

Prinzipien gehen immer mit natürlichen Konsequenzen einher. Wenn wir in Harmonie mit den Prinzipien leben, hat das positive Konsequenzen. Wenn wir sie ignorieren, negative. Aber da diese Prinzipien für jeden gelten, sei er sich dessen bewußt oder nicht, ist die Begrenzung universell. Und je mehr wir über die korrekten Prinzipien wissen, desto größer ist unsere persönliche Freiheit, weise zu handeln.

Wenn wir unser Leben um zeitlose, unveränderliche Prinzipien zentrieren, schaffen wir ein fundamentales Paradigma des effektiven Lebens. Dies ist das Zentrum, das alles andere in Perspektive setzt.

Lassen Sie uns nun, um besser zu verstehen, welchen Unterschied es ausmacht, wo sich Ihr Zentrum befindet, ein bestimmtes Problem durch die verschiedenen Paradigmen betrachten. Versuchen Sie beim Lesen, jede der einzelnen Brillen aufzusetzen und die Reaktion zu spüren, die den einzelnen Zentren entspringt.

Stellen Sie sich vor, Sie hätten Ihre Frau für heute abend ins Konzert eingeladen. Die Karten haben Sie schon. Sie freut sich sehr darauf. Es ist vier Uhr nachmittags.

Plötzlich ruft Ihr Chef an und sagt, er brauche heute abend Ihre Hilfe, um sich auf eine wichtige Sitzung morgen früh um neun vorzubereiten.

Wenn Sie durch die *partner- oder familien-zentrierte* Brille sehen, wird Ihre Hauptsorge Ihrer Frau gelten. Sie sagen Ihrem Chef, Sie könnten nicht bleiben. In dem

Bemühen, Ihrer Frau eine Freude zu machen, führen Sie sie ins Konzert. Möglicherweise bleiben Sie aber auch im Büro, um Ihren Job zu schützen, tun es aber widerwillig und sorgen sich um die Reaktion Ihrer Frau, rechtfertigen Ihre Entscheidung und versuchen, sich vor ihrem Ärger oder Enttäuschung zu schützen.

Wenn Sie durch die *geld-zentrierte* Brille sehen, denken Sie vor allem an die Überstunden, die das einbringt, oder den Einfluß, den so späte Stunden auf eine mögliche Beförderung haben könnten. Sie rufen Ihre Frau an und sagen ihr einfach, daß Sie dableiben müssen. Sie gehen davon aus, daß sie verstehen wird, daß ökonomische Fragen vorrangig sind.

Wenn Sie *arbeits-zentriert* sind, denken Sie an die damit verbundenen Möglichkeiten. Sie können mehr über den Job lernen. Sie können beim Chef Punkte sammeln und Ihre Karriere vorantreiben. Sie klopfen sich selbst dafür anerkennend auf die Schulter, daß Sie mehr Stunden einlegen als nötig und beweisen, welch tüchtige Arbeitskraft Sie sind. Ihre Frau sollte stolz auf Sie sein!

Wenn Sie *besitz-zentriert* sind, denken Sie an all die Dinge, die Sie durch die bezahlten Überstunden kaufen könnten. Oder Sie bedenken, wie gut es Ihrem Ruf im Büro tun würde, wenn Sie blieben. Morgen würde jeder hören, wie edel, selbstlos und aufopfernd Sie sind.

Wenn Sie *vergnügungs-zentriert* sind, werden Sie die Arbeit einfach liegenlassen und ins Konzert gehen, auch wenn Ihre Frau sich über die Überstunden freuen würde. Sie verdienen es schließlich, mal wieder auszugehen!

Wenn Sie *freundschafts-zentriert* sind, hängt Ihre Entscheidung davon ab, ob Sie noch andere Freunde mit ins Konzert eingeladen haben. Oder ob Ihre Freunde auch länger im Büro bleiben.

Wenn Sie *feindschafts-zentriert* sind, bleiben Sie lange, weil Sie wissen, daß Ihnen das einen ungeheuren Vorteil gegenüber dem Kollegen verschafft, der sich selbst als einen so großen Gewinn für die Firma betrachtet. Während er sich draußen amüsiert, werden Sie sich abrackern, seine

Zentrum	Sicherheit	Orientierung	Weisheit	Kraft
Wenn Sie prinzipien-zentriert sind	• Ihre Sicherheit beruht auf korrekten Prinzipien, die sich nicht ändern, unabhängig von äußeren Bedingungen oder Umständen. • Sie wissen, daß wahre Prinzipien in Ihrem Leben wiederholt durch Ihre eigenen Erfahrungen bestätigt werden können. • Korrekte Prinzipien wirken mit Genauigkeit, Beständigkeit, Schönheit und Stärke als Maßstab für Selbstverbesserung. • Korrekte Prinzipien helfen Ihnen, Ihre eigene Entwicklung zu verstehen, und geben Ihnen das Vertrauen, mehr zu lernen und dadurch Ihr Wissen und Verständnis zu mehren. • Ihre Quelle von Sicherheit versorgt Sie mit einem unbeweglichen, unveränderlichen, unfehlbaren Kern, der Sie Wandel als aufregendes Abenteuer und Möglichkeit sehen läßt, wesentliche Beiträge zu leisten.	• Sie werden von einem Kompaß geleitet, der Sie erkennen läßt, wo Sie hinwollen und wie Sie dorthin gelangen können. • Sie benutzen genaue Daten, die Ihre Entscheidungen umsetzbar und sinnvoll machen. • Sie stehen abseits von Situationen, Emotionen und Umständen des Lebens und betrachten das ausgewogene Ganze. Ihre Entscheidungen und Handlungen spiegeln sowohl kurzwie langfristige Überlegungen und Auswirkungen. • Sie bestimmen in jeder Situation bewußt und pro-aktiv die beste Alternative. Ihre Entscheidungen beruhen auf einem von Prinzipien geschulten Gewissen.	• Ihre Urteile schließen ein breites Spektrum von langfristigen Konsequenzen ein und reflektieren weise Ausgewogenheit und stille Versprechen. • Sie sehen die Dinge anders und denken und handeln daher auch anders als die größtenteils reaktive Welt. • Sie sehen die Welt durch ein fundamentales Paradigma für effektives, vorausschauendes Leben. • Sie betrachten die Welt in bezug auf das, was Sie für die Welt und ihre Menschen tun können. • Sie nehmen einen pro-aktiven Lebensstil an, versuchen anderen zu dienen und sie aufzubauen. • Sie interpretieren alle Lebenserfahrungen als Möglichkeiten, zu lernen und Ihren Beitrag zu leisten.	• Ihre Kraft ist nur durch Ihr eigenes Verstehen und Beachten der Naturgesetze und korrekten Prinzipien und deren natürlicher Konsequenzen eingeschränkt. • Sie werden ein selbst-bewußtes, wissendes, pro-aktives Individuum, das weitgehend unbehindert von den Einstellungen, Verhaltensweisen und Handlungen anderer ist. • Ihre Fähigkeit zu handeln reicht viel weiter als Ihre eigenen Ressourcen und fördert das hochentwickelte Ebenen von Interdependenz. • Ihre Entscheidungen und Handlungen sind nicht von Ihren derzeitigen finanziellen oder umstandsbedingten Einschränkungen bestimmt. Sie erfahren interdependente Freiheit.

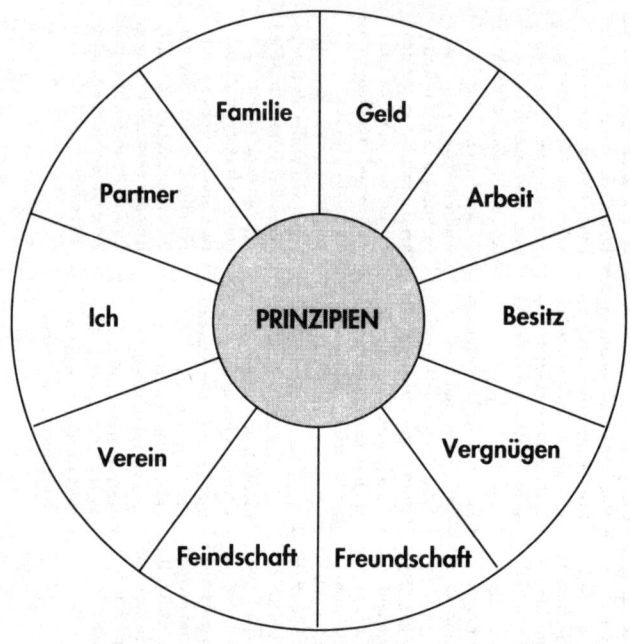

Arbeit neben Ihrer eigenen erledigen, Ihr persönliches Vergnügen dem Wohl der Firma opfern, das er so leichtherzig ignorieren kann.

Wenn Sie *selbst-zentriert* sind, werden Sie sich danach richten, was Ihnen am besten tut. Wäre es für Sie besser, abends aus zugehen? Oder wäre es für Sie besser, beim Chef ein paar Punkte zu sammeln? Ihre Hauptsorge wird die sein, welche Auswirkungen die beiden Optionen auf Sie haben.

Wenn wir bedenken, wie viele verschiedene Arten es gibt, ein einzelnes Ereignis zu betrachten, dann wundert es niemanden mehr, daß wir bei all unseren Interaktionen Wahrnehmungsprobleme à la ›alte Frau/junge Frau‹ haben. Können Sie sehen, wie grundlegend unsere Zentren uns beeinflussen? Bis hin zu unseren Motivationen, unseren täglichen Entscheidungen, unseren Handlungen und Aktionen (und allzu oft unseren *Reaktionen*), unseren Interpretatio-

114

nen von Ereignissen? Darum ist es so wichtig, daß wir unser Zentrum verstehen. Und wenn dieses Zentrum Ihnen nicht die Kraft gibt, ein pro-aktiver Mensch zu sein, wird es im Sinne Ihrer persönlichen Effektivität notwendig sein, diejenigen Paradigmenwechsel vorzunehmen, die ein kraftgebendes Zentrum schaffen.

Als *prinzipien-zentrierter* Mensch versuchen Sie, Abstand von der Emotionalität der Situation und anderen Faktoren zu wahren, die Sie beeinflussen könnten, und bewerten die verschiedenen Optionen. Sie betrachten das ausgewogene Ganze – die Bedürfnisse der Arbeit, der Familie und möglicherweise noch andere und die potentiellen Auswirkungen der verschiedenen Entscheidungsmöglichkeiten. Dann versuchen Sie unter Berücksichtigung aller Faktoren die beste Lösung zu finden.

Ob Sie ins Konzert gehen oder dableiben und arbeiten, ist wirklich nur ein kleiner Teil einer effektiven Entscheidung. Sie könnten mit einigen der anderen Zentren zum gleichen Ergebnis gelangen. Aber es gibt mehrere wesentliche Unterschiede, wenn Sie aus einem prinzipien-zentrierten Paradigma heraus entscheiden.

Erstens werden Sie nicht von den Umständen oder anderen Leuten gelenkt. Sie wählen pro-aktiv das, was Sie für die beste Alternative halten. Sie treffen Ihre Entscheidung bewußt und überlegt.

Zweitens wissen Sie, daß Ihre Entscheidung die effektivste ist, da sie auf Prinzipien mit vorhersagbaren langfristigen Ergebnissen beruht.

Drittens trägt das, wofür Sie sich entscheiden, zu Ihren letztendlichen Zielen im Leben bei. Wenn Sie im Büro bleiben, um jemand anderen in der Firma zu ärgern, wird dieser Abend in Ihrem Leben eine vollkommen andere Bedeutung haben, als wenn Sie bleiben, weil Sie die Effektivität Ihres Chefs schätzen und wirklich zum Wohlergehen der Firma beitragen wollen. Die Erfahrungen, die Sie bei der Umsetzung Ihrer Entscheidungen machen, gewinnen Qualität und Bedeutung in Ihrem Leben als Ganzem.

Viertens können Sie mit Ihrer Frau und Ihrem Chef innerhalb der starken Netzwerke kommunizieren, die Sie in Ihren interdependenten Beziehungen aufgebaut haben. Da Sie unabhängig sind, können Sie auch effektiv interdependent sein. Vielleicht entscheiden Sie sich, was möglich ist, zu delegieren und dann morgen ganz früh ins Büro zu kommen, um den Rest zu erledigen.

Und schließlich werden Sie sich mit Ihrer Entscheidung wohl fühlen. Was immer Sie zu tun beschließen, Sie können sich darauf konzentrieren und es genießen.

Als prinzipien-zentrierter Mensch sehen Sie die Dinge anders. Und da Sie anders sehen, denken und handeln Sie auch anders. Da Sie ein höheres Maß an Sicherheit, Orientierung, Weisheit und Kraft haben, die einem soliden, unveränderlichen Kern entspringen, haben Sie das Fundament für ein sehr pro-aktives und effektives Leben.

Eine persönliche Lebensaussage schreiben und anwenden

Wenn wir tief in unser Inneres schauen, unsere grundlegenden Paradigmen verstehen und in einer Weise umformen, daß sie mit den richtigen Prinzipien harmonieren, schaffen wir sowohl ein effektives, kraftgebendes Zentrum als auch eine klare Brille, durch die wir die Welt sehen können. Dann können wir den Blick darauf richten, welche Beziehung wir als einzigartige Individuen zu dieser Welt eingehen können.

Frankl sagt, wir würden die Berufung in unserem Leben eher *entdecken* als *erfinden.* Ich mag diese Wortwahl. Ich glaube, jeder von uns hat einen inneren Monitor oder ein Gespür, ein *Gewissen,* das uns die Bewußtheit unserer Einzigartigkeit und der besonderen Beiträge verleiht, die wir leisten können. In Frankls Worten: »Jeder hat im Leben seine eigene spezifische Mission oder Berufung ... Weder ist er in dieser zu ersetzen, noch läßt sich sein Leben wiederholen. Daher ist die Aufgabe eines jeden so einzigartig wie seine spezifische Möglichkeit, sie zu erfüllen.«

Unser Sinn kommt von innen. Dazu noch einmal Frankl: »Letzten Endes sollte der Mensch nicht fragen, was der Sinn seines Lebens ist, sondern erkennen, daß er es ist, der gefragt ist. Jeder wird, in einem Wort, vom Leben befragt; und er kann nur dadurch antworten, daß er für sein eigenes Leben antwortet; auf das Leben kann er nur dadurch antworten, daß er verantwortlich ist.«

Als pro-aktive Menschen können wir beginnen, dem Ausdruck zu verleihen, was wir in unserem Leben sein und tun wollen. Wir können eine persönliche Lebensaussage machen.

Das ist nichts, was man über Nacht niederschreiben könnte. Es bedarf der tiefen Innensicht, sorgfältiger Analyse, überlegten Ausdrucks und oft vieler Fassungen, bis die endgültige Form erreicht ist. Es kann mehrere Wochen oder sogar Monate dauern, bis Sie sich damit ganz wohl fühlen, bis Sie spüren, daß Sie einen vollständigen und genauen Ausdruck Ihrer innersten Werte und Richtungen gefunden haben. Selbst dann werden Sie diese Aussage immer wieder anschauen und kleine Änderungen vornehmen, da die Jahre zusätzliche Einsichten oder andere Umstände mit sich bringen.

Aber grundsätzlich wird Ihre Lebensaussage ein solider Ausdruck Ihrer Vision und Ihrer Werte sein. Sie wird zu dem Kriterium, an dem Sie alles andere im Leben messen.

Der Prozeß ist meiner Meinung nach so wichtig wie das Produkt. Eine Lebensaussage zu schreiben oder zu überarbeiten verändert Sie, da es Sie zwingt, Ihre Prioritäten sorgfältig zu überdenken und Ihr Verhalten in Einklang mit Ihren Überzeugungen zu bringen. Während Sie das tun, beginnen andere Menschen zu spüren, daß Sie nicht von allem getrieben werden, das Ihnen widerfährt. Sie selbst sehen in dem, was Sie zu tun versuchen, eine Berufung, und sie macht Ihnen Freude.

Das ganze Gehirn nutzen

Unsere Selbst-Bewußtheit gibt uns die Chance, unsere eigenen Gedanken zu untersuchen. Das ist bei der Erstellung einer persönlichen Lebensaussage besonders hilfreich, da die beiden menschlichen Eigenschaften, die uns erlauben, den 2. Weg zu befolgen – Vorstellungskraft und Gewissen –, primär Funktionsweisen der rechten Gehirnhälfte sind. Wenn wir wissen, wie wir die Kapazität dieser rechten Hälfte anzapfen können, vergrößert dies unsere Möglichkeiten während der ersten Phase des Entstehens erheblich.

Seit einigen Jahrzehnten wird eine Menge Forschung darüber betrieben, was die Dominanz-Theorie des Gehirns genannt wird. Die Ergebnisse lassen darauf schließen, daß die beiden Hemisphären des Gehirns – die linke und die rechte – meist über verschiedene Funktionen herrschen und sich auf sie spezialisieren, unterschiedliche Arten von Information verarbeiten und mit jeweils anderen Arten von Problemen umgehen.

Die linke Hemisphäre ist im Prinzip die mehr logisch/verbale und die rechte die mehr intuitiv/kreative. Die linke geht mit Worten um, die rechte mit Bildern; die linke mit Teilen und Spezifizierungen, die rechte mit Ganzheit und der Beziehung der Teile untereinander. Die linke beschäftigt sich mit Analyse, das heißt dem Auseinanderbrechen der Teile; die rechte mit Synthese, das heißt dem Zusammenfügen. Die linke dient dem sequentiellen Denken; die rechte dem simultanen und holistischen. Die linke ist zeitgebunden; die rechte ist von der Zeit unabhängig.

Die Menschen benutzen zwar beide Seiten des Gehirns, aber eine scheint jeweils dominant zu sein. Ideal wäre es natürlich, die Fähigkeit zu gutem Austausch zwischen beiden Seiten zu pflegen und zu entwickeln. Dann könnte man erst spüren, was die Situation erfordert, und daraufhin das angemessene Werkzeug einsetzen. Aber die Menschen neigen dazu, in der vertrauten Zone ihrer dominanten Hemisphäre zu bleiben und jede Situation gemäß ihrer eigenen Vorliebe für links oder rechts zu verarbeiten.

In den Worten von Abraham Maslow: »Wer geschickt mit einem Hammer umgehen kann, sieht gern alles als Nagel an.« Das ist ein weiterer Faktor, der den Wahrnehmungsunterschied ›alte Frau/junge Frau‹ beeinflußt. ›Rechte‹ und ›Linke‹ neigen dazu, die Dinge auf unterschiedliche Weise zu betrachten.

Wir leben in einer Welt primär linkshemisphärischer Dominanz, in der Worte, Messungen und Logik herrschen und die eher kreativen, intuitiven, fühlenden, künstlerischen Aspekte unseres Wesens oft eine untergeordnete Rolle spielen. Vielen von uns fällt es schwerer, die Kapazitäten unserer rechten Gehirnhälfte anzuzapfen.

Diese Beschreibung ist zugegebenermaßen sehr stark vereinfacht, und zukünftige Forschungen werden zweifellos mehr Licht auf die Funktionsweisen des Gehirns werfen. Aber es geht hier darum zu erkennen, daß wir in der Lage sind, viele verschiedene Arten von Gedankenprozessen zu vollführen, und unser Potential nicht annähernd ausnutzen. Wenn wir uns über die verschiedenen Fähigkeiten klarwerden, können wir unser Gehirn bewußt dafür einsetzen, bestimmten Bedürfnissen auf effektivere Weise gerecht zu werden.

Zwei Arten, die rechte Gehirnhälfte anzuzapfen

Wenn wir die Theorie der Gehirnhälften-Dominanz als Modell verwenden, wird offensichtlich, daß die Qualität während der ersten Phase des Entstehens deutlich von unserer Fähigkeit beeinflußt ist, unsere rechte, kreative Gehirnhälfte zu nutzen. Je mehr wir deren Kapazität ausschöpfen können, desto besser werden wir visualisieren, durch Synthese verbinden, Zeit und die gegenwärtigen Umstände transzendieren und ein holistisches Bild dessen projizieren können, was wir im Leben sein und tun wollen.

Die Perspektive erweitern

Manchmal katapultiert uns ein unerwartetes Ereignis aus unserer linken Gehirnhälfte und ihren Denkmustern in die rechte. Der Tod eines geliebten Menschen, eine ernste Krankheit, eine schwere finanzielle Krise oder großes Unglück können uns veranlassen, einen Schritt zurückzutreten, unser Leben zu betrachten und uns selbst ein paar deutliche Fragen zu stellen: »Was ist wirklich wichtig? Warum treibe ich, was ich treibe?«

Aber wenn Sie pro-aktiv sind, brauchen Sie nicht darauf zu warten, daß andere Menschen oder Umstände für Sie Erfahrungen auslösen, die Ihre Perspektive erweitern. Sie können bewußt Ihre eigenen erschaffen.

Es gibt viele Arten, das zu tun. Kraft Ihres Vorstellungsvermögens können Sie, wie wir es am Anfang dieses Kapitels getan haben, Ihre eigene Beerdigung visualisieren. Schreiben Sie Ihren eigenen Nachruf. Richtig auf Papier. Und seien Sie dabei sehr genau.

Sie können Ihren 25. und dann Ihren 50. Hochzeitstag visualisieren. Bitten Sie Ihren Mann oder Ihre Frau, das mit Ihnen gemeinsam zu tun. Versuchen Sie die Essenz der Familienbeziehung einzufangen, die Sie bis dahin durch Ihren tagtäglichen Einsatz geschaffen haben wollen.

Sie können visualisieren, daß Sie Ihre derzeitige Beschäftigung aufgeben, um in Ruhestand zu geben. Welche Beiträge, welche Leistungen wollen Sie bis dahin auf Ihrem Gebiet erbracht haben? Welche Pläne werden Sie für die Zeit nach der Pensionierung haben? Werden Sie eine zweite Karriere anstreben?

Erweitern Sie Ihren Geist. Visualisieren Sie mit einer Fülle von Details. Verwenden Sie dabei viele Emotionen und Gefühle, benutzen Sie möglichst viele Sinne.

Ähnliche Visualisierungs-Übungen habe ich mit den Teilnehmern einiger meiner Universitätskurse gemacht. »Nehmen Sie an, Sie hätten nur dieses eine Semester zu leben«, sage ich den Studenten. »Während dieses Semesters sollen

Sie als guter Student an der Uni bleiben. Visualisieren Sie, wie Sie dieses Semester verbringen würden.«

Die Dinge werden plötzlich in eine andere Perspektive gestellt. Es tauchen Werte auf, die vorher nicht einmal erkannt worden waren.

Ich habe außerdem Studenten gebeten, eine Woche lang mit dieser erweiterten Perspektive zu leben und Tagebuch über ihre Erfahrungen zu führen.

Die Ergebnisse sind sehr enthüllend. Die Studenten schreiben plötzlich Ihren Eltern, wie sehr sie sie lieben und schätzen. Sie versöhnen sich mit Geschwistern oder Freunden, zu denen die Beziehung schlecht geworden war.

Das dominante, zentrale Thema ihrer Aktivitäten, das zugrundeliegende Prinzip, ist Liebe. Wie sinnlos Lästerei, schlechte Gedanken über andere und Anschuldigungen sind, wird sehr offensichtlich, wenn man daran denkt, daß man nur noch kurz zu leben hat. Da werden Prinzipien und Werte für jeden einzelnen viel klarer und deutlicher.

Es gibt eine Reihe von Techniken, Ihr Vorstellungsvermögen so einzusetzen, daß Sie die Verbindung zu Ihren Werten finden. Aber unterm Strich war das Ergebnis bei allen von mir eingesetzten Methoden dasselbe. Wenn Menschen ernsthaft versuchen zu identifizieren, worauf es in ihrem Leben vor allem ankommt, wer sie wirklich sein und was sie tun wollen, werden sie sehr andächtig. Sie beginnen in größeren Begriffen als Heute und Morgen zu denken.

Visualisation und Bestärkung

Persönliche Führung ist keine singuläre Erfahrung. Sie beginnt und endet nicht mit dem Schreiben einer persönlichen Lebensaussage. Sie ist vielmehr ein fortlaufender Prozeß, bei dem Sie Ihre Werte und Ihre Vision vor Augen haben und Ihr Leben so ausrichten, daß es mit diesen weitgehend übereinstimmt. Bei diesem Bestreben kann Ihnen das starke Potential der rechten Gehirnhälfte eine große Hilfe bei der täglichen Arbeit sein, Ihre persönliche Lebensaussage in Ihr Leben zu integrieren. Dies ist eine weitere Anwendung von »schon am Anfang das Ende im Sinn haben«.

Gehen wir noch mal zu einem früheren Beispiel zurück. Nehmen wir an, ich sei ein Vater, der seine Kinder wirklich innig liebt. Nehmen wir an, ich hätte das als einen meiner grundlegenden Werte in meine persönliche Lebensaussage aufgenommen. Aber nehmen wir auch an, ich hätte im Alltag Probleme damit, daß ich überreagiere.

Ich kann die Visualisierungskraft meiner rechten Gehirnhälfte nutzen, um eine ›Bestärkung‹ zu schreiben, die mir helfen wird, in meinem Alltag mehr Übereinstimmung mit meinen tieferen Werten zu erlangen.

Eine gute Bestärkung hat fünf wesentliche Bestandteile: Sie ist *persönlich, positiv und im Präsens geschrieben,* sie ist *visuell und emotional.* Also könnte ich etwas in der Art schreiben: »Es ist für mich (persönlich) tief befriedigend (emotional), daß ich mit Weisheit, Liebe, Festigkeit und Selbstkontrolle (positiv) reagiere (Präsens), wenn meine Kinder sich danebenbenehmen.«

Dann kann ich das visualisieren. Ich kann jeden Tag ein paar Minuten dafür aufwenden und Körper und Geist vollkommen entspannen. Ich kann mir Situationen ausmalen, in denen sich meine Kinder danebenbenehmen. Bis ins kleinste Detail. Ich kann den Bezug des Sessels, auf dem ich gerade sitze, den Boden unter meinen Füßen und die angenehme Flauschigkeit meines Pullovers spüren. Ich kann den Gesichtsausdruck und das Kleid meiner Tochter sehen. Je deutlicher und lebhafter ich mir die Details vorstellen kann, desto eingehender werde ich die Situation erfahren, desto weniger werde ich Zuschauer sein.

Und dann sehe ich sie etwas tun, was normalerweise mein Herz schneller schlagen und meine Wut aufsteigen läßt. Aber an Stelle meiner üblichen Reaktion kann ich mir ausmalen, wie ich die Situation mit all der Liebe, Kraft und

Selbstkontrolle meistere, die ich in meiner Affirmation eingefangen habe. Ich kann das Programm, das Skript im Einklang mit meinen Werten, mit meiner persönlichen Lebensaussage schreiben.

Und wenn ich das tue, wird mein Verhalten sich jeden Tag ein wenig ändern. Statt anhand der Skripten zu leben, die mir meine eigenen Eltern, die Gesellschaft, die Genetik oder meine Umwelt gegeben haben, werde ich nach dem Skript leben, das ich aus meinem selbstgewählten Wertesystem heraus geschrieben habe.

Dr. Charles Garfield hat ausgedehnte Forschungen über Spitzenleistungen betrieben, sowohl im Sport wie im Geschäftsleben. Eines der wesentlichen Ergebnisse seiner Untersuchungen war die Entdeckung, daß fast alle Weltklasse-Sportler und andere Spitzenkräfte Visualisierer sind. Sie sehen es, sie fühlen es, sie erfahren es, bevor sie es tun. Sie haben schon am Anfang das Ende im Sinn.

Sie können das auf jedem Gebiet Ihres Lebens tun. Vor einer Vorstellung, einer Verkaufspräsentation, einer schwierigen Konfrontation oder der täglichen Herausforderung, ein Ziel zu erreichen, können Sie die Situation immer wieder klar, lebhaft, unnachgiebig vor sich sehen. Schaffen Sie eine innere »Zone des Wohlbefindens«. Wenn Sie dann in die Situation kommen, ist sie Ihnen nicht fremd. Sie erschreckt Sie nicht.

Ihre kreative, visuelle rechte Gehirnhälfte ist einer Ihrer wichtigsten Aktivposten, wenn es darum geht, Ihre persönliche Lebensaussage zu erstellen und sie in Ihr Leben zu integrieren.

Rollen und Ziele identifizieren

Natürlich wird auch die logisch/verbale linke Gehirnhälfte wichtig, wenn Sie versuchen, die Bilder, Gefühle und Vorstellungen der rechten Hälfte zu einer schriftlichen Lebensaussage zusammenzufassen. So wie Atemübungen dazu beitragen, Körper und Geist zu integrieren, ist Schreiben eine

Art psycho-neuraler Aktivität, die es leichter macht, eine Verbindung vom Unbewußten zum Bewußten herzustellen und die beiden zu integrieren. Schreiben destilliert, kristallisiert, klärt das Denken und trägt dazu bei, das Ganze in Teile aufzulösen.

Wir alle haben in unserem Leben eine Anzahl verschiedener Rollen – verschiedene Fähigkeiten oder Gebiete, in denen wir Verantwortung tragen. Meine Rollen könnten beispielsweise heißen: Individuum, Ehemann, Vater, Lehrer, Vereinsmitglied und Geschäftsmann. Und jede dieser Rollen ist wichtig.

Wenn Leute daran arbeiten, effektiver im Leben zu werden, stellt sich immer wieder als eines der wesentlichsten Probleme heraus, daß sie nicht ausreichend weit denken. Sie verlieren das Gefühl für die Proportionen, die Ausgewogenheit, die für effektives Leben notwendige natürliche Ökologie. Sie lassen sich von der Arbeit aufzehren und vernachlässigen ihre Gesundheit. Im Namen des beruflichen Erfolgs bleiben womöglich die kostbarsten persönlichen Beziehungen auf der Strecke.

Sie werden vielleicht feststellen, daß Ihre Lebensaussage viel ausgewogener sein wird und daß Sie viel leichter mit ihr arbeiten können, wenn Sie eine Unterteilung in die spezifischen Rollengebiete in Ihrem Leben und die Ziele, die Sie auf jedem Gebiet erreichen wollen, vornehmen. Schauen Sie Ihre Berufsrolle an. Sie sind vielleicht Verkäufer, Manager oder in der Produktentwicklung. Um was geht es in dem Gebiet für Sie? Von welchen Werten wollen Sie sich leiten lassen? Überdenken Sie Ihre persönlichen Rollen – Ehemann, Ehefrau, Vater, Mutter, Nachbar oder Freund. Was sind Sie in diesen Rollen? Was ist Ihnen daran wichtig? Überdenken Sie die Rollen in der größeren Gemeinschaft – in der Politik, bei karitativen oder anderen freiwilligen Organisationen.

Eine Führungskraft hat die Aufteilung von Rollen und Zielen genutzt, um zu folgender Lebensaussage zu gelangen:

Meine Berufung ist, integer zu leben und im Leben anderer wichtig zu sein.

Um diese Berufung zu erfüllen:
Übe ich Nächstenliebe: Ich gehe auf jeden zu und liebe ihn, unabhängig von seiner Situation.
Bringe ich Opfer: Ich widme meine Zeit, meine Talente und Mittel meiner Berufung.
Inspiriere ich: Ich lehre, daß jeder die Kraft hat, einen Goliath zu überwinden.
Habe ich Einfluß: Was ich tue, ändert etwas im Leben anderer Menschen.

Diese Rollen haben beim Erfüllen meiner Berufung Vorrang:
Ehemann – Meine Frau ist der wichtigste Mensch in meinem Leben. Wir steuern gemeinsam die Früchte von Harmonie, Fleiß, Nächstenliebe und Sparsamkeit bei.
Vater – Ich helfe meinen Kindern, in ihrem Leben immer mehr Freude zu erfahren.
Sohn/Bruder – Ich bin häufig ›da‹, um Liebe und Unterstützung zu geben.
Nachbar – Mein Umgang mit anderen macht meine Werte und Prinzipien sichtbar.
Berater – Ich bin Katalysator für die Entwicklung von Spitzenleistungen in großen Organisationen.
Lernender – Ich lerne jeden Tag wichtige neue Dinge.

Ihre Lebensaussage anhand der wichtigen Rollen in Ihrem Leben niederzuschreiben gibt Ihnen Ausgewogenheit und Harmonie. So bleibt jede Rolle klar sichtbar. Sie können sie häufig überprüfen, um sicherzustellen, daß Sie sich nicht ganz von einer Rolle absorbieren lassen und die anderen, die in Ihrem Leben ebenso wichtig oder noch bedeutender sind, vernachlässigen.

Wenn Sie Ihre verschiedenen Rollen identifiziert haben, können Sie über die langfristigen Ziele nachdenken, die Sie in diesen einzelnen Rollen erreichen wollen. Hier benutzen wir wieder die rechte Gehirnhälfte, unser Vorstellungsvermögen, Kreativität, Gewissen und Inspiration. Wenn diese Ziele die Weiterführung einer auf korrekten Prinzipien beruhenden Lebensaussage sind, werden sie anders sein als die Ziele, die sich die meisten Leute stecken. Sie werden in Einklang mit korrekten Prinzipien, mit Naturgesetzen stehen. Das gibt Ihnen größere Macht, sie zu erreichen. Es sind nicht die Ziele eines anderen, die Sie aufgenommen haben. Es sind Ihre Ziele. Sie spiegeln Ihre tiefsten Werte, Ihr einzigartiges Talent, Ihr Gefühl von persönlicher Berufung. Und sie erwachsen aus den von Ihnen im Leben gewählten Rollen.

Rollen und Ziele geben Ihrer persönlichen Lebensaussage Struktur und eine organisierte Richtung. Wenn Sie noch keine persönliche Lebensaussage formuliert haben, ist dies ein guter Ausgangspunkt. Definieren Sie einfach die verschiedenen Gebiete Ihres Lebens, und halten Sie die zwei oder drei wichtigen Ergebnisse fest, die Sie auf diesen Gebieten erreichen wollen, um weiterzukommen. Das verschafft Ihnen eine umfassende Perspektive und gibt Ihnen die Richtung an.

Wenn wir uns mit dem 3. Weg beschäftigen, werden wir uns verstärkt dem Gebiet der kurzfristigen Ziele widmen. Zuvor ist jedoch wichtig, daß Sie in Zusammenhang mit Ihrer persönlichen Lebensaussage Rollen und langfristige Ziele identifizieren. Diese werden die Grundlage für effektive Zielsetzung und Erfolg liefern, wenn wir beim 3. Weg zu dem tagtäglichen Management des Lebens und der Zeit kommen.

Familienaussage

Da der 3. Weg auf Prinzipien beruht, findet er ein breites Anwendungsfeld. Neben Einzelpersonen werden auch Familien, Gruppen und Organisationen aller Art wesentlich effektiver, wenn sie schon am Anfang das Ende im Sinn haben.

Der Kern einer jeden Familie ist das, was unveränderlich ist, was immer dasein wird – gemeinsame Visionen und Werte. Wenn Sie die Familienaussage schreiben, bringen Sie deren wahre Grundlage zum Ausdruck.

Dabei ist der Prozeß wieder ebenso wichtig wie das Produkt. Der Vorgang, eine solche Aussage zu schreiben und zu präzisieren, wird ein Schlüssel zur Verbesserung der Familie. Zusammen daran zu arbeiten, eine Familienaussage zu erstellen, stärkt die PK-Fähigkeit, sie zu leben.

Wenn Sie die Beiträge jedes einzelnen Familienmitglieds sammeln, einen Entwurf für die Aussage machen, das Feedback verarbeiten, umschreiben und dabei die unterschiedliche Diktion der verschiedenen Menschen verwenden, fängt die Familie an zu reden, über Dinge zu kommunizieren, auf die es sehr ankommt. Die besten Familienaussagen kommen dadurch zustande, daß die Familienmitglieder im Geiste gegenseitigen Respekts zusammenkommen, ihre unterschiedlichen Ansichten zum Ausdruck bringen und gemeinsam daran arbeiten, etwas zu schaffen, das größer ist, als ein einzelner es je schaffen könnte. Wenn man die Aussage periodisch überprüft, um die Perspektive zu erweitern, einzelne Schwerpunkte oder die Richtung zu wechseln, abgenutzte Sätze zu ändern oder ihnen neue Bedeutung zu geben, dann bleibt die Familie an gemeinsame Werte gebunden.

Wenn wir in unserer Familienaussage die Sätze über die gegenseitige Zuneigung in unserem Heim, Ordnung, verantwortliche Unabhängigkeit, Kooperation, Hilfsbereitschaft, Bedürfniserfüllung, Talententwicklung, Interesse an den Talenten anderer und der Bereitschaft, anderen zu dienen, lesen, dann gibt uns das einige Anhaltspunkte für die Beurteilung dessen, wie wir bei den Belangen abschneiden, die uns als Familie am wichtigsten sind.

Organisationsaussagen

Den Unternehmenszweck oder -auftrag zu definieren ist auch für erfolgreiche Organisationen lebensnotwendig. Eine der wichtigsten Stoßrichtungen bei meiner Arbeit mit Organisationen ist die, ihnen zu helfen, effektive Aussagen zu entwickeln. Und um effektiv zu sein, muß diese Aussage sozusagen aus den Eingeweiden der Organisation stammen. Jeder sollte auf sinnvolle Weise daran beteiligt sein – nicht nur die obersten Strategieplaner, sondern alle. Und wieder ist der Prozeß der Beteiligung so wichtig wie das geschriebene Produkt und der Schlüssel zu dessen Anwendung. Ich bin immer fasziniert, wenn ich zu IBM komme und den Trainingsprozeß dort beobachte. Wieder und wieder sehe ich die Führung der Firma in eine Gruppe kommen und sagen, IBM stünde für drei Dinge: Achtung vor dem Mitarbeiter, Spitzenleistungen und Dienst am Kunden.

Diese Dinge bilden das Glaubenssystem von IBM. Alles andere wird sich ändern, aber diese drei Dinge nicht. Fast wie durch Osmose hat sich dieses Glaubenssystem in der gesamten Organisation verbreitet und gibt allen, die dort arbeiten, eine feste Grundlage von gemeinsamen Werten und persönlicher Sicherheit.

Ich habe einmal in New York eine Gruppe von Mitarbeitern der IBM trainiert. Es war eine kleine Gruppe, etwa zwanzig Personen. Einer der Teilnehmer wurde krank. Er rief seine Frau in Kalifornien an, die machte sich Sorgen, da seine Krankheit einer speziellen Behandlung bedurfte. Die für das Training verantwortlichen IBM-Leute sorgten für einen Platz in einer hervorragenden Klinik mit einem Spezialisten für diese Krankheit. Aber sie konnten spüren, daß seine Frau unsicher war und ihn gern zu Hause gehabt hätte, wo es einen mit der Sache vertrauten Hausarzt gab.

Also beschlossen sie, ihn nach Kalifornien zu bringen. Da sie meinten, es könne zu lange dauern, ihn zum Flughafen zu fahren und auf einen Linienflug zu warten, besorgten sie einen Hubschrauber, flogen ihn zum Flughafen und mieteten eine Privatmaschine, um den Mann nach Hause zu bringen.

Ich weiß nicht, was das alles gekostet hat, vermutlich etliche tausend Dollars. Aber IBM glaubt an die Würde des einzelnen Mitarbeiters. Das ist Firmengrundsatz. Für die anderen Anwesenden spiegelte diese Erfahrung den IBM-Geist, und sie waren nicht sonderlich überrascht. Ich war beeindruckt.

Ein andermal sollte ich 175 Manager von Einkaufszentren in einem bestimmten Hotel trainieren. Ich war erstaunt, wie gut der Service dort funktionierte. Das war nichts Künstliches. Es war auf allen Ebenen sichtbar, spontan, ohne Aufsicht.

Ich kam ziemlich spät an, checkte ein und fragte, ob es Room Service gäbe. Der Mann am Empfang sagte: »Nein, Herr Covey, aber wenn Sie möchten, kann ich Ihnen aus der Küche einen Salat, ein Sandwich oder etwas anderes holen.« Er zeigte deutlich, daß er an meiner Zufriedenheit und meinem Wohlbefinden interessiert war. »Würden Sie gern Ihren Seminarraum sehen? Haben Sie alles, was Sie brauchen? Was kann ich für Sie tun? Ich bin hier, um Sie zu bedienen.«

Es war niemand in der Nähe, der ihn beaufsichtigt hätte. Der Mann war ganz aufrichtig.

Am nächsten Tag merkte ich mitten in meinen Ausführungen, daß ich nicht genügend Farbstifte hatte. Also ging ich während einer kurzen Pause in die Halle und fand einen Pagen, der zu einer Tagung eilte. »Ich habe ein Problem«, sagte ich. »Ich trainiere hier eine Gruppe von Managern und habe nur eine kurze Pause. Ich brauche noch mehr bunte Filzstifte.«

Er schnellte herum und ging fast in Habtachtstellung. Nach einem kurzen Blick auf mein Namensschildchen kam die Antwort: »Herr Covey, ich werde Ihr Problem lösen.«

Er sagte nicht: »Ich weiß nicht, wo ich die bekomme« oder »Dann fragen Sie mal am Empfang«. Er kümmerte sich einfach darum. Und er gab mir das Gefühl, es sei ihm eine Ehre.

Später ging ich zum Hotelmanager: »Ich helfe Organisationen dabei, einen starken Team-Charakter, eine Team-Kultur zu entwickeln. Ich bin überrascht, wie gut das bei Ihnen hier läuft.«

»Wollen Sie wissen, was der wirkliche Schlüssel dazu ist?« fragte er. Er holte die Aussage für die Hotelkette hervor.

Als ich sie gelesen hatte, meinte ich: »Das ist eine eindrucksvolle Aussage. Aber ich kenne viele Unternehmen, die eindrucksvolle Unternehmensaussagen haben.«

»Möchten Sie die von diesem Hotel sehen?« erkundigte er sich.

»Sie meinen, Sie hätten eine eigens für dieses Hotel entwickelt?«

»Ja.«

»Die anders ist als die der Hotelkette?«

»Ja. Sie steht im Einklang mit der anderen Aussage, aber diese bezieht sich auf unsere Situation, unsere Umgebung, unsere Zeit.« Er reichte mir ein weiteres Blatt.

»Wer hat diese Aussage entwickelt?« fragte ich.

»Alle. Wollen Sie die Aussage der Leute sehen, die Sie gestern am Empfang getroffen haben?« Er zog eine Aussage hervor, die sie selbst geschrieben hatten und die mit allen anderen Aussagen verwoben war. Jeder in dem Hotel war an der Aussage beteiligt.

Wie ich dem Hotelmanager sagte, kenne ich zahlreiche Unternehmen mit sehr beeindruckenden Aussagen. Aber in puncto Effektivität liegen Welten zwischen einer Unternehmensaussage, die von allen an der Organisation Beteiligten geschaffen wurde, und einer, die ein paar Führungskräfte an ihren Mahagoni-Schreibtischen produziert haben.

*

Ohne Beteiligung gibt es keine Bindung. Schreiben Sie's hin, kreuzen Sie's an, unterstreichen Sie's. *Keine Beteiligung, keine Verbindlichkeit.*

Daher braucht man Zeit, Geduld, Engagement, Geschick und Einfühlungsvermögen, um die Organisationsaussage zu erstellen. Das läßt sich nicht übers Knie brechen. Man braucht Zeit und Ernsthaftigkeit, korrekte Prinzipien und den Mut und die Integrität, Systeme, Strukturen und den Management-Stil der gemeinsamen Vision und den Werten anzupassen. Aber wenn sie auf korrekten Prinzipien beruht, funktioniert sie.

Die Organisationsaussage schafft, wenn sie wirklich die

tiefe gemeinsame Vision und die Werte aller an der Organisation Beteiligten spiegelt, große Einheit und eine starke Verbindlichkeit. Sie bildet einen Bezugsrahmen, Kriterien oder Richtlinien für Herz und Verstand, anhand deren die Leute sich selber regieren können. Sie brauchen niemand anderen, der kommandiert, kontrolliert oder kritisiert. Sie haben Verbindung zu dem unveränderlichen Kern dessen, worum es bei der Organisation geht.

Anwendungsvorschläge

1. Nehmen Sie sich die Zeit, die Eindrücke festzuhalten, die Sie bei der Visualisation der Beerdigungsfeier am Anfang dieses Kapitels hatten. Sie können die untenstehende Tabelle dazu nutzen, Ihre Gedanken zu ordnen.

Aktivitätsgebiet	Charakter	Beiträge	Leistungen
Familie			
Freunde			
Arbeit			
Verein/ Gemeinde etc.			

2. Schreiben Sie auf, wie Sie Ihre Rollen jetzt sehen. Sind Sie mit diesem Spiegelbild Ihres Lebens zufrieden?

3. Nehmen Sie sich Zeit, sich völlig von täglichen Aktivitäten freizumachen, und beginnen Sie an Ihrer persönlichen Lebensaussage zu arbeiten.

4. Kreuzen Sie auf der Tabelle auf den Seiten 107–109 alle Zentren an, mit denen Sie sich identifizieren. Bilden sie ein

Muster für Ihr Verhalten im Leben? Fühlen Sie sich mit den Implikationen Ihrer Analyse wohl?

5. Sammeln Sie Notizen, Zitate und Gedanken, die Ihnen beim Schreiben Ihrer persönlichen Lebensaussage nützlich sein könnten.

6. Wählen Sie ein Projekt aus, das demnächst auf Sie zukommt, und wenden Sie das Prinzip der ersten Phase des Entstehens an. Schreiben Sie auf, welche Ergebnisse Sie wünschen und welche Schritte Sie dorthin führen werden.

7. Erzählen Sie Ihrer Familie oder Arbeitsgruppe von den Prinzipien des 2. Weges, und schlagen Sie vor, gemeinsam mit dem Prozeß zu beginnen, eine Familien- oder Gruppenaussage zu entwickeln.

Das Wichtigste zuerst

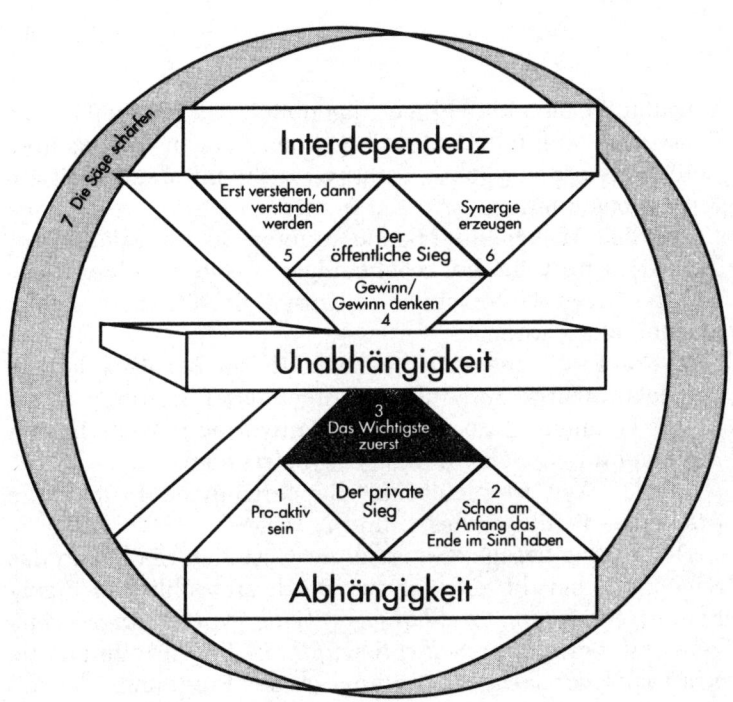

Prinzipien des persönlichen Managements

*Wichtige Dinge dürfen
nie den unwichtigen
untergeordnet werden.*

GOETHE

Würden Sie sich bitte einen Augenblick Zeit nehmen, kurze Antworten auf die beiden folgenden Fragen aufzuschreiben? Sie werden wichtig sein, wenn Sie mit der Arbeit am 3. Weg beginnen.

1. Frage: Welche eine Sache könnten Sie tun (die Sie zur Zeit nicht tun), die bei regelmäßiger Ausübung einen riesigen positiven Unterschied in Ihrem persönlichen Leben ausmachen würde?

2. Frage: Welche eine Sache in Ihrem Berufs- oder Arbeitsleben würde zu ähnlichen Ergebnissen führen?

Wir kommen später auf diese Antworten zurück. Lassen Sie uns nun zunächst den 3. Weg betrachten.

Der 3. Weg ist gleichsam die persönliche Frucht, die praktische Erfüllung des 1. und 2. Weges.

Der 1. Weg besagt: »Sie sind der Gestalter. Sie haben das Sagen.« Er beruht auf vier spezifisch menschlichen Eigenheiten: *Gewissen, unabhängiger Wille, Vorstellungsvermögen* und besonders *Selbst-Bewußtheit.* Er gibt Ihnen die Kraft zu sagen: »Das ist ein ungesundes Programm, das ich von meiner Kindheit oder von meinem sozialen Umfeld mitbekommen habe. Dieses ineffektive Skript mag ich nicht. Ich kann mich verändern.«

Der 2. Weg betrifft die erste oder mentale Entstehung.

Sie beruht auf dem *Vorstellungsvermögen* – der Fähigkeit zur Vision und zum Erkennen des Potentials, zum gedanklichen Erschaffen dessen, was wir noch nicht mit den Augen sehen können. Und sie beruht auf dem *Gewissen* – der Fähigkeit, unsere eigene Einzigartigkeit und die persönlichen, ethischen und moralischen Richtlinien zu entdecken, innerhalb deren wir ihm am glücklichsten gerecht werden können. Sie beinhaltet den tiefen Kontakt zu unseren grundlegenden Paradigmen und Werten und die Vision dessen, was wir werden ›können‹.

Der 3. Weg betrifft dann die zweite, die physische Entstehung. Sie ist die Erfüllung, die Aktualisierung, das natürliche Sichtbarwerden des 1. und 2. Weges. Sie ist die Ausübung des *unabhängigen Willens,* prinzipien-zentriert zu werden, das tagtägliche Tun.

Der 1. und 2. Weg sind unabdingbare Voraussetzungen für den 3. Sie können nicht prinzipien-zentriert werden, ohne sich zunächst Ihrer eigenen pro-aktiven Natur bewußt zu werden und sie zu entwickeln. Sie können nicht prinzipien-zentriert werden, ohne sich zunächst Ihrer Paradigmen bewußt zu werden. Sie müssen begreifen, wie Sie sie wandeln und in Übereinstimmung mit den richtigen Prinzipien bringen können. Sie können nicht prinzipien-zentriert werden, wenn Sie keine klare Vision von dem einzigartigen Beitrag haben, den Sie leisten können.

Das sind die Grundlagen, und wenn Sie die haben, *können* Sie den Prinzipien dadurch näher kommen, daß Sie Tag für Tag, Stunde für Stunde den 3. Weg leben – effektives Selbst-Management üben.

Die Fähigkeit, gut zu managen, ist nicht besonders wichtig, wenn Sie im ›falschen Dschungel‹ sind. Wenn Sie aber im richtigen sind, macht sie sehr viel aus. Sie entscheidet über die Qualität und sogar über die Realisierung der zweiten Phase des Entstehens. Management ist das Zergliedern, die Analyse, die Definition der Abläufe, die spezifische Anwendung, der zeitgebundene linkshemisphärische Aspekt der effektiven Selbst-Leitung. Meine eigene Maxime für persönliche Effektivität lautet: *manage von links; führe von rechts.*

Die Kraft des unabhängigen Willens

Neben Selbst-Bewußtheit, Vorstellungsvermögen und Gewissen ist es die vierte Gabe – der unabhängige Wille –, die effektives Selbst-Management wirklich möglich macht. Es ist die Fähigkeit, Entscheidungen zu treffen, zu wählen und auch entsprechend zu handeln. Es ist die Fähigkeit, selbst zu machen, statt »gemacht« zu werden, pro-aktiv das Programm durchzuführen, das wir mit den anderen drei Gaben entwickelt haben.

Effektives Management heißt, *das Wichtige voranzustellen.* Die Führung entscheidet, was ›wichtig‹ ist, das Management aber ist die Umsetzung, das Tag-für-Tag, Stunde-für-Stunde. Management ist Disziplin, Ausführung.

Eine meiner Lieblingslektüren ist ein Aufsatz von E. M. Gray: ›Der gemeinsame Nenner des Erfolgs‹. Gray war ein Leben lang auf der Suche nach dem einen gemeinsamen Nenner aller erfolgreichen Menschen und fand heraus, daß es nicht harte Arbeit, glückliche Zufälle oder weitsichtige menschliche Beziehungen waren, auch wenn die alle eine Rolle spielten. Der eine Faktor, der all die anderen zu transzendieren schien, verkörperte die Essenz des 3. Weges – Wichtiges voranzustellen.

»Der erfolgreiche Mensch hat die Gewohnheit, die Dinge zu tun, die die Versager nicht gerne tun«, bemerkte er. »Die Erfolgreichen tun sie auch nicht notwendigerweise gern. Aber ihre Abneigung ist der Kraft ihrer Sinnerfüllung untergeordnet.«

Diese Unterordnung erfordert einen Sinn, eine Lebensaussage, ein dem 2. Weg entsprechendes Richtungsgefühl und einen Wert, ein brennendes ›Ja‹ im Inneren, das es möglich macht, zu anderen Dingen ›nein‹ zu sagen. Außerdem braucht man den unabhängigen Willen und die Kraft, auch dann etwas zu tun, wenn es unbequem ist, um in jedem beliebigen Moment eher eine Funktion der Werte als der Impulse und der jeweiligen Bedürfnisse zu sein. Es ist die Kraft, mit Integrität auf Ihre pro-aktive Erstschöpfung zu reagieren.

Vier Generationen von Zeit-Management

Beim 3. Weg haben wir es mit vielen der Fragen zum Thema Lebens- und Zeit-Management zu tun. Als langjähriger Beobachter dieses faszinierenden Gebiets bin ich persönlich davon überzeugt, daß sich die Essenz der besten Gedanken zum Thema Zeit-Management in einem einzigen Satz zusammenfassen läßt: Prioritäten bestimmen Planung und Handlung. Dieser Satz steht für die Evolution von drei Generationen der Zeit-Management-Theorie, und es gibt unzählige Ansätze und Materialien zu der Frage, wie man das am besten macht.

Die erste Welle oder Generation läßt sich durch Notizen und Checklisten charakterisieren. Sie ist Ausdruck des Bemühens, den vielen Ansprüchen an unsere Zeit und Energie einen Anschein von Vollständigkeit und Erkenntnis zu verleihen.

Die zweite Generation ist dann durch Kalender und Terminplaner gekennzeichnet. Diese Welle reflektiert den Versuch, vorauszuschauen, Ereignisse und Handlungen für die Zukunft zu planen.

Die dritte Generation spiegelt den derzeitigen Stand des Zeit-Managements. Sie bereichert die zurückliegenden Generationen um die wichtige Vorstellung, man müsse Prioritäten setzen, Werte klären und den relativen Wert von Handlungen in bezug auf ihre Beziehung zu diesen Werten prüfen. Außerdem sieht sie vor, Ziele zu setzen – spezifische lang-, mittel- und kurzfristige Punkte, auf die Zeit und Energie in harmonischer Übereinstimmung mit den Werten zu richten sind. Sie schließt zudem das Konzept der täglichen Planung ein, bei der genau bestimmt wird, wie diejenigen Ziele und Handlungen bewerkstelligt werden können, denen der größte Wert beigemessen wird.

Die dritte Generation hat zwar einen wesentlichen Beitrag geleistet, aber die Menschen haben zu erkennen begonnen, daß ›effiziente‹ Terminplanung und Zeiteinteilung oft kontraproduktiv sind. Die Ausrichtung auf Effizienz schafft Erwartungen, die den Möglichkeiten widersprechen, auf einer täglichen Basis reiche Beziehungen zu entwickeln, menschliche Bedürfnisse zu erfüllen und spontane Momente zu genießen.

Das hat dazu geführt, daß viele Leute genug hatten von den Zeit-Management-Programmen und Tagesplanern, sich von ihnen allzu eingeengt fühlten und dann ›das Kind mit dem Bade ausgeschüttet‹ haben. Sie griffen wieder auf die Techniken der ersten oder zweiten Generation zurück, um Beziehungen, Spontaneität und Lebensqualität zu bewahren. Aber nun taucht eine vierte Generation auf, die anders ist. Sie erkennt, daß »Zeit-Management« bereits eine falsche Bezeichnung ist – die wirkliche Herausforderung liegt nicht darin, die Zeit zu managen, sondern uns selbst. Befriedigung ist eine Funktion sowohl von Erwartung wie von Verwirklichung. Und Erwartung (und Verwirklichung) liegen in unserem Einflußbereich.

Statt sich auf Dinge und Zeit zu richten, wenden sich die Erwartungen der vierten Generation dahin, Beziehungen zu erhalten und zu vertiefen und Ergebnisse zu erzielen – also auf die Erhaltung des P/PK-Gleichgewichts.

Quadrant II

Die vierte Generation läßt sich in der Zeit-Management-Matrix auf Seite 139 zusammenfassen. Im Grunde verbringen wir unsere Zeit auf eine von diesen vier Arten.

Wie Sie sehen können, sind die beiden Faktoren, die eine Aktivität definieren, *dringend* und *wichtig*. *Dringend* heißt, etwas bedarf sofortiger Aufmerksamkeit – jetzt! Dringende Dinge wirken auf uns ein. Ein klingelndes Telefon ist dringend. Die meisten Menschen halten nicht einmal den Gedanken aus, ein Telefon einfach klingeln zu lassen.

Sie können stundenlang an bestimmten Unterlagen arbeiten, sich entsprechend kleiden und zu jemandem ins Büro fahren, um über die Angelegenheit zu reden. Dann klingelt bei Ihrem Gesprächspartner das Telefon, und dieser Anruf scheint ihm dringlicher als Ihre gut vorbereitete persönliche Anwesenheit. Es gibt nicht viele Leute, die einem Anrufer sagen: »Ich rufe in 15 Minuten zurück. Warte bitte so lange.« Die meisten haben aber kaum Probleme damit, einen in einem Büro mindestens so lange warten lassen, während sie ein Telefonat mit jemand anderem führen.

Dringende Angelegenheiten sind gewöhnlich sichtbar. Sie bedrängen uns. Sie bestehen darauf, daß wir handeln. Sie stehen gewöhnlich genau vor uns. Sie machen uns bei anderen beliebt. Und häufig sind sie angenehm, leicht, machen Spaß. Aber sie sind so oft unwichtig!

Die Zeit-Management-Matrix

	Dringend	Nicht dringend
Wichtig	I Tätigkeiten: Krisen Dringliche Probleme Projekte mit anstehendem Abgabetermin	II Tätigkeiten: Vorbeugung, PK-Tätigkeiten Beziehungsarbeit Neue Möglichkeiten erkennen Planung, Erholung
Nicht wichtig	III Tätigkeiten: Unterbrechungen, einige Anrufe Manche Post, einige Berichte Einige Konferenzen Unmittelbare, dringliche Angelegenheiten Beliebige Tätigkeiten	IV Tätigkeiten: Triviales, Geschäftigkeiten Manche Post Einige Anrufe Zeitverschwender Angenehme Tätigkeiten

Wichtigkeit hat dagegen etwas mit Ergebnissen zu tun. Wenn etwas wichtig ist, trägt es zu Ihrer Lebensaussage, Ihren Werten, Ihren obersten Prioritäten bei.

Wir *reagieren* auf dringende Angelegenheiten. Wichtige, die nicht dringend sind, erfordern mehr Initiative, mehr Pro-Aktivität. Wir müssen *agieren,* um die Chancen zu ergreifen, um etwas in Gang zu setzen. Wenn wir nicht den 2. Weg befolgen, keine klaren Vorstellungen davon haben, was wichtig ist, welche Ergebnisse wir in unserem Leben anstreben, dann lassen wir uns leicht ablenken und reagieren nur auf das Dringende. Betrachten Sie einen Augenblick die vier Quadranten in der Zeit-Management-Matrix. Quadrant I ist sowohl dringend wie wichtig. Er hat mit signifikanten Ergebnissen zu tun, die sofortige Aufmerksamkeit erfordern. Die Aktivitäten in Quadrant I sind meist ›Krisen‹ oder ›Probleme‹. Wir alle haben einige Quadrant I-Aktivitäten in unserem Leben. Aber Quadrant I frißt viele Leute völlig auf. Sie sind Krisenmanager, problem-orientierte Menschen, termin-getriebene Schaffer.

Solange Sie sich auf Quadrant I ausrichten, wird er immer größer, bis er Sie schließlich beherrscht. Er ist wie eine tosende Brandung. Da kommt ein riesiges Problem angerauscht und haut Sie um. Sie rappeln sich wieder hoch,

I Ergebnisse:	II
• Streß • Ausgebranntsein • Krisenmanagement • Immer am Feuerlöscher	IV
III	

und da kommt schon das nächste angedonnert, das Sie wieder flachlegt.

Manche Menschen werden Tag für Tag buchstäblich von Problemen gebeutelt. Die einzige Erleichterung, die sie finden können, ist die Flucht zu den unwichtigen, nicht dringenden Tätigkeiten von Quadrant IV. Wenn man also ihre Gesamtmatrix betrachtet, verbringen sie 90 Prozent ihrer Zeit in Quadrant I und das meiste der restlichen zehn Prozent in Quadrant IV. Für Quadrant II und III bleibt fast gar

I		II
III Ergebnisse:		**IV**
• Kurzfristige Orientierung • Krisenmanagement • Chamäleon-Charakter • Hält Pläne und Ziele für wertlos • Fühlt sich als Opfer, ohne Kontrolle • Flache oder zerbrochene Beziehungen		

I		II
III	**IV**	
Ergebnisse: • Völlige Verantwortungslosigkeit • Wird gekündigt • Von anderen Menschen oder Institutionen abhängig		

keine Aufmerksamkeit. So leben Menschen, die Krisenmanagement betreiben.

Es gibt andere Leute, die viel Zeit in Quadrant III (dringend, aber nicht wichtig) verbringen und meinen, sie seien in Quadrant I. Sie verwenden einen Großteil ihrer Zeit dafür, auf Dinge zu reagieren, die dringend sind, und nehmen an, die seien auch wichtig. In Wirklichkeit beruht die Dringlichkeit dieser Angelegenheit oft auf den Prioritäten und Erwartungen anderer.

Menschen, die ihre Zeit fast ausschließlich in Quadrant III und IV verbringen, führen im Grunde ein unverantwortliches Leben.

Effektive Menschen verwenden kaum Energie für Aktivitäten aus Quadrant III und IV, da diese, ob nun dringend oder nicht, nicht wichtig sind. Sie lassen außerdem Quadrant 1 dadurch schrumpfen, daß sie mehr Zeit in Quadrant II verbringen.

Quadrant II ist das Herz von effektivem persönlichen Management. Er hat mit Dingen zu tun, die nicht dringend, aber wichtig sind: Beziehungen aufzubauen, eine persönliche Lebensaussage zu schreiben, langfristige Planung, Trainieren, Vorbeugen, Vorbereiten – all die Dinge, von denen wir wissen, daß wir sie tun müssen, die wir aber meist liegenlassen, weil sie nicht dringend sind.

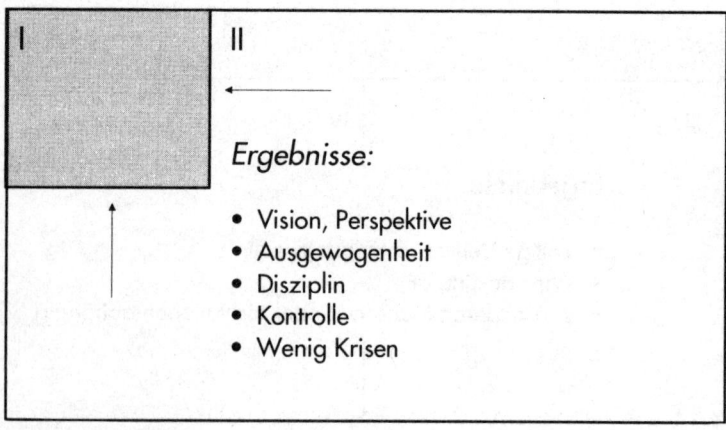

Frei nach Peter Drucker sind effektive Menschen nicht problem-orientiert, sondern möglichkeits-orientiert. Sie denken in Möglichkeiten und nicht in Problemen. Sie denken präventiv. Sie begegnen echten Krisen und Notfällen vom Typ des Quadranten I, aber deren Zahl ist vergleichsweise niedrig. Sie halten P und PK dadurch im Gleichgewicht, daß sie sich den wichtigen, aber nicht dringenden, einflußreichen, kapazitätsfördernden Tätigkeiten von Quadrant II widmen.

Überdenken Sie nun vor dem Hintergrund der Zeit-Management-Matrix noch einmal, welche Antworten Sie den Fragen am Anfang dieses Kapitels gegeben haben. In welchen Quadranten gehören Sie? Sind sie wichtig? Sind sie dringend? Ich vermute, daß sie vermutlich in Quadrant II gehören. Sie sind offensichtlich wichtig, sogar sehr wichtig, aber nicht dringend. Und da sie nicht dringend sind, lassen Sie sie liegen.

Und nun betrachten Sie noch einmal die Natur dieser Fragen: Welche *eine* Sache würde, regelmäßig betrieben, in Ihrem persönlichen und beruflichen Leben *einen riesigen positiven Unterschied machen?* Die Tätigkeiten von Quadrant II haben solche Auswirkungen. Unsere Effektivität vollführt Quantensprünge, wenn wir sie ausüben.

Ich habe einigen Managern von Einkaufszentren eine ähnliche Frage gestellt. »Wenn Sie bei Ihrer Arbeit eine Sache tun könnten, von der Sie wüßten, daß sie enorm positive Auswirkungen auf die Ergebnisse haben würde, welche wäre das?« Ihre einstimmige Antwort lautete, gute persönliche Beziehungen zu den Mietern, den Ladenbesitzern im Einkaufszentrum aufzubauen. Das ist eine Quadrant-II-Aktivität. Wir haben eine Analyse der Zeit vorgenommen, die sie für diese Tätigkeit aufwandten. Es waren weniger als fünf Prozent. Dafür hatten sie gute Gründe – Probleme, eins nach dem anderen. Sie mußten Berichte schreiben, zu Sitzungen gehen, Korrespondenz beantworten, Telefonate führen, ständig gab es Unterbrechungen. Quadrant I hatte sie verschlungen.

Sie verbrachten sehr wenig Zeit mit den Geschäftsführern der Läden, und dieses wenige war dann oft noch voll negativer Energie. Wenn sie den Geschäftsführern einen Besuch abstatteten, dann nur, um den Vertrag durchzusetzen – Geld einzutreiben oder über die Werbung des Ladens zu sprechen, die nicht mit den Richtlinien des Zentrums übereinstimmte. Die Ladenbesitzer kämpften ums Überleben, von Wohlstand konnte keine Rede sein. Sie hatten Personalprobleme, Kostenprobleme, Probleme mit dem Warenlager und noch etliche mehr. Die meisten hatten überhaupt keine Management-Ausbildung, manche waren einigermaßen gute Kaufleute, aber sie brauchten Hilfe. Die Mieter wollten die Manager des Einkaufszentrums nicht einmal sehen; sie waren für sie nur ein weiteres Problem, mit dem sie sich herumzuschlagen hatten.

Also beschlossen die Besitzer, pro-aktiv zu sein. Sie definierten ihre Absicht, ihre Werte und Prioritäten. Dann beschlossen sie, im Einklang mit diesen Prioritäten, ungefähr ein Drittel ihrer Zeit für ›Beziehungsarbeit‹ mit den Mietern zu verwenden.

Ich habe mit dieser Organisation etwa anderthalb Jahre gearbeitet und einen Anstieg von den ursprünglich fünf auf etwa 20 Prozent miterlebt, was eine Steigerung der aufgewendeten Zeit um mehr als das Vierfache bedeutet. Zusätzlich änderte sich die Rolle der Manager. Sie wurden Zuhörer, Trainer und Berater für die Mieter, und dieser Austausch war voll positiver Energie. Die Auswirkungen waren dramatisch und tiefgreifend. Durch die Ausrichtung auf Beziehungen und Ergebnisse, statt auf Zeit und Methoden, stiegen die Umsatzzahlen. Die Mieter waren von den Ergebnissen begeistert, die durch die neuen Ideen und Fertigkeiten erzielt wurden, und die Manager der Einkaufszentren waren effektiver und zufriedener. Sie vergrößerten ihre Liste von potentiellen Mietern und die auf stärkeren Verkäufen in den Läden beruhenden Leasing-Einnahmen. Sie waren keine Polizisten oder drohenden Aufseher mehr, sondern Problemlöser und Helfer.

Ich glaube, daß Sie, ob Student, Fließbandarbeiter, Hausfrau, Modedesignerin oder Vorstandsmitglied einer großen

Gesellschaft, zu denselben Ergebnissen kommen werden, wenn Sie fragen, was in Quadrant II liegt, und die Pro-Aktivität entwickeln, dem nachzugehen. Ihre Effektivität wird dramatisch zunehmen. Ihre Krisen und Probleme würden auf handhabbare Größenordnung schrumpfen, weil Sie vorausdenken, an den Wurzeln arbeiten, die präventiven Maßnahmen treffen würden, die von vornherein verhindern, daß eine Situation sich überhaupt zu einer Krise entwickelt. In der Sprache des Zeit-Managements nennt man das das Pareto-Prinzip – 80 Prozent der Ergebnisse entstammen 20 Prozent der Tätigkeiten.

Wie man ›nein‹ sagen kann

Zeit für Quadrant II kann man sich überhaupt nur aus Quadrant III und IV holen. Die dringenden und wichtigen Tätigkeiten aus Quadrant I lassen sich nicht ignorieren, auch wenn sie dadurch abnehmen werden, daß Sie mehr Zeit in Quadrant II investieren und Vorbeugung und Vorbereitung betreiben. Aber zunächst muß die Zeit für Quadrant II aus III und IV kommen. Sie müssen pro-aktiv sein, um an Quadrant II zu arbeiten, da I und III schließlich von allein auf Sie eindringen. Um zu wichtigen Prioritäten in Quadrant II ›ja‹ sagen zu können, müssen Sie lernen, zu anderen Aktivitäten, die manchmal recht dringlich scheinen, ›nein‹ zu sagen. Die meisten Menschen sagen, ihr Hauptfehler sei ein Mangel an Disziplin. Bei genauerer Betrachtung halte ich das für falsch. Ihr Grundproblem liegt darin, daß ihre Prioritäten noch nicht tief in ihrem Hirn und Herz verwurzelt sind. Sie haben das 2. Prinzip nicht wirklich verinnerlicht. Es gibt viele Leute, die um den Wert von Quadrant-II-Tätigkeiten in ihrem Leben wissen, auch wenn sie sie vielleicht nicht als solche identifizieren. Und sie versuchen, diesen Aktivitäten Priorität zu verleihen und sie ausschließlich durch Disziplin in ihr Leben zu integrieren. Aber ohne ein Prinzipien-Zentrum und eine persönliche Lebensaussage fehlt ihnen eine feste Grundlage, die diese

Bemühungen trägt. Sie arbeiten an den Blättern, an den Einstellungen und Verhaltensweisen von Disziplin, ohne überhaupt daran zu denken, die Wurzeln zu untersuchen, die grundlegenden Paradigmen, aus denen ihre natürlichen Einstellungen und Verhaltensweisen sprießen.

Eine Ausrichtung auf Quadrant II ist ein Paradigma, das aus einem Prinzipien-Zentrum erwächst. Wenn Sie auf Ihren Partner, Geld, Freunde, Vergnügen oder irgendeinen extrinsischen Faktor gepolt sind, werden Sie immer wieder in die Quadranten I und III zurückgeworfen werden und auf die außenliegenden Faktoren reagieren, auf die Ihr Leben zentriert ist. Sogar wenn Sie auf sich selbst zentriert sind, werden Sie in I und III landen und auf die momentanen Impulse reagieren. Auch Wille allein genügt nicht.

Ein ›Nein‹ zu den beliebten Quadrant-III-Aktivitäten oder zur bequemen Flucht in Quadrant IV kann Ihnen nur dann gelingen, wenn tief in Ihnen ein größeres ›Ja‹ lodert. Nur wenn Sie die Selbst-Bewußtheit haben, Ihr Programm zu untersuchen – und das Vorstellungsvermögen und das Gewissen, ein neues, einzigartiges, prinzipien-zentriertes Programm zu schaffen, zu dem Sie ›ja‹ sagen können –, nur dann werden Sie über ausreichend unabhängige Kraft verfügen, ›nein‹ zu dem Unwichtigen zu sagen und dies mit einem Lächeln zu begleiten.

Quadrant-II-Tätigkeiten bilden den Kern effektiven persönlichen Managements: das Wichtigste muß vorangestellt werden, dann stellt sich erst die Frage: Wie organisieren und verrichten wir unsere Aufgaben im Sinne dieser Prioritäten?

Das Quadrant-II-Werkzeug

Ziel des Quadrant-II-Managements ist es, unser Leben effektiv zu gestalten – aus einem Zentrum fester Prinzipien heraus, aus dem Wissen um unsere persönliche Lebensaussage, mit einem Blick für das Wichtige wie das Dringliche. Dabei soll das Gleichgewicht zwischen der Zunahme unserer Produktion (P) und der unserer Produktions-Kapazität (PK) gehalten werden.

Dies ist zugegebenermaßen für Leute, die in dem Dickicht der Dinge von Quadrant III und IV gefangen sind, ein ehrgeiziges Ziel. Aber der Versuch, es zu erreichen, wird phänomenale Auswirkungen auf die persönliche Effektivität haben.

Ein Quadrant-II-Terminplaner wird sechs wichtige Kriterien erfüllen müssen.

Kohärenz. Kohärenz bedeutet, daß zwischen Ihrer Vision und Ihrer Lebensaussage, Ihren Rollen und Zielen, Ihren Prioritäten und Plänen, Ihren Wünschen und Ihrer Disziplin Harmonie, Einheit und Integrität herrschen. In Ihrem Plan sollte es einen Platz für Ihre Lebensaussage geben, so daß Sie sich immer darauf beziehen können. Außerdem brauchen Sie Platz für Ihre Rollen und kurz- wie langfristigen Ziele.

Ausgewogenheit. Ihr Werkzeug sollte Ihnen helfen, Ihr Leben ausgewogen zu gestalten, Ihre verschiedenen Rollen zu identifizieren und vor Augen zu behalten, so daß Sie nicht wichtige Dinge, wie etwa Ihre Gesundheit, Familie, berufliche Vorbereitungen oder persönliche Entwicklung, vergessen.

Viele Menschen scheinen zu glauben, daß Erfolg auf einem Gebiet Versagen in anderen Lebensbereichen aufwiegen kann. Aber kann er das wirklich? Vielleicht manchmal und für begrenzte Zeit. Aber kann beruflicher Erfolg eine zerrüttete Ehe, eine ruinierte Gesundheit oder persönliche Charakterschwächen ausgleichen? Wahre Effektivität bedarf der Ausgewogenheit, und Ihr Werkzeug muß Ihnen helfen, diese zu schaffen und zu erhalten.

Quadrant-II-Fokus. Sie brauchen ein Werkzeug, das Ihnen Mut macht, Sie motiviert, Ihnen wirklich hilft, soviel Zeit wie nötig in Quadrant II zu verbringen, so daß Sie sich um Vorbeugung kümmern statt um prioritätsheischende Krisen. Meiner Meinung nach gelingt Ihnen das am besten, wenn Sie Ihr Leben auf einer *wöchentlichen* Basis organisieren. Sie können dann immer noch kurzfristige Erfordernisse berücksichtigen. Aber zunächst und grundlegend geht es darum, die Woche zu organisieren.

Die Organisation auf wöchentlicher Basis liefert wesentlich mehr Ausgewogenheit und Rücksicht auf den Kontext als tägliche Planung. Es scheint eine implizite kulturelle Anerkenntnis der Woche als einzelner, vollständiger Zeiteinheit zu geben. Das Wirtschaftsleben, Erziehung und Ausbildung und viele andere Facetten der Gesellschaft operieren innerhalb des wöchentlichen Rahmens und setzen gewisse Tage für fokussierte Investitionen und andere für Entspannung oder Inspiration fest. Die zugrundeliegende jüdisch-christliche Ethik ehrt den Sabbat, den einen Tag von sieben, der innerlich erhebenden Zwecken dient.

Die meisten Menschen denken in der zeitlichen Größenordnung von Wochen. Aber die meisten Planungswerkzeuge der dritten Generation sind für die tägliche Planung angelegt. Sie mögen Ihnen zwar helfen, Prioritäten bei Ihren Tätigkeiten zu setzen, aber im Grunde helfen sie Ihnen, Krisen und Geschäftigkeit zu organisieren. *Der Schlüssel liegt nicht darin, Prioritäten für das zu setzen, was auf Ihrem Terminplan steht, sondern darin, Termine für Ihre Prioritäten festzusetzen.* Und das geht am besten im Kontext einer ganzen Woche.

Eine ›Menschen‹-Dimension. Sie benötigen außerdem ein Werkzeug, das Menschen berücksichtigt, nicht nur Termine. Im Umgang mit Zeit können Sie zwar im Sinne von *Effizienz* denken, aber ein prinzipien-zentrierter Mensch denkt im Umgang mit Menschen in Form von *Effektivität*. Es kommt vor, daß ein prinzipien-zentriertes Quadrant-II-Leben es erforderlich macht, die Terminpläne Menschen unterzuordnen. Ihr Werkzeug muß diesen Wert spiegeln, seine Umsetzung erleichtern, statt Schuld zu erzeugen, wenn ein Terminplan nicht eingehalten wird.

Flexibilität. Ihr Planungswerkzeug sollte Ihr Helfer sein, nicht Ihr Meister. Da es für Sie arbeiten muß, sollte es auf Ihren Stil, Ihre Bedürfnisse, Ihre Besonderheiten zugeschnitten sein.

Handlichkeit. Ihr Werkzeug sollte außerdem handlich sein, damit Sie es die meiste Zeit bei sich haben können. Vielleicht wollen Sie die Zeit im Bus nutzen, um Ihre persönliche Lebensaussage zu überarbeiten oder Möglichkeiten, Chancen, die sich neu aufgetan haben, dazu in Bezug zu setzen. Wenn Ihr Werkzeug handlich ist, werden Sie es bei sich tragen, so daß wichtige Daten immer in Reichweite sind.

Da Quadrant II der Kern effektiven Selbst-Managements ist, brauchen Sie ein Werkzeug, das Sie in Quadrant II bringt. Meine Arbeit mit dem Konzept der vierten Generation hat zur Erschaffung eines Werkzeuges geführt, das genau auf die obengenannten Kriterien abgestimmt ist. Aber viele der guten Werkzeuge der dritten Generation lassen sich leicht anpassen. Die zugrundeliegenden Prinzipien sind solide, die Ausführungen oder spezifischen Anwendungen können aber unterschiedlich sein.

Ein Quadrant-II-Selbst-Manager werden

Meine Bemühungen zielen darauf ab, die Prinzipien und nicht die Praktiken der Effektivität zu lehren. Dennoch glaube ich, daß Sie die kraftgebende Natur der vierten Generation besser verstehen können, wenn Sie wirklich die Erfahrung machen, eine Woche auf einer prinzipien-zentrierten Quadrant-II-Grundlage zu organisieren. Dazu gehören vier Schlüsselaktivitäten.

Rollen identifizieren. Die erste Aufgabe ist die, Ihre Schlüsselrollen aufzuschreiben. Wenn Sie über die Rollen in Ihrem Leben noch nicht wirklich nachgedacht haben, können Sie einfach notieren, was Ihnen spontan einfällt. Sie haben eine Rolle als Individuum. Sie möchten vielleicht eine oder mehrere Rollen als Familienmitglied angeben – als Ehemann oder -frau, Mutter oder Vater, Sohn oder Tochter, als Mitglied der weiteren Familie samt Großeltern, Onkeln, Tanten, Vettern und Kusinen. Sie möchten vielleicht ein paar von Ihren beruflichen Rollen angeben und verschiedene Gebiete notieren, in die Sie regelmäßig Zeit und Energie investieren wollen. Vielleicht haben Sie Rollen in Ihrer Gemeinde oder im Verein.

Sie brauchen sich keine Sorgen darum zu machen, daß Sie die Rollen so definieren müßten, als sollten diese jetzt ein Leben lang gelten. Bedenken Sie einfach die nächste Woche, und schreiben Sie auf, auf welchen Gebieten Sie sich in diesen sieben Tagen Zeit verbringen sehen.

Hier finden Sie zwei Beispiele dafür, wie Menschen ihre verschiedenen Rollen definieren können.

1. Individuum	1. Persönliche Entwicklung
2. Ehemann/Vater	2. Ehefrau
3. Manager für neue Produkte	3. Mutter
4. Forschungsmanager	4. Maklerin
5. Personalmanager	5. Trainerin
6. Verwaltungsmanager	6. Vorstandsmitglied der
7. Vorsitzender der Caritas	Musikschule

Ziele auswählen. Der nächste Schritt ist der, für jede Rolle zwei oder drei wichtige Ergebnisse zu bestimmen, von denen Sie meinen, die sollten Sie in den nächsten sieben Tagen erreichen. Diese wären als Ziele einzutragen (siehe Seite 151).

Mindestens einige dieser Ziele sollten Quadrant-II-Aktivitäten spiegeln. Im Idealfall sollten diese kurzfristigen Ziele an die längerfristigen gebunden sein, die Sie in Verbindung mit Ihrer persönlichen Lebensaussage identifiziert haben.

Terminplanung. Wenn Ihr Ziel wäre, einen ersten Entwurf Ihrer persönlichen Lebensaussage anzufertigen, könnten Sie sich am Sonntag zwei Stunden Zeit nehmen, um daran zu arbeiten. Der Sonntag (oder der Wochentag, der für Sie ein besonderer Tag ist) ist oft die ideale Zeit für die mehr persönlichen Tätigkeiten. Es ist eine Zeit, sich zurückzuziehen, Inspiration zu suchen, das eigene Leben im Kontext von Werten und Prinzipien zu betrachten.

Wenn Sie sich das Ziel setzen, durch körperliche Übungen fitter zu werden, planen Sie vielleicht an drei oder vier oder sogar allen Tagen je eine Stunde ein, um dieses Ziel zu erreichen. Es gibt einige Ziele, die Sie vielleicht nur am Wochenende erreichen können, wenn Ihre Kinder zu Hause sind. Beginnen Sie zu sehen, welche Vorteile die Wochenplanung gegenüber der Tagesplanung hat?

Wenn Sie die Rollen identifiziert und sich Ziele gesetzt haben, können Sie jedes Ziel einem bestimmten Wochentag zuordnen, entweder als Priorität oder, noch besser, als eine bestimmte Verabredung. Außerdem können Sie Ihren Jahres- oder Monatsplan daraufhin überprüfen, welche Verab-

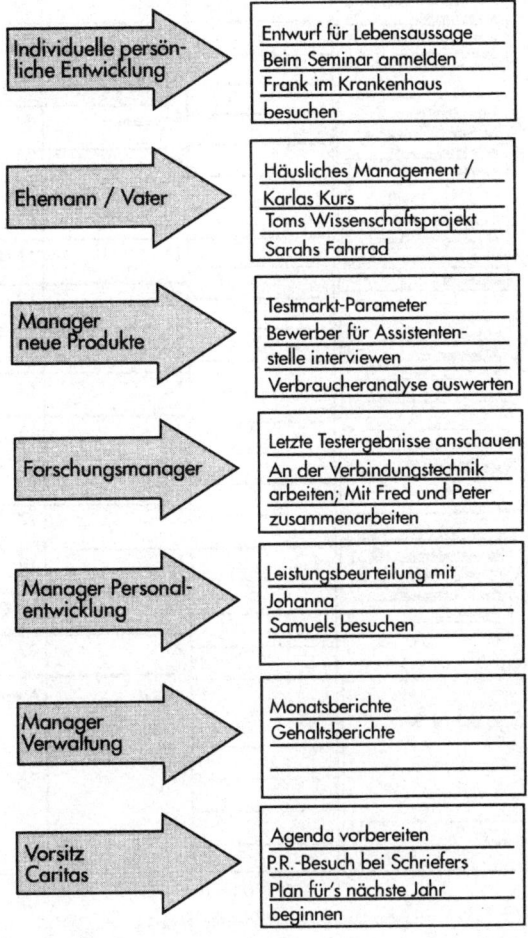

Das Wochen-Arbeitsblatt

Rollen	Ziele	Woche vom — Prioritäten diese Woche	Sonntag	Montag
		Prioritäten diese Woche	**Prioritäten heute**	
				⑯ Gehaltsberichte
Individuelle persönliche Entwicklung	Entwurf für Lebensaussage ① / Beim Seminar anmelden ② / Frank im Krankenhaus besuchen ③			
Ehemann / Vater	Häusliches Management / Karlas Kurs ④ / Toms Wissenschaftsprojekt ⑤ / Sarahs Fahrrad ⑥		**Verabredungen / Verpflichtungen**	
Manager neue Produkte	Testmarkt-Parameter ⑦ / Bewerber für Assistentenstelle interviewen ⑧ / Verbrauchertest ⑨		8 ① Entwurf	8
			9 für Lebens-	9
			10 aussage	10
Forschungsmanager	Letzte Testergebnisse prüfen ⑩ / An der Regeltechnik arbeiten ⑪ / Mit Fred und Peter zusammenarbeiten ⑫		11	11 ⑧ Assistenten interviewen
			12	12
Manager Personalentwicklung	Leistungsbeurteilung mit Johanna ⑬ / Samuels besuchen ⑭		13	13
			14	14
			15	15
Manager Verwaltung	Monatsberichte ⑮ / Gehaltsberichte ⑯		16	16 ③ Frank - Krankenhaus
			17	17
Vorsitz Caritas	Agenda vorbereiten ⑰ / P.R.-Besuch bei Schriefers ⑱ / Plan für's nächste Jahr beginnen ⑲		18	18
			19	19 ⑥ Sarahs Fahrrad
			20	20
Die Säge schärfen			Abend	Abend
Physisch _____				
Geistig _____				
Spirituell _____				
Sozial / emotional _____				

Dienstag	Mittwoch	Donnerstag	Freitag	Samstag

Dienstag	Mittwoch	Donnerstag	Freitag	Samstag
② Seminaranmeldung abschicken	⑬ Ken Peter		⑭ Samuels besuchen	

Verabredungen / Verpflichtungen

Dienstag	Mittwoch	Donnerstag	Freitag	Samstag
8	8	8	8	8 ④ Haus-Management Karlas Kurs
9	9 ⑦ Testmarkt-Parameter	9 ⑪ Verbindungstechnik	9 ⑪ Testergebnisse	9
10	10	10	10 prüfen	10
11	11	11	11	11
12	12	12	12 ⑫ Schriefers	12
13 ⑩ Verbraucherstudie	13	13	13	13
14 auswerten	14	14	14	14
15	15	15 ⑬ Leistungsbericht	15 ⑬ Monatsbericht	15
16	16	16 Johanna	16	16
17	17	17	17	17
18 ⑯ Toms Projekt	18	18 ⑰ Caritasplanung	18	18
19	19	19	19	19
20	20	20 ⑱ Pläne für's nächste Jahr	20	20
Abend	Abend	Abend	Abend	Abend 19:00 Theater-Brauns

153

redungen Sie früher getroffen haben und wie Sie deren Bedeutung im Rahmen Ihrer Ziele einschätzen. Übertragen Sie die, die Sie auf dem Terminplan behalten wollen, und sehen Sie vor, die anderen abzusagen oder zu verlegen.

Beachten Sie bei der Betrachtung des folgenden Wochen-Arbeitsblattes, wie jedes der neunzehn wichtigsten Ziele, häufig solche aus Quadrant II, eingeplant oder in einen spezifischen Handlungsplan übersetzt wurde. Achten Sie zudem auf den Kasten ›Die Säge schärfen‹. Er bietet Raum, vitale, erneuernde Quadrant-II-Aktivitäten in jeder der vier menschlichen Dimensionen zu planen. Diese werde ich im Zusammenhang mit dem 7. Weg erklären.

Selbst wenn Zeit reserviert wurde, während dieser Woche neunzehn wichtige Ziele zu erreichen, bleibt eine Menge unverplante Zeit auf dem Papier. Diese Art der Wochenplanung gibt Ihnen die Kraft, wichtige Dinge voranzustellen und die Freiheit und Flexibilität, mit unerwarteten Ereignissen fertig zu werden, Verabredungen zu verschieben, wenn Sie das wollen, Beziehungen und Interaktionen mit anderen zu genießen, spontane Erfahrungen von Herzen zu schätzen und dabei zu wissen, daß Sie Ihre Woche pro-aktiv organisiert haben, um auf jedem Gebiet Ihres Lebens Schlüsselziele zu erreichen.

Tägliches Anpassen. Durch die Quadrant-II-Wochenplanung können Sie bei der täglichen Planung Prioritäten setzen, Anpassungen vornehmen und sinnvoll auf unerwartete Ereignisse, Beziehungen und Erfahrungen reagieren.

Nehmen Sie sich jeden Morgen ein paar Minuten Zeit, Ihren Terminplan zu überprüfen. So nehmen Sie wieder Verbindung zu den Werten auf, die den Entscheidungen für die Organisation dieser Woche zugrunde lagen, sowie zu den unerwarteten Faktoren, die unterdessen aufgetaucht sind. Wenn Sie den Tag im Geiste durchgehen, können Sie erkennen, daß Ihre Rollen und Ziele natürliche Prioritäten liefern, die aus Ihrem angeborenen Gefühl von Gleichgewicht erwachsen. Es ist eine weichere, mehr rechtshemisphärische Art des Prioritätensetzens, die Ihrem Gefühl einer persönlichen Berufung entspringt.

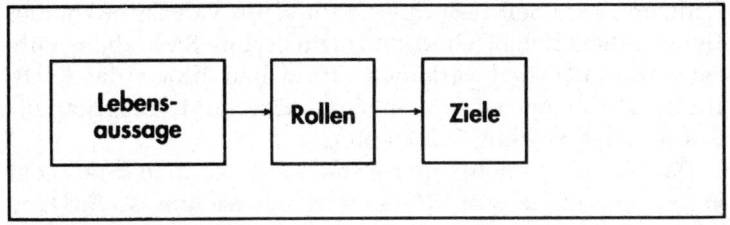

Langfristiges Organisieren

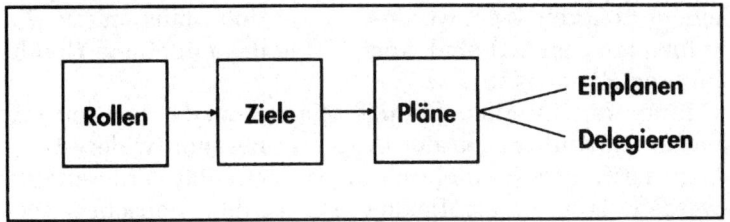

Wöchentliches Organisieren

Das Programm leben

Schauen wir uns noch einmal die Metapher mit dem Computer an. Der 1. Weg sagt: »Sie sind der Programmierer.« Der 2.: »Schreiben Sie das Programm.« Dann sagt der 3.: »Lassen Sie das Programm laufen, leben Sie das Programm.« Und es zu leben ist primär eine Funktion unseres unabhängigen Willens, unserer Selbstdisziplin und Integrität, unserer Verantwortlichkeit – nicht kurzfristigen Zielen und Zeitplänen oder einem momentanen Impuls, sondern den korrekten Prinzipien und unseren eigenen tiefsten Werten, die unseren Zielen, unseren Zeitplänen und unserem Leben Sinn und Bedeutung verleihen.

Im Laufe einer Woche wird es zweifellos Zeiten geben, in denen Ihre Integrität ziemlich strapaziert wird. Der Spaß daran, auf die dringenden, aber unwichtigen Aktivitäten im Quadranten III zu reagieren oder in Quadrant IV zu fliehen, wird die von Ihnen geplanten wichtigen Aufgaben in Quadrant II zu übertrumpfen versuchen. Ihr Prinzipien-

Zentrum, Ihre Selbst-Bewußtheit und Ihr Gewissen können Ihnen einen hohen Grad an intrinsischer Sicherheit, Führung und Weisheit verleihen. Sie geben Ihnen die Kraft, Ihren unabhängigen Willen zu nutzen und Integrität für das wirklich Wichtige zu wahren.

Da Sie aber nicht allwissend sind, können Sie nicht immer im voraus wissen, was wirklich wichtig ist. Sie können die Woche noch so sorgfältig organisieren, es wird dennoch immer Zeiten geben, zu denen Sie Ihren Zeitplan einem höheren Wert werden unterordnen müssen. Da Sie prinzipien-zentriert sind, können Sie das mit einem Gefühl inneren Friedens tun.

Einer der Gründe dafür, daß Menschen sich den Zeit-Management-Werkzeugen der dritten Generation widersetzen, liegt darin, daß sie dadurch an Spontaneität verlieren. Sie werden rigide und unflexibel. Da werden Menschen Zeitplänen untergeordnet, weil das Effizienz-Paradigma der dritten Generation von Zeit-Management nicht im Einklang mit dem Gebot steht, daß *Menschen wichtiger sind als Dinge*. Das Werkzeug der vierten Generation reflektiert dieses Prinzip.

Delegieren: P und PK vergrößern

Wir erreichen vieles, was wir tun, durch delegieren – entweder an die Zeit oder an andere Menschen. Viele weigern sich, an andere Leute zu delegieren, weil sie glauben, es würde sie zuviel Zeit und Anstrengung kosten und sie könnten die Sache ohnehin selber besser erledigen. Aber effektiv an andere zu delegieren ist vielleicht die einflußreichste Tätigkeit, die es gibt.

Anderen gut ausgebildeten und fähigen Menschen Verantwortung zu übertragen gibt Ihnen persönlich die Möglichkeit, Ihre Energien für weitere einflußreiche Tätigkeiten einzusetzen. Delegieren heißt wachsen, sowohl bei einzelnen Menschen wie bei Organisationen.

Es gibt zwei grundlegende Arten des Delegierens: die

›Laufburschen-Delegation‹ und die ›Auftrags-Delegation‹. Laufburschen-Delegation heißt: »Hol dies, tu das, und sag mir Bescheid, wenn's fertig ist.« Auftrags-Delegation ist auf Ergebnisse ausgerichtet, nicht auf Methoden. Sie überläßt den Leuten die Wahl der Methode und überträgt ihnen die Verantwortung für die Ergebnisse. Sie braucht am Anfang mehr Zeit, aber die ist gut investiert. Durch Auftrags-Delegation können Sie die Hebelwirkung nutzen und Ihren Einfluß vergrößern.

Zur Auftrags-Delegation gehört ein klares, offenes gegenseitiges Verständnis und eine beidseitige Verpflichtung auf fünf Gebieten.

Gewünschte Ergebnisse. Schaffen Sie ein klares, gemeinsames Verständnis davon, was erreicht werden soll. Konzentrieren Sie sich dabei auf das *Was,* nicht auf das *Wie,* auf *Ergebnisse,* nicht auf *Methoden.* Nehmen Sie sich Zeit. Haben Sie Geduld. Visualisieren Sie das gewünschte Ergebnis. Der andere muß es sehen und beschreiben und eine qualifizierte Aussage darüber machen können, wie die Ergebnisse aussehen und wann sie vorliegen werden.

Richtlinien. Identifizieren Sie die Parameter, innerhalb deren der andere arbeiten soll. Das sollten möglichst wenige sein, um Methoden-Delegation zu vermeiden, aber sie sollten alle ernsthaften Beschränkungen enthalten. Schließlich wollen Sie nicht, daß jemand denkt, er habe allen Handlungsspielraum, um das Ziel zu erfüllen, und dann gegen irgendeine altbewährte Tradition oder einen festen Wert verstößt. Das tötet Initiative ab und fördert die Laufburschen-Haltung: »Sagen Sie mir einfach, was ich machen soll, und ich werde es tun.«

Wenn Sie wissen, wo bei dieser Arbeit die Fallen liegen, dann weisen Sie auf sie hin. Sagen Sie, wo Treibsand und wilde Tiere zu erwarten sind. Sie wollen schließlich nicht, daß das Rad jeden Tag neu erfunden werden muß. Lassen Sie andere aus Ihren eigenen oder den Fehlern Dritter lernen. Weisen Sie auf potentielle Holzwege hin, auf das, was sie nicht tun sollen, aber sagen Sie ihnen nicht, *wie* sie ihre Aufgabe lösen sollen. Überlassen Sie ihnen die Verantwortung für die Ergebnisse – sie müssen innerhalb der Richtlinien tun, was sie selbst für notwendig halten.

Ressourcen. Benennen Sie die menschlichen, finanziellen, technischen oder organisatorischen Ressourcen, die jemand anzapfen kann, um die gewünschten Ergebnisse zu erzielen.

Verantwortlichkeit. Setzen Sie fest, nach welchen Kriterien die Ergebnisse beurteilt und wann Berichterstattung und Beurteilung erfolgen werden.

Konsequenzen. Sagen Sie genau, was die Konsequenz einer guten bzw. schlechten Bewertung sein wird. Dazu könnten Dinge wie finanzielle oder psychische Gratifikationen, weitere Aufträge und natürliche Konsequenzen gehören, die mit der Mission einer Organisation verknüpft sind.

Die höchste Form der menschlichen Motivation ist Vertrauen. Es ruft das Beste in Menschen hervor. Aber es braucht Zeit und Geduld, und es schließt nicht die Notwendigkeit aus, Menschen zu schulen und zu entwickeln, damit sie tatsächlich so kompetent werden, wie es dieser Ebene von Vertrauen entspricht.

Ich bin fest davon überzeugt, daß richtig durchgeführte Auftrags-Delegation beiden Seiten zum Nutzen gereichen und letzten Endes dazu führen wird, daß viel mehr Arbeit in deutlich weniger Zeit erledigt wird. Ich glaube, daß eine gut organisierte Familie, die sich die Zeit genommen hat, effektiv auf einer Eins-zu-eins-Basis zu delegieren, die Arbeit so einrichten kann, daß jeder in etwa einer Stunde täglich alles schaffen kann. Aber das erfordert die innere Fähigkeit, nicht nur produzieren, sondern führen zu wollen. Der Fokus liegt auf Effektivität, nicht auf Effizienz.

Sicher können Sie das Zimmer besser saubermachen als ein Kind, aber der Schlüssel ist doch der, daß Sie dem Kind die Fähigkeit vermitteln wollen, es selbst zu tun. Das braucht Zeit. Sie müssen sich mit seiner Entwicklung und Ausbildung beschäftigen. Aber weiter flußabwärts ist diese Investition an Zeit ziemlich wertvoll. Auf lange Sicht sparen Sie dadurch so viel mehr Zeit.

Dieser Zugang bringt ein vollkommen neues Paradigma des Delegierens mit sich, verändert sogar die Natur der Beziehung: Der Auftragnehmer wird sein eigener Chef, regiert von einem Gewissen, das den gewünschten Ergebnissen verpflichtet ist. Aber es setzt auch seine kreativen Energien frei, zu tun, was notwendig ist, um diese Ergebnisse im Einklang mit korrekten Prinzipien zu erreichen.

Das Prinzip der Auftrags-Delegation ist korrekt und auf jeden Menschen und jede Situation anwendbar. Mit unreifen Personen vereinbaren Sie weniger gewünschte Ergebnisse und mehr Richtlinien, nennen ihnen mehr Ressourcen, führen öfter Gespräche über ihr Vorankommen und suchen direktere Konsequenzen. Bei reiferen Personen setzen Sie herausfordderndere Ziele, geben weniger Richtlinien, erwarten weniger Berichterstattung über den Verlauf und verwenden weniger meßbare, aber deutlichere Kriterien. Effektive Delegation ist vielleicht einfach deswegen der beste Indikator für effektives Management, weil sie von so grundlegender Bedeutung für das Wachstum eines Individuums sowie einer Organisation ist.

Das Quadrant-II-Paradigma

Der Schlüssel zum effektiven Management von sich selbst oder anderen durch Delegation ist keine Technik, kein Werkzeug oder irgendein äußerer Faktor. Er ist intrinsisch – er liegt in dem Paradigma von Quadrant-II, das Ihnen die Kraft gibt, die Dinge nach Wichtigkeit und nicht nach Dringlichkeit wahrzunehmen.

Im Anhang finden Sie die Übung ›Ein Quadrant-II-Tag im Büro‹. Sie wird es Ihnen ermöglichen, in der Bürowelt zu erleben, wie stark sich dieses Paradigma auf Ihre Effektivität auswirken kann.

Wenn Sie an der Entwicklung eines Quadrant-II-Paradigmas arbeiten, vergrößern Sie Ihre Fähigkeit, jede Woche Ihres Lebens im Sinne Ihrer Prioritäten zu organisieren und entsprechend zu handeln, Ihre eigenen Werte auch zu leben. Sie werden von keiner anderen Person oder Sache abhängig sein, um Ihr Leben effektiv managen zu können.

Interessanterweise liegt jeder der sieben Wege im Quadranten II. Jeder handelt von fundamental wichtigen Dingen, die enorm positive Veränderungen in unserem Leben bewirken würden, wenn sie regelmäßig durchgeführt würden.

Anwendungsvorschläge

1. Identifizieren Sie eine Quadrant-II-Aktivität, die Sie bisher im Leben vernachlässigt haben – eine, die bedeutenden Einfluß auf Ihr persönliches oder berufliches Leben hätte, wenn sie gut durchgeführt würde.

2. Zeichnen Sie eine Zeit-Management-Matrix. Versuchen Sie zu schätzen, welchen Prozentsatz Ihrer Zeit Sie in jedem Quadranten verbringen. Überprüfen Sie dann Ihre Schätzung anhand einer in Viertelstunden gemessenen Aufstellung über die letzten drei Tage. Wie genau war Ihre Schätzung? Sind Sie mit der Art zufrieden, in der Sie Ihre Zeit verbringen? Was müssen Sie ändern?

3. Erstellen Sie eine Liste der Aufgaben, die Sie delegieren, und der Leute, an die Sie delegieren oder die Sie so trainieren könnten, daß sie für diese Aufgaben verantwortlich sein könnten. Stellen Sie fest, was notwendig ist, um den Prozeß des Delegierens oder des Trainings in Gang zu setzen.

4. Organisieren Sie Ihre nächste Woche. Beginnen Sie damit, daß Sie Ihre Rollen und Ziele für die Woche festsetzen. Aus den Zielen leiten Sie dann spezifische Handlungspläne ab. Am Ende der Woche werten Sie aus, wie gut Ihr Plan Ihre tiefsten Werte in Ihr tägliches Leben übersetzt hat und welchen Integritätsgrad Sie für diese Werte wahren konnten.

5. Verpflichten Sie sich sich selbst gegenüber, auf einer wöchentlichen Basis zu organisieren, und bestimmen Sie eine feste Zeit dafür.

6. Verwandeln Sie Ihr derzeitiges Planungsinstrument in ein Werkzeug der vierten Generation, oder besorgen Sie sich ein solches Werkzeug.

7. Arbeiten Sie ›Ein Quadrant-II-Tag im Büro‹ (siehe Anhang) durch, um ein besseres Verständnis für die Auswirkungen eines Quadrant-II-Paradigmas zu erlangen.

Das Wochen-Arbeitsblatt		Woche vom	Sonntag	Montag
Rollen	Ziele	Prioritäten diese Woche	Prioritäten heute	

			Verabredungen / Verpflichtungen	
			8	8
			9	9
			10	10
			11	11
			12	12
			13	13
			14	14
			15	15
			16	16
			17	17
			18	18
			19	19
			20	20
			Abend	Abend

Die Säge schärfen

Physisch _____
Geistig _____
Spirituell _____
Sozial / emotional _____

Dienstag	Mittwoch	Donnerstag	Freitag	Samstag
Prioritäten heute				
Verabredungen / Verpflichtungen				
8	8	8	8	8
9	9	9	9	9
10	10	10	10	10
11	11	11	11	11
12	12	12	12	12
13	13	13	13	13
14	14	14	14	14
15	15	15	15	15
16	16	16	16	16
17	17	17	17	17
18	18	18	18	18
19	19	19	19	19
20	20	20	20	20
Abend	Abend	Abend	Abend	Abend

Dritter Teil

Der öffentliche Sieg

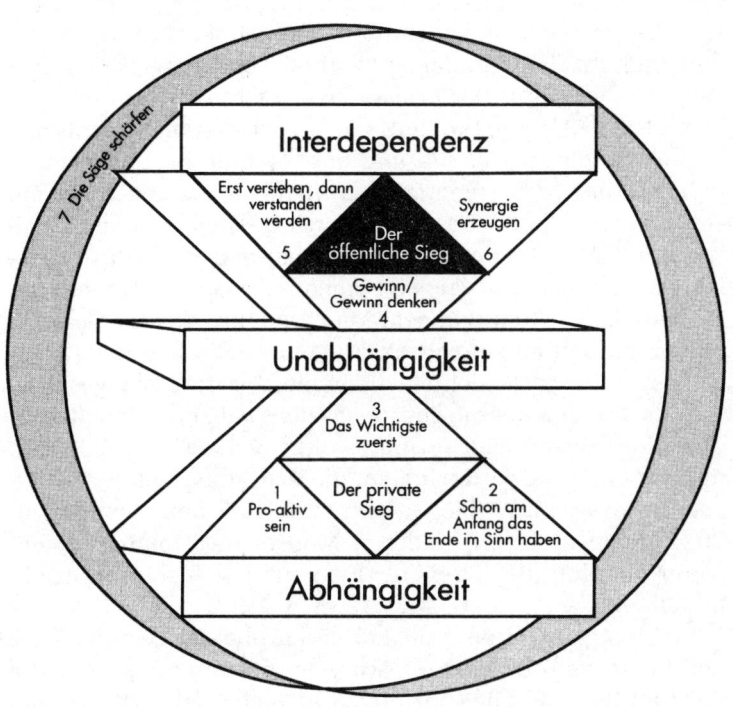

Paradigmen der Interdependenz

*Es kann keine Freundschaft ohne Vertrauen
und kein Vertrauen ohne Integrität geben.*

SAMUEL JOHNSON

Bevor wir uns dem Gebiet der öffentlichen Siege zuwenden,
sollten wir uns daran erinnern, daß effektive Interdependenz nur auf dem Fundament wahrer Unabhängigkeit aufgebaut werden kann. Der private Sieg kommt vor dem öffentlichen Sieg. Algebra kommt vor der Differentialrechnung.
Wenn wir zurückschauen und das Gelände in Augenschein
nehmen, um zu bestimmen, wo wir in Beziehungen waren,
sind und hingehen, dann können wir deutlich erkennen, daß
wir nur auf dem von uns eingeschlagenen Weg dorthin gelangen konnten, wo wir jetzt stehen. Es gibt keine anderen
Straßen, keine Abkürzungen. Man kann auf diesem Gelände
auch nicht mit einem Fallschirm landen. Die Landschaft vor
uns ist mit den Beziehungs-Trümmern derjenigen gespren-
kelt, die einen anderen Zugang gesucht haben. Sie wollten in
effektive Beziehungen springen, ohne daß sie über die Reife
und Charakterstärke verfügten, diese zu unterhalten.

Aber das geht einfach nicht; man muß den Weg gehen.
Sie können nicht mit anderen Menschen erfolgreich sein,
wenn Sie nicht den Preis für Erfolg mit sich selbst entrich-
tet haben.

Vor einigen Jahren kam bei einem meiner Seminare an
der Küste von Oregon ein Mann auf mich zu und sagte:
»Wissen Sie, Stephen, mir macht es nicht viel Spaß, zu diesen Seminaren zu kommen.« Ich war sofort ganz Ohr.

»Schauen Sie sich doch alle anderen hier an«, fuhr er fort. »Die Küste ist wunderschön, da draußen glitzert das Meer, und hier ist eine Menge los. Aber ich kann nur dasitzen und mir Sorgen über das Verhör machen, dem meine Frau mich heute abend am Telefon unterziehen wird.

Das geht jedesmal so, wenn ich weg bin. Wo habe ich gefrühstückt? Wer war noch dabei? Dauerte die Veranstaltung den ganzen Vormittag? Wann war die Mittagspause? Was habe ich in der Zeit gemacht? Wie habe ich den Nachmittag verbracht? Was habe ich abends unternommen? Wer war bei mir? Worüber haben wir geredet?

Und was sie wirklich wissen will, aber nie direkt fragt, ist, wen sie anrufen kann, um das alles zu überprüfen. Immer wenn ich weg bin, nörgelt sie herum und kritisiert alles, was ich tue. Es nimmt mir den ganzen Spaß an der Sache.«

Er sah ziemlich unglücklich aus. Wir unterhielten uns eine Weile, und dann machte er eine sehr interessante Bemerkung. »Sie weiß natürlich genau, welche Fragen sie stellen muß«, meinte er etwas verschämt. »Schließlich habe ich sie bei einem solchen Seminar kennengelernt... und da war ich noch mit jemand anderem verheiratet!«

Ich dachte über diese Auskunft nach und sagte dann: »Sie hätten gern eine Patentlösung, oder?«

»Was meinen Sie damit?«

»Ich glaube, Sie würden gern einen Schraubenzieher nehmen, ihrer Frau den Kopf aufdrehen und ihre innere Einstellung ganz schnell neu verkabeln. Stimmt's?«

»Klar hätte ich gern, daß sie sich ändert«, rief er aus. »Ich finde es nicht in Ordnung, daß sie mich dauernd so verhört.«

»Tja, mein Freund«, sagte ich, »Sie können sich nicht aus Problemen herausreden, die Sie durch Ihr eigenes Verhalten schaffen.«

Wir haben es hier mit einem sehr dramatischen und fundamentalen Paradigmenwechsel zu tun. Sie können versuchen, Ihre sozialen Interaktionen mit Techniken und Fertigkeiten zu ›schmieren‹, aber dabei könnte Ihre Charaktergrundlage verkümmern. Sie bekommen die Früchte nicht, ohne die Wurzeln zu pflegen. Es gibt eine genaue Reihenfolge: Der private Sieg kommt vor dem öffentlichen Sieg. Selbst-Beherrschung und Selbst-Disziplin sind das Fundament für gute Beziehungen mit anderen. Manche Leute meinen, man müsse sich selbst mögen, bevor man andere mögen könne. Ich glaube, an dem Gedanken ist etwas dran, aber wenn man sich selbst nicht kennt, keine Kontrolle und Meisterschaft über sich selbst gewinnt, dann ist es recht schwierig, sich selbst zu mögen, außer auf kurzfristige, oberflächliche Art.

Wirkliche Selbst-Achtung kommt aus der Herrschaft über sich selbst, aus wahrer Unabhängigkeit. Und das ist der Fokus des 1., 2. und 3. Weges. Unabhängigkeit ist eine Leistung. Interdependenz ist eine Wahl, die nur unabhängige Menschen treffen können. Wenn wir nicht bereit sind, wahre Unabhängigkeit zu erreichen, lohnt der Versuch nicht, Beziehungsfertigkeiten entwickeln zu wollen. Wir könnten es probieren. Wir könnten sogar ein gewisses Maß an Erfolg haben, wenn es gerade windstill ist. Aber wenn dann ein Sturm aufkommt, und das tut er immer wieder, haben wir nicht das Fundament, um die Dinge zusammenzuhalten. Der wichtigste Bestandteil einer jeden Beziehung ist nicht, was wir sagen oder tun, sondern was wir sind. Und wenn unsere Worte und Taten oberflächlichen Beziehungstechniken (der Image-Ethik) statt unserem eigenen Kern (der Charakter-Ethik) entspringen, dann werden auch die anderen diese Duplizität spüren. Wir werden einfach nicht das Fundament bauen und erhalten können, das wir für effektive Interdependenz brauchen.

Die Techniken und Fertigkeiten, auf die es bei menschlichen Interaktionen wirklich ankommt, sind diejenigen, über die ein unabhängiger Charakter sozusagen fast natürlicherweise verfügt. Also liegt der eigentliche Ausgangspunkt für den Aufbau jeder Beziehung in uns selbst, innerhalb unseres Einflußbereichs, in unserem eigenen Charakter. Wenn wir unabhängig werden – pro-aktiv, an korrekten Prinzipien orientiert, wertegeleitet und in der Lage sind, integer unser Leben im Sinne unserer Prioritäten zu organisieren und entsprechend zu handeln –, dann können wir uns entscheiden, interdependent zu werden – fähig, gehaltvolle, beständige, hochgradig produktive Beziehungen zu anderen Menschen aufzubauen.

Wenn wir das vor uns liegende Gelände betrachten, sehen wir, daß wir eine vollkommen neue Dimension betreten. Interdependenz öffnet ganze Welten von Möglichkeiten für tiefe, wertvolle, bedeutsame Verbindungen, für ungleich größere Produktivität, Möglichkeiten zu dienen, Beiträge zu leisten, zu lernen und zu wachsen. Aber genau dort spüren wir auch den größten Schmerz, die meiste Frustration, die stärksten Hindernisse auf dem Weg zu Glück und Erfolg. Und wir sind uns dieses Schmerzes sehr bewußt, denn er ist akut.

Wir können oft jahrelang mit dem chronischen Schmerz leben, den der Mangel an einer Vision, an Führung oder Management in unserem persönlichen Leben verursacht. Wir fühlen uns irgendwie unwohl und unruhig und unternehmen gelegentlich sogar etwas, um den Schmerz mindestens vorübergehend zu dämpfen. Da dieser aber chronisch ist, gewöhnen wir uns an ihn und lernen, mit ihm zu leben.

Aber wenn wir Probleme bei den Interaktionen mit anderen Menschen haben, sind wir uns des akuten Schmerzes sehr bewußt. Er ist häufig intensiv, und wir wollen, daß er verschwindet.

Dann versuchen wir, die Symptome mit Patentlösungen und Techniken zu behandeln – mit Pflastern der Image-Ethik. Wir verstehen nicht, daß der akute Schmerz ein Auswuchs des tieferen, chronischen Problems ist. Und solange wir die Symptome und nicht das Problem behandeln, werden all unsere Bemühungen nur das Gegenteil bewirken. Wir werden das chronische Problem einfach noch erfolgreicher verdecken. Lassen Sie uns in diesem Zusammenhang zu unserer früheren Definition von Effektivität zurückkehren. Wir haben gesagt, sie sei das Gleichgewicht von P und PK, das fundamentale Konzept in der Geschichte von der Gans und den goldenen Eiern.

In einer interdependenten Situation sind die goldenen Eier die Effektivität, die wunderbare Synergie, die Ergebnisse von offener Kommunikation und positiver Interaktion mit anderen. Und wenn wir diese Eier auf einer regelmäßigen Basis bekommen wollen, müssen wir uns um die Gans kümmern. Wir müssen die Beziehungen schaffen und pflegen, die diese Ergebnisse wirklich werden lassen.

Bevor wir also von unserem Aussichtspunkt herabsteigen und uns dem 4., 5. und 6. Weg zuwenden, möchte ich Sie mit etwas bekannt machen, das eine starke Metapher für die Beschreibung von Beziehungen und die Definition der Ausgewogenheit von P und PK in einer interdependenten Wirklichkeit darstellt.

Das Beziehungskonto

Wir alle wissen, was ein finanzielles Bankkonto ist. Wir zahlen dort ein und bauen ein Guthaben auf, von dem wir abheben können, wenn es nötig ist. Ein Beziehungskonto ist eine Metapher, die beschreibt, wieviel Vertrauen in einer Beziehung aufgebaut worden ist. Es ist das Gefühl von Sicherheit, das Sie einem anderen Menschen gegenüber haben.

Wenn ich bei Ihnen durch Höflichkeit, Freundlichkeit, Ehrlichkeit und Zuverlässigkeit Einzahlungen auf mein Beziehungskonto mache, dann baue ich Reserven auf. Ihr Vertrauen zu mir wird stärker, und ich kann es, wenn nötig, mehrfach beanspruchen. Ich kann sogar Fehler machen. Diese Vertrauensebene, diese emotionale Reserve wird sie aufwiegen. Meine Kommunikation mag unklar sein, aber Sie werden dennoch mitkriegen, was ich meine. Sie werden mich nicht auf Worte festnageln. Wenn das Vertrauenskonto groß ist, ist die Kommunikation leicht, schnell und effektiv.

Aber wenn ich die Gewohnheit habe, unhöflich zu sein, überzureagieren, Sie zu ignorieren, feindlich zu werden, Ihr Vertrauen zu mißbrauchen, Sie zu bedrohen oder einen kleinen Gott in Ihrem Leben spielen zu wollen, dann ist irgendwann mein Beziehungskonto überzogen. Die Vertrauensebene wird sehr niedrig. Welche Flexibilität habe ich dann noch?

Keine. Ich laufe auf Minenfeldern. Ich muß sehr aufpassen, was ich sage. Ich muß jedes Wort abwägen. Hier muß ich immer auf Rückendeckung achten, manövrieren. Viele Organisationen, viele Familien und viele Ehen sind voll davon. Wenn eine hohe Vertrauensreserve nicht durch dauernde Einzahlungen aufrechterhalten wird, beginnt die Ehe zu zerfallen. Aus reichem, spontanem Verständnis und Kommunikation wird angepaßte Bequemlichkeit: Zwei Menschen versuchen einfach, auf einigermaßen respektvolle und tolerante Art unabhängige Lebensstile zu leben. Die Beziehung kann noch weiter verkümmern und zu Feindseligkeit und Abwehr führen. Die ›Kampf-oder-Flucht‹-Reaktion schafft Wortkriege, Türenknallen, Gesprächsverweigerung, emotionalen Rückzug und Selbstmitleid. Das Ganze kann in einen kalten Krieg in den eigenen vier Wänden münden, der nur durch Kinder, Sex, sozialen Druck oder Imagewahrung begrenzt wird. Oder es kommt zum offenen Krieg vor Gericht, wo jahrelang bittere, Ich-zerstörende Schlachten geschlagen werden, in denen Leute endlos die Sünden der früheren Partner beichten. Und dies geschieht in der intimsten, der reichsten, freudigsten, befriedigendsten und produktivsten Beziehung, die zwischen zwei Menschen auf dieser Erde möglich ist. Der P/PK-Leuchtturm ist da; wir können uns selbst an ihm zerschellen lassen oder ihn als Führungslicht nutzen. Unsere beständigsten Beziehungen, wie die Ehe, bedürfen auch unserer beständigsten Einzahlungen. Die alten Einzahlungen brauchen sich auf, wenn eine fortdauernde Beziehung besteht. Wenn man nach vielen Jahren wieder auf einen alten Schulfreund trifft, kann man gleich da weitermachen, wo es damals aufgehört hat, weil die alten Kontobestände noch da sind. Aber Ihre Konten bei Leuten, mit denen Sie regelmäßig zu tun haben, bedürfen auch regelmäßigerer Einlagen. Es gibt manchmal bei Ihren täglichen Interaktionen oder durch die Art, wie die anderen Sie wahrnehmen, automatische Abbuchungen, von denen Sie gar nichts wissen. Das gilt besonders für Teenager zu Hause.

Nehmen wir an, Sie haben einen Sohn in diesem Alter, und Ihre übliche Konversation würde etwa so klingen: »Räum dein Zimmer auf. Mach dein Hemd zu. Stell das Radio leiser. Laß dir die Haare schneiden. Und vergiß nicht, den Müll rauszutragen!« Nach einiger Zeit übersteigen die Abhebungen bei weitem die Einzahlungen.

Nehmen wir nun einmal an, dieser Sohn befände sich gerade in dem Prozeß, einige wichtige Entscheidungen zu treffen, die sich auf den Rest seines Lebens auswirken werden. Aber die Vertrauensebene ist so niedrig und der Kommunikationsprozeß so geschlossen, mechanisch und unbefriedigend, daß er von Ihnen keinen Rat wird annehmen wollen. Sie haben vielleicht die Weisheit und das Wissen, ihm zu helfen, aber Ihr Konto ist so weit überzogen, daß er seine Entscheidungen letztlich aus einer kurzfristigen emotionalen Perspektive fällen wird. Das kann zu vielen langfristigen negativen Konsequenzen führen.

Sie brauchen ein Kontoguthaben, um mit ihm über diese heiklen Fragen zu sprechen. Was also tun Sie?

Was würde geschehen, wenn Sie beginnen würden, Einzahlungen in die Beziehung zu leisten? Vielleicht ergibt sich die Gelegenheit, ihm eine kleine Freude zu machen – ihm eine Zeitschrift über Mountainbikes mitzubringen, weil ihn die interessieren, oder einfach auf ihn zuzugehen, wenn er an einer Schularbeit tüftelt, und Ihre Hilfe anzubieten. Sie könnten ihn ins Kino einladen oder mit ihm ein Eis essen gehen. Die beste mögliche Einzahlung wäre vermutlich die, ihm einfach zuzuhören, nicht zu urteilen, zu predigen oder Ihre eigene Autobiographie in seinen Worten zu lesen. Hören Sie einfach zu, und versuchen Sie zu verstehen. Lassen Sie ihn Ihre Fürsorge, Ihre Akzeptanz, Ihr Interesse an ihm als Mensch spüren.

Vielleicht reagiert er nicht gleich. Er könnte sogar mißtrauisch sein. »Was hat Vater denn nun vor? Welche Technik probiert Mutter denn nun an mir aus?« Aber wenn diese echten Einzahlungen weiterströmen, beginnen sie sich allmählich zu addieren. Das überzogene Konto wird langsam ausgeglichen.

Vergessen Sie nicht, daß schnelle Lösungen nur Luftbilder sind. Beziehungen aufzubauen und zu reparieren braucht seine Zeit. Wenn Sie der scheinbare Mangel an Reaktionen oder Dankbarkeit ungeduldig macht, verursachen Sie vielleicht riesige Abbuchungen und machen all das Gute, das Sie aufgebaut haben, wieder zunichte. »Wir haben so viel für dich getan, so viele Opfer gebracht, wie kannst du nur so undankbar sein? Wir versuchen, nett zu sein, und du führst dich so auf. Ich kann's nicht fassen!«

Es ist schwierig, nicht ungeduldig zu werden. Man braucht Charakter, um pro-aktiv zu sein, sich auf den eigenen Einflußbereich auszurichten, Wachsendes zu nähren und nicht an den sprießenden Radieschen zu ziehen, um zu schauen, ob sie schon dick werden.

Aber es gibt wirklich keine schnellen Patentlösungen. Der Aufbau, die Wartung und die Reparatur von Beziehungen sind langfristige Investitionen.

Sechs wesentliche Einzahlungen

Lassen Sie mich sechs wesentliche Einzahlungen vorstellen, die das emotionale Konto aufbauen.

Das Individuum verstehen

Der Versuch, einen anderen Menschen wirklich zu verstehen, ist vermutlich eine der wichtigsten Einlagen, die Sie vornehmen können, und zugleich der Schlüssel zu allen anderen Formen von Einzahlungen. Sie wissen einfach nicht, was eine Einlage bei jemand anderem sein könnte, bis Sie diesen Menschen verstehen. Was Sie selbst als solche betrachten – ein gemeinsamer Spaziergang, um die Dinge zu besprechen, zusammen ein Eis essen zu gehen, an einem gemeinsamen Projekt zu arbeiten –, wird von dem anderen vielleicht überhaupt nicht so wahrgenommen. Wenn Ihr Angebot an den tieferen Interessen und Bedürfnissen des anderen vorbeigeht, sieht er darin möglicherweise sogar einen Rückzug. Was für den einen die Mission, ist für den anderen ein Haufen Pipifax. Damit etwas zu einem Guthaben wird, muß das, was dem anderen wichtig ist, Ihnen genausoviel bedeuten. Sie arbeiten vielleicht gerade ganz konzentriert an einem Projekt. Ihr sechsjähriges Kind unterbricht Sie dabei mit etwas, das Ihnen zwar trivial zu sein scheint, aus seiner Sicht aber sehr wichtig ist. Sie müssen den 2. Weg befolgen, um dies zu erkennen und sich dem Wert dieses Menschen zu widmen, und den 3., um Ihren Terminplan so umzustellen, daß dies dem Kind gerecht wird. Dadurch, daß Sie den Wert dessen, was es zu sagen hat, anerkennen, zeigen Sie, daß Sie es verstehen, und machen eine große Einlage auf dem emotionalen Konto.

Ich habe einen Freund, dessen Sohn ein lebhaftes Interesse an Baseball entwickelte. Er selbst konnte sich überhaupt nicht dafür begeistern. Aber nach einer Weile fuhr er mit seinem Sohn zu allen erreichbaren großen Spielen. Das dauerte etliche Wochen und kostete ein kleines Vermögen, aber es wurde zu einer starken, bindenden Erfahrung in der Beziehung.

Schließlich fragten Bekannte meinen Freund, ob er denn Baseball so sehr möge.

»Nein, aber ich mag meinen Sohn so sehr.«

Ein anderer Freund, ein Hochschullehrer, hatte eine furchtbare Beziehung zu seinem Sohn im Teenageralter. Das gesamte Leben dieses Mannes war akademisch ausgerichtet, und er meinte, sein Sohn würde sein Leben vergeuden, weil er mehr mit den Händen als mit dem Kopf arbeitete. Also saß er dem Jungen dauernd im Nacken. Und wenn ihm das einmal leid tat, dann versuchte er Einzahlungen zu machen, die einfach gar nichts bewirkten. Der Junge nahm die Gesten als neue Formen von Ablehnung, Vergleich und Beurteilung wahr, und sie führten zu riesigen Abbuchungen. Die Beziehung ging in die Brüche, und der Vater war darüber sehr unglücklich.

Eines Tages erzählte ich ihm von dem Prinzip, das, was dem anderen wichtig ist, für sich selbst genau so bedeutsam werden zu lassen, wie es für die andere Person ist. Er nahm sich das sehr zu Herzen. Er beschloß, mit seinem Sohn eine Miniaturausgabe der Chinesischen Mauer rund um ihr Haus zu errichten. Es war ein anspruchsvolles Projekt, an dem sie anderthalb Jahre Seite an Seite arbeiteten.

Durch diese gemeinsame Erfahrung konnte der Sohn diese Phase in seinem Leben hinter sich lassen und zu dem Wunsch gelangen, seinen Geist weiterzuentwickeln. Aber wirklich entscheidend war, was mit der Beziehung geschah. Aus einer großen Wunde wurde eine Quelle von Freude und Kraft für Vater und Sohn.

Wir haben die Tendenz, aus unseren Autobiographien heraus zu projizieren, was andere wollen oder brauchen. Wir projizieren unsere Absichten auf ihr Verhalten. Wir halten das für eine Einzahlung, was unseren eigenen Wünschen und Bedürfnissen entspricht, entweder den heutigen oder denen, die wir in einem ähnlichen Alter oder Lebensstadium hatten. Wird unser Bemühen dann nicht als Einzahlung interpretiert, nehmen wir das meist als Ablehnung unseres wohlgemeinten Einsatzes wahr und geben auf.

Die Goldene Regel sagt: »Füg niemals einem andern zu, was du nicht willst, daß man dir tu.« Bei genauerer Betrachtung bedeutet das, man solle den anderen als Individuum wirklich so verstehen, wie man selbst verstanden werden will, und ihn dann auch entsprechend behandeln. So hört man von Eltern, die erfolgreich viele Kinder großgezogen haben: »Man muß sie alle gleich behandeln, und zwar individuell unterschiedlich.«

Auf Kleinigkeiten achten

Die kleinen Gefälligkeiten und Aufmerksamkeiten sind so wichtig. Kleine Unhöflichkeiten, Ablehnungen und Rücksichtslosigkeiten führen zu riesigen Abbuchungen. In Beziehungen sind oft die Kleinigkeiten die wirklich wichtigen Dinge.

Ich erinnere mich an einen Abend vor einigen Jahren. Ich war mit zweien meiner Söhne auf einer perfekten Vater-Sohn-Tour: Sportplatz, Boxkampf, Hamburger und Limo und dann noch ins Kino.

Mitten im Film schlief Sean, damals vier Jahre alt, auf seinem Sitz ein. Sein sechsjähriger Bruder Stephan blieb wach, und wir schauten uns zusammen den Rest des Films an. Als das Kino aus war, trug ich den schlafenden Sean ins Auto und legte ihn auf den Rücksitz. Es war ein kalter Abend, also zog ich meinen Mantel aus und deckte den Jungen vorsichtig zu. Als wir nach Hause kamen, beförderte ich Sean schnell ins Haus und packte ihn in sein Bett. Als Stephan seinen Schlafanzug angezogen und Zähne geputzt hatte, legte ich mich noch zu ihm, um über unseren gemeinsamen Abend zu sprechen.

»Wie hat's dir gefallen, Stephan?«

»Gut«, meinte er.

»Hat es dir Spaß gemacht?«

»Ja.«

»Was hat dir denn am besten gefallen?«

»Weiß ich nicht. Ich glaube das Trampolin.«

»Ja, das war wirklich gut – diese Purzelbäume und Tricks in der Luft, was?«

Er war ziemlich schweigsam. Ich hingegen wollte mit ihm reden. Ich fragte mich, wieso Stephan nicht mehr aus sich herausging, was er sonst immer tat, wenn etwas Aufregendes los war. Ich war ein bißchen enttäuscht und spürte, daß irgendwas nicht stimmte. Er war schon auf der Heimfahrt und beim Umziehen so still gewesen.

Plötzlich drehte sich Stephan so, daß er mit dem Gesicht zur Wand lag. Ich lehnte mich gerade so weit hinüber, daß ich sehen konnte, wie ihm die Tränen kamen.

»Was ist los, Schatz? Was ist denn?«

Er sah mich an, und ich konnte spüren, daß ihm seine Tränen und das Zittern um den Mund peinlich waren.

»Papi, wenn mir kalt wäre, würdest du mich dann auch in deinen Mantel wickeln?«

Von all den Ereignissen an diesem besonderen gemeinsamen Abend war das wichtigste dieser kleine Akt von Zuwendung – ein momentanes, unbewußtes Zeugnis der Liebe zu seinem kleinen Bruder.

Diese Erfahrung war und ist für mich noch immer eine starke persönliche Lektion. Innendrin sind die Menschen sehr zart, sehr empfindsam. Ich glaube nicht, daß Alter oder Erfahrung daran sehr viel ändern. Selbst in rauhen und schwieligen Außenhäuten stecken die zarten Gefühle und Emotionen des Herzens.

Verpflichtungen einhalten

Ein Versprechen oder eine Verpflichtung einzuhalten ist eine wesentliche Einzahlung, es nicht zu tun führt zu einer beachtlichen Abbuchung. Es gibt vermutlich keine stärkere Belastung für das Beziehungskonto, als jemandem etwas zu versprechen, das ihm wichtig ist, und dann das Versprechen nicht einzuhalten. Wenn Sie ihm das nächstemal etwas versprechen, wird er es nicht glauben. Menschen neigen dazu, ihre Hoffnungen auf Versprechen aufzubauen, besonders Versprechen, die ihre grundlegende Existenz betreffen.

Ich versuche als Vater nach der Philosophie zu leben, nie ein Versprechen zu geben, das ich nicht einhalte. Daher überlege ich sie mir gut, mache sie selten und versuche mir dabei möglichst vieler Variablen und Unwägbarkeiten bewußt zu sein, so daß nicht plötzlich irgendwas auftaucht, was es mir unmöglich macht, mein Versprechen zu halten. Trotz all dieser Bemühungen entsteht gelegentlich doch eine Situation, in der es unmöglich oder unklug ist, mein Versprechen zu halten. Aber ich achte dieses Versprechen. Also erfülle ich es entweder trotzdem oder erkläre dem betroffenen Menschen ausführlich meine Lage und bitte darum, von dem Versprechen befreit zu werden.

Wenn Sie Ihre Versprechen immer einzuhalten versuchen, bauen Sie Brücken des Vertrauens, die die Verständnislücken zwischen Ihrem Kind und Ihnen überspannen. Wenn Ihr Kind dann etwas tun will, was Sie nicht wollen, wenn Sie aus Ihrer Erfahrung heraus Konsequenzen sehen, die das Kind nicht ahnen kann, dann können Sie sagen: »Wenn du das tust, dann kann ich dir versprechen, daß es zu folgendem Ergebnis führt.« Wenn dieses Kind Vertrauen in Ihr Wort, in Ihre Versprechen hat, dann wird es Ihren Rat befolgen.

Erwartungen klären

Stellen Sie sich vor, welche Schwierigkeiten es machen würde, wenn Ihr Chef und Sie unterschiedliche Annahmen darüber hätten, wessen *Rolle* es wäre, Ihre Stellenbeschreibung zu liefern.

Sie fragen vielleicht: »Wann bekomme ich meine Stellenbeschreibung?« Und er antwortet: »Ich habe schon darauf gewartet, daß Sie sie mir bringen, damit wir darüber sprechen können.«

»Ich dachte, meinen Job zu definieren sei Ihre Rolle.«

»Das ist überhaupt nicht meine Rolle. Haben Sie's vergessen? Ich habe gleich am Anfang gesagt, daß es im wesentlichen von Ihnen abhängt, was Sie aus dem Job machen.«

»Ich dachte, Sie meinten damit, daß die Qualität des Jobs von mir abhängt. Aber ich weiß gar nicht genau, was eigentlich mein Job ist.«

Auch unklare Erwartungen im Bereich der *Ziele* untergraben Kommunikation und Vertrauen.

»Ich habe genau das gemacht, was Sie angefordert haben. Hier ist der Bericht.«

»Ich will keinen Bericht. Das Ziel war, das Problem zu lösen – nicht es zu analysieren und einen Bericht zu schreiben.«

»Ich dachte, das Ziel sei, das Problem zu definieren, so daß wir es an jemanden delegieren können.«

Wie oft haben wir alle schon solche Unterhaltungen geführt.

»Sie haben gesagt ...«

»Ach was! Ich habe gesagt ...«

»Haben Sie nicht! Sie haben nie gesagt, ich sollte ...«

»O doch! Ich habe deutlich gesagt...«

»Sie haben nicht einmal erwähnt, daß...«

»Aber das war unsere Abmachung...«

Die Ursache für fast alle Beziehungsschwierigkeiten liegt in widersprüchlichen oder unterschiedlichen Erwartungen hinsichtlich Rollen und Zielen. Ob bei der Frage, wer im Büro was tut, wie Sie mit Ihrer Tochter kommunizieren, wenn Sie ihr sagen, sie solle ihr Zimmer aufräumen, oder wer die Fische füttert und den Müll rausbringt, unklare Erwartungen führen immer zu Mißverständnissen, Enttäuschungen und Vertrauensverlust.

Viele Erwartungen sind implizit. Sie sind nie explizit benannt oder bekanntgegeben worden, aber sie werden von Menschen dennoch in die jeweilige Situation hineingetragen. In der Ehe haben beispielsweise Mann und Frau implizite Erwartungen aneinander in ihren Rollen als Ehepartner. Obwohl diese Erwartungen nie besprochen und oft nicht einmal von dem erkannt werden, der sie hat, stockt es das Konto tüchtig auf, wenn sie erfüllt werden. Wenn nicht, kommt es zu größeren Abbuchungen.

Darum ist es so wichtig, in jeder neuen Situation alle Erwägungen offen auf den Tisch zu legen. Die Leute werden beginnen, einander anhand dieser Erwartungen zu beurteilen. Und wenn sie das Gefühl haben, ihre grundlegenden Erwartungen seien enttäuscht worden, zehrt das an der Vertrauensreserve. Wir schaffen viele negative Situationen einfach dadurch, daß wir davon ausgehen, unsere Erwartungen seien offensichtlich und würden von anderen verstanden und geteilt.

Die Kontoeinlage erfolgt, wenn die Erwartungen schon zu Beginn klar und deutlich sind. Das bedarf am Anfang einer größeren Investition an Zeit und Mühe, die sich aber später als Einsparung erweist. Wenn die Erwartungen nicht klar und nicht gleich sind, führt das zu emotionalen Verwicklungen. Einfache Mißverständnisse werden zu größeren Komplikationen, Persönlichkeiten knallen aufeinander, und die Kommunikation bricht zusammen.

Erwartungen zu klären bedarf manchmal gehörigen

Mutes. Es scheint leichter, so zu tun, als gäbe es keine Unterschiede, und zu hoffen, es werde schon gutgehen, als sich ihnen zu stellen und daran zu arbeiten, von allen gemeinsam vertretbare Erwartungen zu erarbeiten.

Persönliche Integrität zeigen

Persönliche Integrität erzeugt Vertrauen und ist die Basis vieler unterschiedlicher Formen von Kontoeinzahlungen.

Ein Mangel an Integrität kann fast jedes andere Bemühen, ein hohes Vertrauensniveau zu erreichen, zunichte machen. Es gibt Leute, die zu verstehen versuchen, an die kleinen Dinge denken, ihre Versprechen halten, Erwartungen klären und erfüllen und dennoch keine Vertrauensreserven aufbauen können, weil sie innerlich nicht aufrichtig sind.

Integrität schließt Ehrlichkeit ein, geht aber darüber hinaus. Ehrlichkeit heißt, die Wahrheit zu sagen, also *unsere Worte in Einklang mit der Realität zu bringen*. Integrität heißt, *die Realität mit unseren Worten in Einklang zu bringen,* also Versprechen zu halten und Erwartungen zu erfüllen. Das erfordert einen integren Charakter, ein Einssein mit sich selbst und dem Leben.

Eine der wichtigsten Arten, Integrität zu zeigen, ist die, *auch Abwesenden gegenüber loyal zu sein.* Das baut das Vertrauen der Anwesenden auf. Wenn Sie die Abwesenden verteidigen, erhalten Sie das Vertrauen der Anwesenden.

Nehmen wir an, Sie und ich hätten uns allein über unseren Chef in einer Weise unterhalten, die wir uns in seiner Gegenwart nie erlauben würden. Was würde dann passieren, wenn Sie und ich bald darauf aneinandergerieten? Sie wissen, daß ich mit jemand anderem über Ihre Schwächen sprechen werde. Schließlich haben Sie und ich das auch hinter dem Rücken unseres Chefs getan. Sie kennen damit meine Art: nach vorne stinkfreundlich, aber hinter Ihrem Rücken voller Bosheit. So haben Sie mich selbst schon erlebt.

Das ist die Essenz von Unaufrichtigkeit. Baut sie auf Ihrem Konto bei mir eine Vertrauensreserve auf?

Stellen Sie sich dagegen vor, Sie würden unseren Chef kritisieren und daraufhin von mir zu hören bekommen, ich würde dem Inhalt Ihrer Kritik im wesentlichen zustimmen und daher vorschlagen, daß wir beide uns direkt an ihn wenden und einen effektiven Verbesserungsvorschlag für die fraglichen Punkte präsentieren. Was wüßten Sie dann über das, was ich tun würde, wenn jemand Sie hinter Ihrem Rücken bei mir anschwärzen wollte? Oder stellen Sie sich vor, ich würde in meinem Bestreben, eine gute Beziehung zu Ihnen aufzubauen, etwas weitererzählen, was mich jemand streng vertraulich hat wissen lassen. »Ich sollte dir das wirklich nicht sagen, aber schließlich bist du ein Freund...« Würde diese Haltung gegenüber einem Dritten mein Vertrauenskonto bei Ihnen füllen? Oder würden Sie sich fragen, ob ich auch die Dinge, die Sie mir anvertraut haben, weitererzähle?

Solche Doppelzüngigkeit mag den Eindruck erwecken, Vertrauen bei demjenigen aufzubauen, mit dem Sie zusammen sind, aber in Wirklichkeit ist es eine Abbuchung vom Konto, da Sie Ihren eigenen Mangel an Integrität kommunizieren. Sie erhalten vielleicht das goldene Ei des vorübergehenden Vergnügens, jemanden abzukanzeln oder über privilegierte Informationen zu verfügen, aber Sie erwürgen damit die Gans, schwächen die Beziehung, die anhaltende Freude im Miteinander bringen kann.

Integrität in einer interdependenten Realität bedeutet einfach, jeden nach denselben Prinzipien zu behandeln. Wenn Sie das tun, werden die Menschen beginnen Ihnen zu vertrauen. Vielleicht würdigen sie allerdings nicht sofort die Erfahrung einer ehrlichen Konfrontation, die solche Integrität mit sich bringen kann. Für Konfrontationen braucht man Mut, und viele Leute würden lieber den Weg des geringsten Widerstands gehen, andere kritisieren und herabsetzen, Vertrauen mißbrauchen und hinter dem Rücken anderer klatschen. Aber langfristig werden Menschen Ihnen vertrauen und Sie respektieren, wenn Sie offen und ehrlich und gut zu ihnen sind. Sie verstehen dann, daß sie Ihnen so viel bedeuten, daß Sie die Mühe der Konfrontation auf sich nehmen. Und Vertrauen ist, wie der Volksmund sagt, noch besser als Liebe. Zudem bin ich der Überzeugung, daß Vertrauen langfristig auch zu Liebe führt.

Als mein Sohn Joshua noch ziemlich klein war, hat er mir oft eine meine Seele ausforschende Frage gestellt. Er war so verletzbar und so ehrlich, und unsere Beziehung war so gut, daß er mir jedesmal, wenn ich auf irgend jemanden überreagierte, auch nur ein klein bißchen ungeduldig oder lieblos war, in die Augen schaute und fragte: »Papi, liebst du mich?« Wenn er dachte, ich würde eines der grundlegenden Prinzipien des Lebens bei jemand anderem verletzen, dann stand er vor der Frage, ob ich das nicht auch bei ihm tun würde.

Als Lehrer wie als Vater habe ich festgestellt, daß der Schlüssel zu den neunundneunzig der eine ist – besonders der eine, der die Geduld und die gute Laune der vielen auf die Probe stellt. Die Liebe und die Art des Umgehens mit dem einen Schüler, dem einen Kind kommuniziert die Liebe für die anderen. Wie Sie den einen behandeln, verrät, wie Sie die neunundneunzig betrachten, denn letzten Endes ist jeder einer.

Integrität bedeutet auch, jede Kommunikation zu vermeiden, die trügerisch oder arglistig ist oder unter der Würde des Menschen liegt. »Jede Kommunikation mit der Absicht der Täuschung ist eine Lüge«, lautet eine Definition dieses Wortes. Wenn wir Integrität haben, kann es nicht in unserer Absicht liegen zu betrügen, ob mit Worten oder Verhalten.

Sich bei Abhebungen ehrlich entschuldigen

Wenn wir Abhebungen vom Beziehungskonto vornehmen, müssen wir uns entschuldigen, und das muß ernst gemeint sein. Aufrichtig gesprochen werden Worte wie diese wieder große Einzahlungen.

»Ich war im Unrecht.«

»Das war unfreundlich von mir.«

»Ich habe an Ihrer Würde gerüttelt, und es tut mir sehr leid.«

»Ich habe Sie vor Ihren Freunden in Verlegenheit gebracht, und dazu habe ich kein Recht. Ich wollte zwar etwas beweisen, aber das hätte ich nicht so tun dürfen. Ich entschuldige mich.«

Man braucht eine Menge Charakterstärke, um sich schnell und aus vollem Herzen statt aus Mitleid heraus zu entschuldigen. Ein Mensch muß sich selbst besitzen und ein tiefes Gefühl von Sicherheit in den fundamentalen Prinzipien und Werten haben, um sich ehrlich entschuldigen zu können.

Menschen mit wenig innerer Sicherheit können das nicht. Es macht sie zu verletzbar. Sie meinen, sie würden dadurch weich und schwach erscheinen, und befürchten, andere würden aus ihrer Schwäche Vorteile ziehen. Ihre Sicherheit beruht auf den Meinungen anderer über sie, und sie sorgen sich darüber, was andere von ihnen denken könnten. Zusätzlich meinen sie meist, ihr Verhalten sei gerechtfertigt. Sie rationalisieren ihr eigenes Unrecht im Namen des Fehlers des anderen, und wenn sie sich überhaupt entschuldigen, dann ist das alles nur oberflächlich.

»Wenn du dich verbeugen willst, dann verbeuge dich tief«, sagt eine Weisheit des Ostens, »bezahle auch den letzten Heller« heißt es in der christlichen Ethik. Um eine Einzahlung zu sein, muß eine Entschuldigung von Herzen kommen. Und sie muß so wahrgenommen werden.

Einen Fehler zu machen ist eine Sache, ihn nicht zuzugeben eine andere. Menschen vergeben Fehler, denn es sind gewöhnlich Denkfehler, Beurteilungsfehler. Aber die Fehler des Herzens, die böse Absicht, die schlechten Motive, das stolze, rechtfertigende Verdecken des ersten Fehlers, werden sie nicht leicht verzeihen.

Die Gesetze der Liebe und die Gesetze des Lebens

Wenn wir bedingungslose Liebe einzahlen, nach den primären Gesetzen der Liebe leben, dann ermutigen wir andere, nach den primären Gesetzen des Lebens zu leben. Wenn wir, in anderen Worten, andere wahrhaft und ohne Bedingungen, ohne Fesseln lieben, helfen wir ihnen, sich sicher und geborgen, geachtet und in ihrem essentiellen Wert bestätigt zu fühlen. Das regt ihren natürlichen Wachstumsprozeß an. Wir machen es ihnen leichter, nach den Gesetzen des Lebens zu leben – Kooperation, Kontribution, Selbst-Disziplin, Integrität – und das Höchste und Beste in ihnen zu entdecken und zu verwirklichen. Wir geben ihnen die Freiheit, nach ihrem eigenen inneren Imperativ zu agieren, statt auf unsere Bedingungen und Begrenzungen zu reagieren. Das heißt nicht, daß wir permissiv oder weich werden. Das wäre vielmehr eine massive Abhebung. Wir beraten, wir bitten, wir setzen Grenzen und offenbaren Konsequenzen. Aber wir lieben, unter allen Umständen.

Wenn wir die primären Gesetze der Liebe verletzen, wenn wir dieses Geschenk mit Bedingungen und Fesseln belasten, dann ermutigen wir andere geradezu, die primären Gesetze des Lebens zu brechen. Wir stellen sie in eine reaktive, defensive Position, aus der heraus sie glauben beweisen zu müssen: »Ich bin als Person wichtig, unabhängig von dir.«

In Wirklichkeit sind sie nicht unabhängig. Sie sind gegenabhängig, was eine Form der Abhängigkeit ist, die am untersten Ende des Reifekontinuums liegt. Sie werden reaktiv, fast feind-zentriert, kümmern sich mehr darum, ihre ›Rechte‹ zu verteidigen und Beweise für ihre Individualität zu produzieren, als darum, pro-aktiv zuzuhören und ihrem eigenen inneren Imperativ zu folgen.

Rebellion ist ein Knoten des Herzens, nicht des Verstandes. Der Schlüssel heißt: Einzahlungen machen – dauerhafte Einlagen an bedingungsloser Liebe.

Ich hatte einmal einen Freund, der Rektor eines sehr angesehenen Colleges war. Er plante und sparte viele Jahre lang, um seinem Sohn den Besuch dieser Schule zu ermöglichen. Aber als es soweit war, weigerte sich der Junge.

Das machte seinem Vater große Sorgen. Ein Abschluß an dieser Schule hätte für den Jungen einen großen Vorteil bedeutet. Außerdem war es Familientradition. Schon drei Generationen hatten dort ihre Ausbildung erhalten. Der Vater redete und bettelte und drängte ihn. Außerdem versuchte er, dem Jungen zuzuhören, um ihn zu verstehen. Und die ganze Zeit über hoffte er, er würde seine Meinung ändern.

Die dabei unterschwellig kommunizierte Botschaft war die bedingter Liebe. Der Sohn fühlte, daß der Wunsch des Vaters, er solle diese Schule besuchen, in gewisser Weise schwerer wog als der Wert, den er ihm als Person und als Sohn beimaß. Das war furchtbar bedrohlich. Folglich kämpfte er für und mit seiner eigenen Identität und Integrität, und er verstärkte seine Bemühungen, die Entscheidung gegen die Schule zu rationalisieren.

Nach ziemlich intensiver Innenschau beschloß sein Vater, ein Opfer zu bringen – die bedingte Liebe aufzugeben. Er wußte, daß sich sein Sohn vielleicht anders entscheiden würde, als er selbst sich das wünschte. Aber seine Frau und er beschlossen dennoch, ihren Sohn unabhängig von seiner Entscheidung bedingungslos zu lieben. Das war für sie extrem schwierig, denn der Wert dieser Ausbildungserfahrung war ihren Herzen sehr nah, und schließlich war es etwas, worauf sie seit seiner Geburt hingearbeitet hatten.

Vater und Mutter durchliefen einen sehr schwierigen Prozeß, bei dem sie neue Skripten schrieben. Sie kämpften darum, wirklich die Natur bedingungsloser Liebe kennenzulernen. Sie vermittelten dem Jungen, was sie taten und warum, und sagten ihm, daß sie den Punkt erreicht hätten, an dem sie ihm ganz ehrlich sagen könnten, daß seine Entscheidung ihre Gefühle von bedingungsloser Liebe für ihn nicht beeinflussen würde. Das taten sie nicht, um ihn zu manipulieren, nicht in dem Versuch, ihn »auf Zack zu bringen«. Es war eine logische Erweiterung ihres Wachstums und Charakters.

Zu dieser Zeit zeigte der Junge keine weiteren Reaktionen darauf, aber die Eltern besaßen inzwischen ein so starkes Paradigma von bedingungsloser Liebe, daß es an ihren Gefühlen für ihn ohnehin nicht viel geändert hätte. Ungefähr eine Woche später teilte er seinen Eltern mit, daß er sich gegen die Schule entschieden habe. Sie waren auf diese Antwort gut vorbereitet und zeigten ihm weiter ihre bedingungslose Liebe. Alles war geklärt, und das Leben ging normal weiter.

Kurz darauf geschah etwas Interessantes. Nun, da der Junge nicht mehr das Gefühl hatte, seine Position verteidigen zu müssen, suchte er tiefer in sich selbst und stellte fest, daß er diese Erfahrung sehr wohl machen wollte. Er bewarb sich um einen Platz. Dann erzählte er seinem Vater davon, der wieder bedingungslose Liebe zeigte und die Entscheidung seines Sohnes voll akzeptierte. Mein Freund war glücklich, aber nicht überglücklich, denn er hatte wirklich gelernt, ohne Bedingungen zu lieben.

Dag Hammarskjöld, einst Generalsekretär der Vereinten Nationen, hat einmal gesagt: »Es ist edler, sich ganz und gar einem Individuum zu geben, als gewissenhaft für die Erlösung der Massen zu arbeiten.«

Ich glaube, daß das heißt, daß ich fünf, sechs, sieben Tage die Woche acht, zehn oder zwölf Stunden den Tausenden von Menschen und Projekten ›da draußen‹ widmen und dennoch ohne tiefe, bedeutsame Beziehung zu meiner Frau, meiner Tochter, meinen Kollegen sein kann. Und es wäre mehr Charakteradel – mehr Bescheidenheit, Mut und Kraft – vonnöten, diese eine Beziehung wieder aufzubauen, als weiter so viele Stunden für so viele Leute und Projekte einzulegen.

Die Kraft dieser Aussage hat mich in den 30 Jahren, in denen ich nun schon Organisationen berate, immer wieder beeindruckt. Viele der Probleme in Organisationen entstammen Beziehungsproblemen ganz oben – zwischen zwei Partnern in einer Sozietät, zwischen dem Besitzer und dem

Geschäftsführer einer Firma oder zwischen dem Geschäftsführer und seinem Stellvertreter. Und es erfordert wirklich mehr Charakteradel, sich diesen Fragen zu stellen und sie zu lösen, als weiterhin gewissenhaft für die vielen Projekte und Leute ›da draußen‹ zu arbeiten.

Als ich das erstemal auf Hammarskjölds Worte stieß, arbeitete ich in einer Organisation, in der es unklare Erwartungen zwischen mir und dem Mann, der meine rechte Hand war, gab. Ich hatte einfach nicht den Mut, mich unseren unterschiedlichen Auffassungen über Rollen, Zielerwartungen und Werten, besonders bei den Verwaltungsmethoden, zu stellen. Also arbeitete ich einige Monate lang mit lauter Kompromissen, um das zu vermeiden, was eine häßliche Konfrontation hätte werden können. Und die ganze Zeit bauten sich in uns beiden unangenehme Gefühle auf.

Nachdem ich gelesen hatte, daß es edler sei, sich *einem Individuum* zu geben, als fleißig an der Erlösung der Massen zu arbeiten, war ich zutiefst von der Idee bewegt, wieder eine gute Beziehung zu ihm herzustellen. Ich mußte mich für das, was vor mir lag, stärken, denn ich wußte, daß es schwierig sein würde, die Sachen wirklich auf den Tisch zu bringen und ein echtes gemeinsames Verständnis unserer Aufgaben zu erarbeiten. Ich erinnere mich so gar, daß ich wirklich in Gedanken an den Besuch gezittert habe. Er schien so ein harter Mann zu sein, so auf seine eigenen Methoden versteift und seiner eigenen Ansicht nach so im Recht zu sein. Und doch brauchte ich seine Kraft und seine Fähigkeiten. Ich befürchtete, eine Konfrontation könnte die Beziehung gefährden und dazu führen, daß mir seine Stärken verlorengingen.

Ich machte eine geistige Generalprobe des bevorstehenden Besuchs und fand meine innere Ruhe dann schließlich dadurch, daß ich mich auf Prinzipien konzentrierte, statt auf das, was ich sagen oder tun würde. Schließlich fühlte ich mich ruhig und stark genug für dieses Gespräch. Als wir zusammenkamen, entdeckte ich zu meiner völligen Überraschung, daß dieser Mann denselben Prozeß durchlaufen und sich nach einer solchen Unterhaltung gesehnt hatte. Er war alles andere als hart und defensiv. Dennoch waren unsere Arbeitsstile deutlich unterschiedlich, und die gesamte Organisation reagierte auf diese Unterschiede. Wir erkannten beide an, daß unsere Uneinigkeit Probleme geschaffen hatte. Im Laufe mehrerer Treffen konnten wir uns den zugrundeliegenden Fragen stellen, sie alle auf den Tisch legen und eine nach der anderen im Geiste großen gegenseitigen Respekts lösen. Wir wurden zu einem kraftvollen, einander ergänzenden Team und entwickelten tiefe persönliche Zuneigung füreinander, die unsere Fähigkeit, effektiv zusammenzuarbeiten, enorm verstärkte.

Die Einigkeit zu schaffen, die notwendig ist, um einen Betrieb, eine Familie oder eine Ehe effektiv zu führen, erfordert große persönliche Kraft und viel Mut. Selbst große technische Fertigkeiten in dem Bemühen um die Massen können einen Mangel an persönlichem Charakter bei der Entwicklung von Beziehungen nicht wettmachen. Die Gesetze des Lebens und der Liebe leben wir auf einer sehr essentiellen Eins-zu-eins-Ebene.

P-Probleme sind PK-Möglichkeiten

Diese Erfahrung lehrte mich außerdem ein weiteres starkes Paradigma der Interdependenz. Es hat mit der Art zu tun, in der wir Probleme wahrnehmen. Ich hatte monatelang versucht, dem Problem aus dem Weg zu gehen, hatte darin eine Quelle der Irritation, einen Stolperstein gesehen und gewünscht, es würde irgendwie verschwinden. Aber dann stellte sich heraus, daß genau dieses Problem die Möglichkeit bot, eine tiefe Beziehung aufzubauen, die uns die Kraft gab, einander zu ergänzen und als starkes Team zu arbeiten.

Ich meine, daß in einer interdependenten Situation *jedes P-Problem eine PK-Möglichkeit* ist – eine Chance, das Guthaben auf dem Beziehungskonto zu erhöhen und damit die interdependenten Abläufe erheblich zu beeinflussen.

Wenn Eltern die Probleme ihrer Kinder als Chance betrachten, die Beziehung aufzubauen, statt als negative, lästige Irritationen, verändert das die Interaktionen zwischen Eltern und Kind völlig. Die Eltern werden bereitwilliger und sind sogar davon begeistert, ihre Kinder wirklich zu verstehen und ihnen zu helfen. Wenn ein Kind mit einem Problem zu ihnen kommt, denken sie nicht mehr: »O nein, noch ein Problem.« Ihr Paradigma heißt: »Dies ist eine wunderbare Möglichkeit für mich, meinem Kind wirklich zu helfen und in unsere Beziehung zu investieren.« Viele Interaktionen wandeln sich von transaktionalen zu transformativen, und wenn Kinder den Wert spüren, den die Eltern ihren Problemen und ihnen als Einzelwesen zusprechen, entstehen starke Liebes- und Vertrauensverbindungen.

Dieses Paradigma hat auch im Berufsleben große Kraft. Eine bekannte Kaufhauskette, die nach diesem Paradigma geführt wird, hat dadurch große Kundenloyalität aufgebaut. Jedesmal, wenn ein Kunde mit einem Problem, auch einem ganz kleinen, einen Laden betritt, sehen die Verkäufer das sofort als Möglichkeit, eine Beziehung zu dem Kunden aufzubauen. Ihre Reaktion fußt auf dem fröhlichen, positiven Wunsch, das Problem so zu lösen, daß der Kunde glücklich ist. Sie behandeln ihn mit so viel Respekt und Wohlwollen, daß viele der Kunden nicht einmal in Erwägung ziehen, woanders hinzugehen.

Wenn wir erkennen, daß die Ausgewogenheit von P und PK in einer interdependenten Wirklichkeit notwendig ist, um Effektivität zu erreichen, können wir unsere Probleme als Möglichkeiten schätzen, PK zu vergrößern.

Die Prinzipien der Interdependenz

Mit dem Paradigma des Beziehungskontos im Hinterkopf können wir uns den Prinzipien des öffentlichen Sieges, des Erfolgs in der Zusammenarbeit mit anderen Menschen zuwenden. Wir können beobachten, wie diese Prinzipien zusammenspielen, um effektive Interdependenz zu schaffen.

Außerdem können wir erkennen, wie stark unsere Skripten andere Gedanken- und Verhaltensmuster vorgeben.

Daneben erkennen wir auf einer noch tieferen Ebene, daß effektive Interdependenz nur von wahrhaft unabhängigen Menschen erreicht werden kann. Mit Techniken wie ›Gewinn/Gewinn-Verhandlungen‹ oder ›reflektivem Zuhören‹ allein läßt sich kein öffentlicher Sieg erringen, wenn diese auf Image ausgerichtet sind und die vitale Charakterbasis vernachlässigen.

Lassen Sie uns nun jedes einzelne Prinzip des öffentlichen Sieges gründlich betrachten.

Gewinn/Gewinn denken

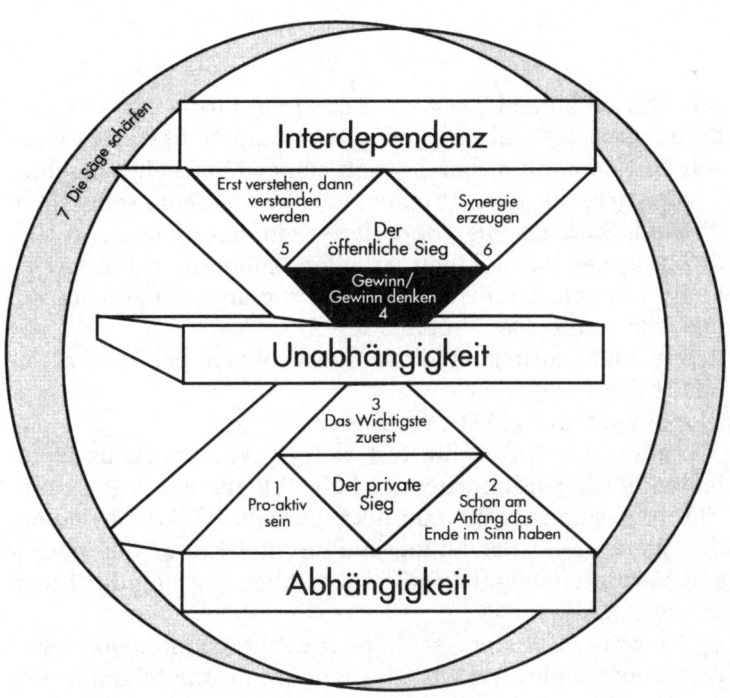

Prinzipien des sozialen Führungsverhaltens

Wir haben den Pfad der Tugend
in unserer Erinnerung verankert; laßt
ihn uns nun im Leben verankern.

EDWIN MARKHAM

Ich wurde einmal gebeten, mit einer Firma zu arbeiten, deren Geschäftsführer sich große Sorgen über die mangelnde Kooperationsbereitschaft seiner Mitarbeiter machte.

»Das grundlegende Problem ist, daß die Leute selbstsüchtig sind, Stephen. Sie kooperieren einfach nicht. Ich weiß, daß wir viel produktiver arbeiten könnten, wenn sie es täten. Können Sie uns helfen, ein Programm zu entwickeln, mit dem sich dieses Problem lösen läßt?«

Ich fragte zurück: »Wo liegt das Problem, bei den Leuten oder beim Paradigma?«

»Schauen Sie selbst«, meinte er.

Das tat ich und stellte fest, daß es wirklich Selbstsucht, fehlende Kooperationsbereitschaft, Widerstand gegen Autorität und defensive Kommunikation gab. Ich konnte sehen, daß überzogene Beziehungskonten eine Kultur des niedrigen Vertrauens geschaffen hatten. Aber ich ging der Frage weiter nach.

»Fragen wir weiter«, schlug ich vor. »Warum kooperieren ihre Leute nicht? Was ist die Belohnung für fehlende Kooperation?«

»Dafür gibt es keine«, versicherte er. »Die Belohnungen sind viel größer, wenn sie kooperieren.«

»Wirklich?« fragte ich.

An einer Wand seines Büros hing hinter einem Vorhang ein Schaubild. Darauf waren einige Rennpferde zu sehen, die startbereit an der Ausgangslinie standen. Jedes der Pferde trug ein Foto von einem der Manager. Die Rennstrecke mündete in einem wunderschönen Poster von Bermuda, einem idyllischen Bild mit blauem Himmel, Wolkenschleifen und einem romantischen Paar, das Hand in Hand an einem weißen Sandstrand spazierte.

Einmal pro Woche versammelte dieser Mann all seine Mitarbeiter in seinem Büro und sprach über Kooperation. »Laßt uns alle zusammenarbeiten. Wir werden alle mehr verdienen, wenn wir das tun.« Dann zog er den Vorhang zur Seite und zeigte ihnen das Schaubild. »Wer von Ihnen wird also die Reise nach Bermuda gewinnen?«

Das war so, als ob er eine Blume gießen und einer anderen sagen würde, sie solle schön wachsen. Oder wie: »Hier wird so lange weitergekündigt, bis die Moral besser ist.« Er wollte Kooperation. Er wollte, daß seine Leute zusammenarbeiten und ihre Ideen austauschen. Die Bemühungen jedes einzelnen sollten allen zum Vorteil gereichen. Aber er ließ seine Leute zugleich in einer Art Wettbewerb antreten. Der Erfolg des einen Managers bedeutete Versagen für die anderen.

Wie viele andere Probleme im Geschäftsleben, in der Familie und in anderen Beziehungen war das dieser Firma das Ergebnis eines brüchigen Paradigmas. Der Geschäftsführer versuchte, aus einem Paradigma des Wettbewerbs heraus die Früchte der Kooperation zu ernten. Und als das nicht funktionierte, wollte er eine Technik, ein Programm, ein schnellwirkendes Gegenmittel, das seine Leute zur Kooperation bringen sollte.

Aber man kann die Probleme nicht lösen, ohne an ihre Wurzel zu gehen. An den Einstellungen und Verhaltensweisen zu arbeiten wäre das gleiche gewesen, wie an den Blättern zu zupfen. Also beschlossen wir statt dessen, persönliche und betriebliche Höchstleistungen auf ganz andere Weise zu erzielen: mit Informations- und Belohnungssystemen, die den Wert von Kooperation betonten.

Ob als Geschäftsführer eines Unternehmens oder als Hausmeister, in dem Augenblick, in dem Sie in irgendeiner Eigenschaft von Unabhängigkeit zu Interdependenz schreiten, nehmen Sie eine Führungsrolle an. Sie sind in der Position, andere Leute zu beeinflussen. Und das Prinzip effektiver sozialer Führung ist das des Gewinn/Gewinn-Denkens.

Sechs Paradigmen der menschlichen Interaktion

Gewinn/Gewinn ist keine Technik; es ist eine Gesamtphilosophie der menschlichen Interaktion. Genaugenommen ist es eines der sechs Paradigmen von menschlicher Interaktion. Die anderen lauten: Gewinn/Verlust, Verlust/Gewinn, Verlust/Verlust, Gewinn, und Gewinn/Gewinn oder ›Kein Geschäft‹.

Gewinn/Gewinn

Gewinn/Gewinn ist eine Einstellung, bei der Kopf und Herz immer Vorteile für beide Seiten suchen. Gewinn/Gewinn heißt, daß alle Abmachungen oder Lösungen in menschlichen Interaktionen für beide Seiten zuträglich und befriedigend sind. Bei einer Gewinn/Gewinn-Lösung fühlen sich alle Parteien mit der Entscheidung wohl und sind innerlich dem vereinbarten Vorgehen verpflichtet. Gewinn/Gewinn sieht das Leben als kooperatives Feld, nicht als Arena des Wettstreits. Die meisten Leute denken gern in Form von Dichotomien: stark oder schwach, Fußball oder Handball, gewinnen oder verlieren. Aber diese Art des Denkens hat einen grundsätzlichen Fehler. Sie beruht auf Macht und Position, nicht auf Prinzipien. Gewinn/Gewinn beruht auf dem Paradigma, daß es genug für alle gibt, daß der Erfolg des einen Menschen nicht auf Kosten oder unter Ausschluß anderer stattfindet.

Gewinn/Gewinn ist der Glauben an die dritte Alternative. Es ist nicht Ihr Weg und nicht meiner, es ist ein *besserer,* auf höherer Ebene.

Gewinn/Verlust

Eine Alternative zu Gewinn/Gewinn ist Gewinn/Verlust, das Paradigma der Bermuda-Reise. Es sagt: »Wenn du gewinnst, verliere ich.«

Bei den Führungsstilen ist Gewinn/Verlust der autoritäre Ansatz: »Ich krieg', was ich will, du nicht.« Gewinn/Verlust-Menschen setzen gern ihre Position, ihre Macht, ihre Verbindungen, Besitztümer oder ihre Persönlichkeit ein, um zu bekommen, was sie wollen.

Dieses Skript hat die meisten Menschen von Geburt an stark beeinflußt. Die erste und wichtigste Prägung erfolgt dabei in der Familie. Wenn man ein Kind mit einem anderen vergleicht – wenn Geduld, Liebe oder Verständnis auf der Basis solcher Vergleiche gegeben oder vorenthalten werden –, stecken die Leute im Gewinn/Verlust-Denken. Wann immer Liebe auf der Basis von Bedingungen gegeben wird, wenn jemand Liebe verdienen muß, dann wird ihm vermittelt, er sei nicht intrinsisch wertvoll oder liebenswert. Der Wert liegt nicht in ihm, sondern außerhalb von ihm. Er entsteht im Vergleich mit jemand anderem oder irgendeiner Erwartung. Und was passiert mit dem Geist und dem Herzen eines jungen Menschen, der sehr verletzbar ist und hochgradig von der Unterstützung und emotionalen Bestätigung der Eltern abhängt, im Angesicht bedingter Liebe? Das Kind wird in der Gewinn/Verlust-Mentalität gebildet, geformt und programmiert.

»Wenn ich besser bin als mein Bruder, werden meine Eltern mich mehr lieben.«

»Meine Eltern lieben mich nicht so sehr wie meine Schwester. Ich bin sicher nicht so wertvoll.«

Gewiß gibt es in Situationen echten Wetteiferns und niedrigen Vertrauens einen Platz für das Gewinn/Verlust-Denken. Aber das Leben ist meist kein Wettkampf. Wir müssen uns nicht jeden Tag mit unserem Ehepartner, unseren Kindern, Mitarbeitern, Nachbarn und Freunden messen. »Wer gewinnt in eurer Ehe?« ist eine alberne Frage. Wenn nicht beide gewinnen, verlieren beide.

Ein Großteil des Lebens ist interdependente, nicht unabhängige Wirklichkeit. Die meisten der von Ihnen gewünschten Ergebnisse hängen von der Kooperation zwischen Ihnen und anderen ab. Und die Gewinn/Verlust-Mentalität ist für diese Kooperation dysfunktional.

Verlust/Gewinn

Manche Menschen sind genau andersherum programmiert – Verlust/Gewinn.

»Ich verliere, du gewinnst.«

»Nur zu. Mach mit mir, was du willst.«

»Trampel ruhig auf mir rum. Das tun alle.«

»Ich bin ein Verlierer. War ich immer schon.«

»Ich will Frieden. Ich tue alles, um Frieden zu haben.«

Verlust/Gewinn ist schlimmer als Gewinn/Verlust, weil es keine Maßstäbe gibt – keine Anforderungen, keine Erwartungen, keine Visionen. Menschen mit Verlust/Gewinn-Denken wollen meist gefallen oder schlichten. Sie fühlen sich stark, wenn sie beliebt sind oder akzeptiert werden. Sie haben wenig Mut, ihre eigenen Gefühle und Überzeugungen auszudrücken, und lassen sich leicht von der Ich-Stärke anderer einschüchtern.

Sowohl Gewinn/Verlust wie Verlust/Gewinn sind schwache Positionen, die auf persönlichen Unsicherheiten beruhen. Kurzfristig wird Gewinn/Verlust bessere Ergebnisse produzieren, da es die oft beachtlichen Stärken und Talente der Menschen an der Spitze anzapft. Verlust/Gewinn ist von Anfang an schwach und chaotisch.

Viele Führungskräfte, Manager und Eltern pendeln zwischen der Rücksichtslosigkeit von Gewinn/Verlust und der Nachsichtigkeit von Verlust/Gewinn hin und her. Wenn sie das Durcheinander, den Mangel an Struktur, Richtung, Erwartungen und Disziplin nicht mehr aushalten, schwingen sie zurück zu Gewinn/Verlust – bis Schuldgefühle diesen Beschluß unterhöhlen und sie wieder zu Verlust/Gewinn zurückdrängen –, wo Wut und Frustration sie wieder zu Gewinn/Verlust scheuchen.

Verlust/Verlust

Wenn zwei Gewinn/Verlust-Menschen zusammenkommen, das heißt zwei entschlossene, sture, ich-bezogene Individuen interagieren, dann wird das Ergebnis Verlust/Verlust heißen. Beide werden verlieren. Beide werden rachsüchtig und versuchen, ›es heimzuzahlen‹ oder ›quitt zu werden‹. Sie stehen der Tatsache blind gegenüber, daß Mord Selbstmord und Rache ein zweischneidiges Schwert ist.

Ich weiß von einer Scheidung, bei der das Gericht den Mann anwies, die Vermögenswerte zu veräußern und den halben Erlös an seine Frau auszuzahlen. Der Mann tat, wie ihm geheißen: Er verkaufte ein Auto, das zwanzigtausend Mark wert war, für hundert. Fünfzig gab er seiner Frau. Die beschwerte sich beim Gericht. Die nachfolgende Überprüfung ergab, daß der Mann auch seine anderen Vermögenswerte systematisch nach demselben Schema verschleuderte.

Manche Menschen werden so auf einen Feind zentriert, so vollkommen von dem Verhalten eines anderen Menschen besessen, daß sie für alles außer ihrem Wunsch, dieser Mensch solle verlieren, blind werden, auch wenn das bedeutet, daß sie selbst genauso verlieren. Verlust/Verlust ist die Philosophie der feindlichen Konflikte, des Krieges.

Verlust/Verlust ist außerdem die Philosophie des stark abhängigen Menschen ohne innere Richtung. Er fühlt sich elend und meint, das sollten alle anderen auch. »Wenn nie einer gewinnt, ist es vielleicht nicht so schlimm, ein Verlierer zu sein.«

Gewinn

Eine andere weitverbreitete Alternative ist die, einfach nur an Gewinn zu denken. Ein Mensch mit der reinen Gewinn-Mentalität will nicht unbedingt, daß jemand anders verliert. Das ist unwichtig. Es kommt nur darauf an, daß er kriegt, was er will.

Wenn es kein Gefühl von Wettstreit oder Konkurrenz gibt, ist Gewinn vermutlich der häufigste Ansatz in alltäglichen Verhandlungen. Ein Mensch mit der Gewinn-Mentalität denkt nur daran, seine eigenen Ergebnisse zu sichern – und überläßt es den anderen, sich selbst um ihre zu kümmern.

Welche Option ist die beste?

Welche von den fünf bisher besprochenen Philosophien – Gewinn/Gewinn, Gewinn/Verlust, Verlust/Gewinn, Verlust/Verlust und Gewinn – ist die effektivste? Die Antwort lautet: Es kommt darauf an. Wenn Sie ein Fußballspiel gewinnen, dann heißt das, daß die andere Mannschaft verliert. Wenn Sie in einem Regionalbüro arbeiten, das meilenweit vom nächsten entfernt ist, und es keine funktionale Beziehung zwischen den beiden Büros gibt, möchten Sie vielleicht in einer Gewinn/Verlust-Situation wetteifern, um das Geschäft anzukurbeln. Sie würden jedoch innerhalb einer Firma oder in einer Situation, in der Sie die Kooperation von Individuen oder Gruppen brauchen, um den größtmöglichen Erfolg zu erziehen, nicht mit einer solchen Gewinn/Verlust-Geschichte wie dem Pferderennen nach Bermuda kommen. Wenn Ihnen eine Beziehung etwas wert und die Situation nicht wirklich wichtig ist, würden Sie sich unter bestimmten Bedingungen vielleicht auch auf Verlust/Gewinn einlassen, um den anderen zu bestätigen. »Was ich will, ist mir nicht so wichtig wie meine Beziehung zu dir. Laß es uns diesmal so machen, wie du willst.« Vielleicht nehmen Sie Verlust/Gewinn auch hin, wenn die Zeit und Mühe, etwas anderes zu erreichen, höhere Werte verletzen würde, wenn es die Sache einfach nicht wert ist.

Es gibt Umstände, unter denen Sie einfach nur gewinnen wollen und sich keine großen Sorgen darum machen, was das für andere bedeutet. Wenn beispielsweise das Leben Ihres Kindes in Gefahr wäre, wären Sie bestenfalls peripher an anderen Leuten und Gegebenheiten interessiert. Das Leben Ihres Kindes zu retten hätte absoluten Vorrang.

Die beste Wahl hängt demnach von der gegebenen Realität ab. Die Herausforderung liegt darin, diese Realität richtig einzuschätzen und nicht Gewinn/Verlust oder andere Prägungen auf jede Situation zu übertragen. Die meisten Situationen sind Teil einer interdependenten Realität, und dann ist Gewinn/Gewinn wirklich die einzig lebensfähige unter den fünf Alternativen.

Gewinn/Verlust ist das nicht. Ich kann zwar in einer Konfrontation mit Ihnen scheinbar gewinnen, aber Ihre Gefühle, Ihre Einstellung zu mir und unsere Beziehung haben gelitten. Wenn ich beispielsweise Zulieferer für Ihre Firma bin und bei irgendwelchen Verhandlungen meine Bedingungen gegen Ihre durchdrücke, bekomme ich vielleicht in dem Moment das, was ich will. Aber werden Sie wieder zu mir kommen? Mein kurzfristiger Gewinn könnte langfristig ein Verlust sein, weil Sie mir keine Nachfolge-Aufträge geben. Also ist interdependenter Gewinn/Verlust auf lange Sicht in Wirklichkeit Verlust/Verlust.

Wenn wir mit Verlust/Gewinn aus den Verhandlungen kommen, sieht es in dem Augenblick so aus, als hätten Sie bekommen, was Sie wollten. Aber wie wird das meine Haltung zu der Arbeit mit Ihnen und meine Bereitschaft, den Vertrag einzuhalten, beeinflussen? Ich werde vielleicht nicht so eifrig darum bemüht sein, es Ihnen recht zu machen. Ich trage die Narben aus dieser Schlacht mit in die nächste Verhandlung. Meine Einstellung zu Ihnen und Ihrer Firma dringt vielleicht auch nach außen, denn ich habe schließlich viele Kontakte in Ihrer Branche. Also sind wir wieder bei Verlust/Verlust. Das wiederum ist ganz offensichtlich in keinem Zusammenhang lebensfähig. Und wenn ich mich ganz auf meinen eigenen Gewinn ausrichte und Ihren Standpunkt vollkommen ignoriere, gibt es keine Basis für irgendeine Art von produktiver Beziehung.

Auf lange Sicht gewinnen wir entweder beide oder verlieren beide. Darum ist Gewinn/Gewinn in interdependenten Realitäten die einzige echte Alternative.

Ich habe einmal mit einem Klienten gearbeitet, der Geschäftsführer einer großen Filialkette war. Er meinte: »Stephen, diese Gewinn/Gewinn-Geschichte klingt gut, aber sie ist so idealistisch. Es gibt überall Gewinn/Verlust, und wenn man nicht da draußen ist und das Spiel mitspielt, dann kann man es einfach nicht schaffen.«

»Na gut«, sagte ich, »versuchen Sie doch mal mit Ihren Kunden auf Gewinn/Verlust zu gehen. Ist das realistisch?«

»Na ja, eigentlich nicht«, antwortete er.

»Warum nicht?«

»Ich würde meine Kunden verlieren.«

»Dann probieren Sie's mit Verlust/Gewinn. Geben Sie den Laden auf. Ist das realistisch?«

»Nein. Kein Spielraum, kein Auftrag.«

Wir betrachteten die verschiedenen Alternativen, und Gewinn/Gewinn schien der einzig wirklich realistische Ansatz.

»Ich vermute, daß das für die Kunden stimmt«, gab er zu. »Aber nicht für die Lieferanten.«

»Sie sind der Kunde des Lieferanten«, meinte ich. »Warum gilt da nicht dasselbe?«

»Nun, wir haben neulich mit den Eigentümern und Betreibern der Einkaufszentren unsere Leasing-Bedingungen diskutiert«, sagte er. »Wir sind wirklich mit einer Gewinn/Gewinn-Haltung in die Gespräche hineingegangen. Wir waren offen, flexibel und verhandlungsbereit. Aber sie haben das als weich und schwach interpretiert und uns über den Tisch gezogen.«

»Tja, warum wollten Sie denn Verlust/Gewinn?« fragte ich.

»Wollten wir nicht. Wir waren auf Gewinn/Gewinn aus.«

»Ich dachte, Sie hätten gesagt, die anderen hätten Sie über den Tisch gezogen.«

»Haben sie auch.«

»Also haben Sie mit anderen Worten verloren.«

»Stimmt.«

»Und die haben gewonnen.«

»Richtig.«

»Und wie nennt man das dann?«

Als er erkannte, daß das, was er Gewinn/Gewinn nannte, in Wirklichkeit Verlust/Gewinn war, war er schockiert. Wir betrachteten gemeinsam die langfristigen Auswirkungen dieses Verlust/Gewinn-Geschäfts, die unterdrückten Gefühle, die mißachteten Wertvorstellungen, die Feindseligkeit, die unter der Oberfläche dieser Beziehung brodelte, und waren uns einig, daß es letzten Endes für beide Seiten ein Verlust war. Wenn dieser Mann eine echte Gewinn/Gewinn-Einstellung gehabt hätte, wäre er länger in dem Kommunikationsprozeß geblieben, hätte den Eigentümern besser zugehört und dann seine eigene Meinung mit mehr Mut vorgetragen. Er hätte im Geiste von Gewinn/Gewinn so lange weitergemacht, bis sie auf eine Lösung gekommen wären, mit der sich beide Seiten wohl fühlen konnten. Und diese Lösung, die dritte Alternative, wäre synergistisch gewesen – vermutlich etwas, worauf keine von beiden allein gekommen wäre.

Gewinn/Gewinn oder ›Kein Geschäft‹

Wenn diese Menschen nicht auf eine synergistische Lösung gekommen waren, eine, die beiden paßte, hätten sie sich auf eine noch höhere Ausdrucksform von Gewinn/Gewinn einigen können. Gewinn/Gewinn oder ›Kein Geschäft‹.

Kein Geschäft heißt im wesentlichen, daß wir in dem Fall, wo wir zu keiner für uns beide angenehmen Lösung kommen, uns darüber einig sind, daß es dann eben kein Geschäft gibt. Es sind keine Erwartungen geschaffen und keine Verträge über Leistungen gemacht worden. Ich stelle Sie nicht ein, oder wir übernehmen nicht gemeinsam einen bestimmten Auftrag, da es offensichtlich ist, daß unsere Werte und Ziele in unterschiedlichen Richtungen liegen. Es ist so viel besser, das gleich zu Beginn zu erkennen als später, wenn Erwartungen entstanden und beide Parteien desillusioniert sind.

Wenn Sie ›Kein Geschäft‹ als Option im Hinterkopf haben, fühlen Sie sich befreit, weil es nicht notwendig ist, Leute zu manipulieren, Ihre eigenen Termine zu drängen, um das zu kämpfen, was Sie wollen. Sie können offen sein. Sie können wirklich versuchen zu verstehen, welche tieferen Fragen den gegensätzlichen Positionen zugrunde liegen.

Mit der Option ›Kein Geschäft‹ können Sie ehrlich sagen: »Ich will mich nur auf Gewinn/Gewinn einlassen. Ich möchte gewinnen, und Sie möchten gewinnen. Ich möchte mich nicht in einer Weise durchsetzen, mit der Sie sich dann später nicht wohl fühlen, denn das würde irgendwann an die Oberfläche kommen und nicht tragfähig sein. Andererseits würden Sie sich auch nicht gut fühlen, wenn ich nachgäbe und Sie bekämen, was Sie wollten. Also lassen Sie uns an Gewinn/Gewinn arbeiten. Wir können wirklich alles abklopfen, und wenn wir dann immer noch nichts finden, dann sind wir uns einig, daß es eben kein Geschäft gibt. Es wäre besser, kein Geschäft zu machen, als mit einer Entscheidung zu leben, die nicht für uns beide stimmt. Das hält uns die Möglichkeit offen, vielleicht ein andermal zusammenzukommen.«

Einige Zeit nachdem der Geschäftsführer einer kleineren Computer-Software-Firma das Konzept von Gewinn/Gewinn oder ›Kein Geschäft‹ kennengelernt hatte, erzählte er mir folgende Geschichte:

»Wir hatten eine neue Software entwickelt, die wir einer bestimmten Bank mit einem Fünfjahresvertrag verkauft hatten. Der Bankvorstand war ganz begeistert, aber seine Leute standen nicht wirklich hinter der Entscheidung.

Ungefähr einen Monat später wechselte der Vorstand der Bank. Der neue kam zu mir und meinte: ›Ich fühle mich nicht wohl mit diesen Software-Umstellungen. Hier herrscht völliges Durcheinander. Die Leute sagen, daß sie das nicht durchziehen können, und ich habe im Moment das Gefühl, es nicht einfach durchdrücken zu können.‹

Meine eigene Firma steckte in großen finanziellen Schwierigkeiten. Ich wußte, daß ich jedes rechtliche Mittel hatte, den Vertrag durchzusetzen. Aber ich war inzwischen von dem Wert des Gewinn/Gewinn-Denkens überzeugt.

Also sagte ich ihm: ›Wir haben einen Vertrag. Ihre Bank hat unsere Produkte und unsere Dienste gekauft, um sich auf dieses Programm umzustellen. Aber wir können verstehen, daß Sie sich damit nicht wohl fühlen. Also möchten wir Ihnen den Vertrag und Ihre Anzahlung zurückgeben. Wenn Sie in der Zukunft je nach einer Software-Lösung suchen, dann würden wir uns freuen, wenn Sie sich wieder an uns wenden würden.‹

Ich gab wirklich buchstäblich einen Vertrag über 84 000 Dollar auf. Das war beinahe finanzieller Selbstmord. Aber ich hatte das Gefühl, daß es sich, wenn der Grundgedanke stimmte, langfristig auszahlen und Dividende bringen würde.

Drei Monate später rief der neue Vorstand bei mir an. ›Ich werde nun Veränderungen an der Datenverarbeitung vornehmen‹, sagte er. ›Und ich möchte mit Ihnen ins Geschäft kommen.‹ Wir haben einen Vertrag über 240 000 Dollar abgeschlossen.«

Alles außer Gewinn/Gewinn ist in einer interdependenten Realität ein mieser zweiter Platz, der langfristig Auswirkungen auf die Beziehung haben wird. Die Kosten dieser Auswirkungen müssen sorgfältig überdacht werden. Wenn Sie keine echte Gewinn/Gewinn-Situation erreichen können, tun Sie oft besser daran, kein Geschäft zu machen.

Gewinn/Gewinn oder ›Kein Geschäft‹ sorgt in der Familienbeziehung für riesige emotionale Freiheit. Wenn die Familienmitglieder sich nicht einigen können, welchen Film sie anschauen wollen, können sie einfach beschließen, etwas anderes zu tun – ›Kein Geschäft‹ –, statt daß einige den Abend auf Kosten der anderen genießen.

*

Ich habe eine Freundin, deren Familie seit Jahren gemeinsam singt. Als die Kinder klein waren, hat sie die Musik arrangiert, die Kostüme gemacht, sie auf dem Klavier begleitet und die Vorstellung geleitet.

Als die Kinder heranwuchsen, begann sich ihr Musikgeschmack zu ändern, und sie wollten mehr dabei mitreden, was aufgeführt und welche Kostüme getragen wurden. Sie reagierten weniger positiv auf Anweisungen.

Meine Freundin hatte selbst jahrelange Erfahrung mit solchen Darbietungen und stand den Erwartungen der Senioren in den Altenheimen, in denen sie auftreten wollten, näher. Sie wußte daher, daß viele der Vorschläge, die die Kinder machten, recht unpassend waren. Andererseits erkannte sie deren Bedürfnis, sich auszudrücken und an der Entscheidungsfindung teilzuhaben.

Also beschloß sie, daß es entweder Gewinn/Gewinn oder ›Kein Geschäft‹ geben würde. Sie schlug den Kindern vor, gemeinsam eine Vereinbarung zu erarbeiten, mit der sich alle wohl fühlten – oder einfach andere Wege suchen, wie sie ihre Talente genießen könnten. Dadurch fühlte sich jeder frei, seine Vorstellungen und Gefühle zu äußern, und sie arbeiteten in dem Bewußtsein, daß es im Falle fehlender Einigungsmöglichkeiten keine emotionalen Nachspiele geben würde, an einer Gewinn/Gewinn-Vereinbarung.

Der Gewinn/Gewinn-oder-›Kein-Geschäft‹-Ansatz ist zu *Beginn* einer Geschäftsbeziehung oder Unternehmung am realistischsten. Bei einer fortdauernden Geschäftsbeziehung kann ›Kein Geschäft‹ eine nicht lebensfähige Option sein, die zu ernsten Problemen führen würde. Das gilt besonders für Familienbetriebe oder solche, die ursprünglich auf der Basis einer Freundschaft gestartet wurden.

In dem Versuch, die Beziehung zu erhalten, machen manche Leute über Jahre einen Kompromiß nach dem nächsten. Sie denken dabei Gewinn/Verlust oder Verlust/Gewinn und reden von Gewinn/Gewinn. Das schafft für die Menschen und das Geschäft ernsthafte Probleme, besonders wenn die Konkurrenz mit Gewinn/Gewinn und Synergie arbeitet. Ohne die Option ›Kein Geschäft‹ gehen viele solcher Betriebe einfach ein oder müssen professionellen Managern übergeben werden. Die Erfahrung zeigt, daß es bei der Gründung von Familienbetrieben oder gemeinsamen Geschäften mit Freunden besser ist anzuerkennen, daß irgendwann ›Kein Geschäft‹ nötig werden könnte, und irgendeine Form von Kauf/Verkauf-Vereinbarung zu treffen, damit das Geschäft prosperieren kann, ohne die Beziehung anhaltend zu schädigen.

Natürlich gibt es auch Beziehungen, in denen ›Kein Geschäft‹ nicht möglich ist. Ich würde mein Kind oder meinen Ehepartner nicht verlassen, um ›Kein Geschäft‹ zu machen (in dem Fall wäre es, wenn nötig, besser, einen Kompromiß zu suchen, eine niedrige Form von Gewinn/Gewinn). Aber in vielen Fällen ist es möglich, mit einer vollen Gewinn/Gewinn-oder-›Kein-Geschäft‹-Haltung in die Verhandlungen zu gehen. Und diese Haltung beinhaltet unglaublich viel Freiheit.

Fünf Dimensionen von Gewinn/Gewinn

Gewinn/Gewinn zu denken ist der Weg des sozialen Führungsverhaltens. Dazu gehört die Ausübung der einzigartigen Gaben des Menschen – Selbstbewußtsein, Vorstellungsvermögen, Gewissen und unabhängiger Wille – in unseren Beziehungen zu anderen. Das beinhaltet gegenseitiges Lernen, gegenseitigen Einfluß und gegenseitige Vorteile.

Es gehört viel Mut und Rücksicht dazu, diese gegenseitigen Vorteile zu schaffen, besonders wenn wir mit Leuten umgehen, die tief von Gewinn/Verlust geprägt sind.

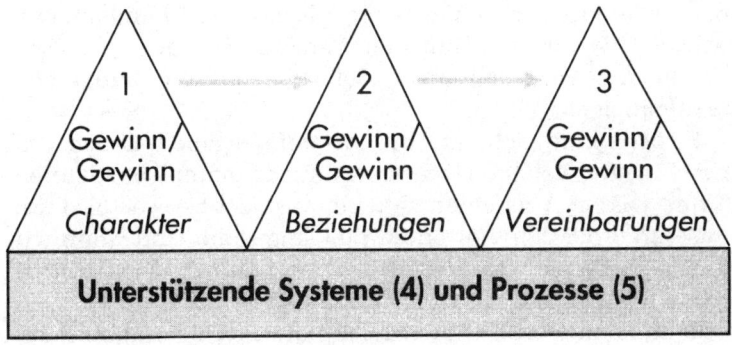

Deswegen gehören zum Gewinn/Gewinn-Denken Prinzipien des sozialen Führens. Effektives soziales Führungsverhalten erfordert Vision, pro-aktive Initiative und die Sicher-

heit, Anleitung, Weisheit und Kraft, die von einer prinzipien-orientierten persönlichen Führung stammen.

Gewinn/Gewinn ist die Grundlage für Erfolg bei allen unseren Interaktionen, und es umfaßt fünf interdependente Dimensionen des Lebens. Es beginnt mit *Charakter*, geht zu *Beziehungen*, aus denen *Vereinbarungen* erwachsen. Es wird
in einer Umgebung genährt, in der die *Struktur und die Systeme* auf Gewinn/Gewinn beruhen. Und es umfaßt den *Prozeß*, wir können keine Gewinn/Gewinn-Ergebnisse mit Ge-
winn/Verlust- oder Verlust/Gewinn-Mitteln erreichen.

Lassen Sie uns nun die fünf Dimensionen der Reihe
nach betrachten.

Charakter

Charakter ist die Grundlage von Gewinn/Gewinn, und alles
andere baut auf diesem Fundament auf. Es gibt drei Cha-
rakterzüge, die für das Paradigma von Gewinn/Gewinn wesentlich sind.

Integrität. Wir haben Integrität bereits als den Wert definiert, den wir uns selbst beimessen. Der 1., 2. und 3. Weg
helfen uns, Integrität zu entwickeln und zu bewahren.
Wenn wir unsere Werte klar identifizieren und täglich auf
der Grundlage dieser Werte organisieren und handeln, entwickeln wir durch sinnvolle Versprechen und das Einhalten von Verpflichtungen Selbst-Bewußtsein und einen
unabhängigen Willen.

Es ist unmöglich, uns in unserem eigenen Leben auf
Gewinn auszurichten, wenn wir nicht einmal im tieferen
Sinne wissen, was einen Gewinn ausmacht – was also mit
unseren innersten Werten im Einklang steht. Und wenn wir
uns selbst und anderen gegenüber keine Verpflichtungen eingehen und sie erfüllen können, werden unsere Verpflichtungen wertlos. Wir wissen das, und die anderen wissen es auch. Sie spüren Zweideutigkeit und werden vorsichtig. Es gibt keine Vertrauensgrundlage, und Gewinn/Ge-
winn wird zu einer ineffektiven, oberflächlichen Technik.
Integrität ist der Eckstein dieses Fundaments.

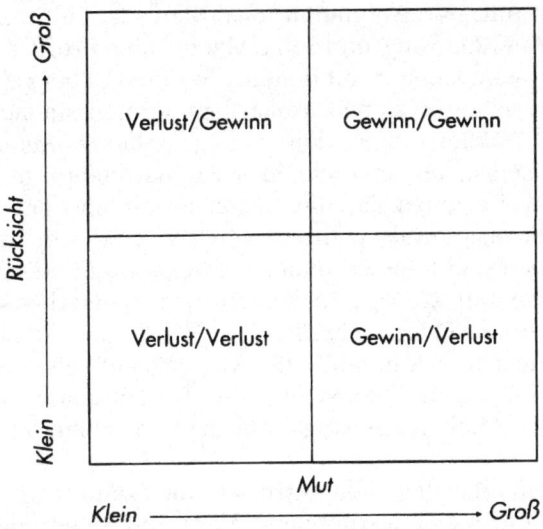

Reife. Reife ist das *Gleichgewicht von Mut und Rücksicht.*
Wenn ein Mensch seine Gefühle und Überzeugungen mit
ebenso viel Mut wie Rücksicht auf die Gefühle und Einstellungen des anderen ausdrücken kann, dann ist er reif, besonders, wenn die Frage für beide Seiten sehr wichtig ist.

Man braucht sowohl großen Mut wie Rücksicht, um Ge-
winn/Gewinn zu erreichen. Die Ausgewogenheit zwischen
den beiden ist das Kennzeichen echter Reife. Wenn ich sie
habe, kann ich zuhören, mitfühlend verstehen, aber auch
mutig in eine Konfrontation gehen.

Die Mentalität der Fülle. Der dritte Charakterzug, der für
Gewinn/Gewinn wesentlich ist, ist die Mentalität der Fülle,
das Paradigma, daß da draußen reichlich für alle ist.

Die meisten Leute sind tief von dem geprägt, was ich die
Mentalität des Mangels nenne. Sie meinen, das Leben habe
nur soundso viel zu geben, als ob es da draußen nur einen
einzigen Kuchen gäbe. Wenn dann jemand anders ein großes Stück abbekommt, würde das bedeuten, daß für alle anderen weniger bleibt. Die Mentalität des Mangels ist das
Nullsummen-Paradigma des Lebens.

Leuten mit der Mentalität des Mangels fällt es sehr schwer, Anerkennung und Lob, Macht oder Profit mit anderen zu teilen – selbst mit denen, die ihnen dabei geholfen haben, etwas zu erreichen. Außerdem können sie sich nur schlecht wirklich über den Erfolg anderer Menschen freuen – selbst, und manchmal sogar besonders, mit Mitgliedern der eigenen Familie, engen Freunden oder Kollegen. Es ist fast so, als würde ihnen etwas weggenommen, wenn jemand anderes besondere Anerkennung oder einen überraschenden Gewinn bekommt oder bemerkenswerte Leistungen und Erfolge erzielt.

Wer eine solche Mentalität des Mangels aufweist, tut sich schwer, Teil eines Teams zu sein. Er betrachtet Unterschiede als Zeichen des Ungehorsams und fehlender Loyalität.

Die Mentalität der Fülle entspricht dagegen einem tiefen inneren Gefühl von persönlichem Wert und Sicherheit. Das Paradigma heißt, daß es da draußen reichlich gibt und genug für alle da ist. Es führt dazu, daß man Prestige, Anerkennung, Profite und Entscheidungsfindungen teilen kann. Es eröffnet Möglichkeiten, Optionen, Alternativen und Kreativität.

Die Mentalität der Fülle trägt die persönliche Freude, Zufriedenheit und Erfüllung des 1., 2. und 3. Weges nach außen und schätzt die Einzigartigkeit, die innere Ausrichtung, die pro-aktive Natur anderer Menschen. Sie erkennt die unbegrenzten Möglichkeiten für positives Wachstum und Entwicklung miteinander und schafft neue dritte Alternativen.

Öffentlicher Sieg heißt nicht Sieg über andere Menschen. Er bedeutet Erfolg bei effektiven Interaktionen, die allen Beteiligten gleichermaßen förderliche Ergebnisse bringen. Öffentlicher Sieg heißt, zusammen zu arbeiten, miteinander zu kommunizieren, gemeinsam Dinge zustande zu bringen, die keiner allein und unabhängig von den anderen schaffen könnte. Und der öffentliche Sieg ist eine Folge des Paradigmas der Fülle.

Ein Charakter mit viel Integrität, Reife und der Mentalität der Fülle hat bei menschlichen Interaktionen eine Echtheit, die viel weiter geht als Techniken oder das Fehlen derselben.

Beziehungen

Gewinn/Gewinn-Beziehungen bauen und unterhalten wir auf dem Fundament des Charakters. Das Vertrauen, das Beziehungskonto, ist die Essenz von Gewinn/Gewinn. Ohne Vertrauen können wir bestenfalls Kompromisse eingehen; ohne Vertrauen fehlt es uns an der Glaubwürdigkeit für offenes, gegenseitiges Lernen, Kommunikation und echte Kreativität.

Aber wenn unser Beziehungskonto gut gefüllt ist, ist Glaubwürdigkeit kein Thema mehr. Wir haben so viele Einzahlungen gemacht, daß Sie und ich wissen, daß wir tiefen Respekt füreinander haben. Wichtig sind für uns die anstehenden Fragen, nicht Persönlichkeiten oder Positionen.

Da wir einander vertrauen, sind wir offen. Wir legen unsere Karten auf den Tisch. Auch wenn wir die Dinge unterschiedlich sehen, weiß ich, daß Sie bereit sind, mit Respekt zuzuhören, wenn ich Ihnen die junge Frau beschreibe, und Sie wissen, daß ich genauso aufmerksam Ihrer Beschreibung der alten Frau folgen werde. Wir sind beide darauf aus, den Standpunkt des anderen wirklich zu verstehen und gemeinsam an einer dritten Alternative zu arbeiten, einer synergistischen Lösung, die für uns beide die bessere Antwort sein wird.

Eine Beziehung, in der die Bankkonten gut gefüllt sind und beide Parteien sich dem Prinzip von Gewinn/Gewinn verpflichtet fühlen, ist das ideale Sprungbrett für beachtliche Synergie (6. Weg). Diese Beziehung macht die Streitfrage weder weniger wirklich oder wichtig, noch eliminiert sie die unterschiedlichen Sichtweisen. Aber sie schließt die negative Energie aus, die normalerweise die Unterschiede in der Persönlichkeit und der Position fixiert, und schafft eine positive, kooperative Energie, die darauf abzielt, die

Fragen ganz zu verstehen und auf beiderseitig befriedigende Weise zu lösen.

Was aber, wenn die Beziehung nicht so ist? Was passiert, wenn Sie mit jemandem eine Vereinbarung ausarbeiten müssen, der überhaupt noch nie von Gewinn/Gewinn gehört hat und stark von Gewinn/Verlust oder einer anderen Philosophie geprägt ist?

Mit Gewinn/Verlust umzugehen ist der wirkliche Test für Gewinn/Gewinn. Selbst unter günstigen Bedingungen ist Gewinn/Gewinn meist nicht leicht zu erreichen, denn man muß sich mit tiefen Fragen und fundamentalen Unterschieden auseinandersetzen. Aber es geht viel leichter, wenn beide Parteien sich des Grundgedankens bewußt sind und ihn anerkennen und das Beziehungskonto gut gefüllt ist.

Aber auch wenn man es mit jemandem zu tun hat, der aus dem Gewinn/Verlust-Paradigma kommt, ist die Qualität der Beziehung der Schlüssel. Sie müssen sich auf Ihren Einflußbereich konzentrieren. Sie machen durch echte Höflichkeit, Respekt und Wertschätzung für diesen Menschen und seinen Standpunkt Einzahlungen auf das Beziehungskonto. Sie bleiben länger im Kommunikationsprozeß. Sie hören mehr und besser zu. Sie haben mehr Mut, sich auszudrücken. Sie sind nicht reaktiv. Sie gehen tiefer in sich hinein, um die Charakterstärke zu finden, pro-aktiv zu sein. Sie machen immer so weiter, bis der andere zu erkennen beginnt, daß Sie wirklich eine Lösung wollen, die für Sie beide ein echter Gewinn sein wird. Allein dieser Prozeß ist eine riesige Einzahlung auf das Beziehungskonto. Und je stärker Sie sind – je echter Ihr Charakter, je höher die Ebene Ihrer Pro-Aktivität, je mehr Sie wirklich auf Gewinn/Gewinn ausgerichtet sind –, desto stärker wird Ihr Einfluß auf diesen anderen Menschen sein. Das ist der wirkliche Test für Führungsqualität. Sie geht über transaktionales Führungsverhalten hinaus und wird transformativ, denn sie transformiert sowohl die betroffenen Menschen wie die Beziehung.

Da man den Weg von Gewinn/Gewinn im eigenen Leben überprüfen kann, werden Sie die meisten Leute zu der Erkenntnis bringen können, daß sie mehr von dem bekommen werden, was sie persönlich wollen, wenn sie sich auf das einlassen, was Sie beide wollen. Aber es wird ein paar geben, die so tief in der Gewinn/Verlust-Mentalität stecken, daß sie einfach nicht Gewinn/Gewinn denken können. Vergessen Sie also nicht, daß es immer noch die Option ›Kein Geschäft‹ gibt. Vielleicht entscheiden Sie sich gelegentlich auch für die niedrige Form von Gewinn/Gewinn – den Kompromiß.

Es ist wichtig zu erkennen, daß nicht alle Entscheidungen Gewinn/Gewinn bedeuten müssen, auch wenn das Beziehungskonto im Positiven ist. Der Schlüssel liegt wieder in der Beziehung. Nehmen wir an, Sie und ich würden zusammen arbeiten. Sie kommen zu mir und sagen: »Stephen, ich weiß, daß Ihnen diese Entscheidung nicht gefallen wird. Ich habe keine Zeit, sie Ihnen zu erklären oder Sie mit einzubeziehen. Es ist gut möglich, daß Sie sie für falsch halten. Aber werden Sie sie unterstützen?«

Wenn Sie ein Guthaben auf dem Beziehungskonto hätten, würde ich sie natürlich unterstützen. Ich würde hoffen, daß Sie im Gegensatz zu mir das bessere Gespür hätten. Ich würde mich dafür einsetzen, daß Ihre Entscheidung zu einem guten Ergebnis führt.

Wenn es aber kein Guthaben auf dem Beziehungskonto gäbe und ich reaktiv wäre, würde ich sie nicht wirklich unterstützen. Vielleicht würde ich so tun, als ob, aber hinter Ihrem Rücken wäre ich nicht sehr begeistert. Ich würde nicht so viel investieren wie für den Erfolg notwendig. »Es hat nicht geklappt«, würden Sie dann von mir hören. »Was soll ich denn jetzt machen?« Wenn ich überreaktiv wäre, würde ich Ihre Entscheidung vielleicht sogar torpedieren und versuchen, andere auch dahingehend zu beeinflussen. Oder ich würde mich in ›boshaftem Gehorsam‹ üben, genau und ausschließlich das tun, was Sie mir gesagt haben, und keine Verantwortung für die Ergebnisse übernehmen.

Eine Vereinbarung heißt dem Buchstaben nach herzlich wenig, wenn der Charakter und die Beziehung sie nicht im

Geiste tragen. Also müssen wir uns Gewinn/Gewinn mit dem echten Wunsch nähern, in die Beziehungen zu investieren, die das möglich machen.

Vereinbarungen

Aus Beziehungen entstehen die Vereinbarungen, die dem Gewinn/Gewinn-Denken Bedeutung und Richtung verleihen. Sie werden manchmal Leistungs- oder Partnerschaftsvereinbarungen genannt, wobei das Paradigma der produktiven Interaktion von hierarchisch zu gleichrangig wechselt, von Fremdkontrolle zu Selbstkontrolle. Das Verteidigen der eigenen Position wird zu einer Partnerschaft im Erfolg.

In einer Gewinn/Gewinn-Vereinbarung werden die fünf Elemente von Seite 157 und 158 ganz deutlich.

Es ist für den menschlichen Geist edler, Menschen sich selbst beurteilen zu lassen, als über sie zu urteilen. Und in einer Kultur mit hohem Vertrauensgrad gilt dies um so mehr. In vielen Fällen spüren die Menschen, wie die Dinge laufen; viel mehr, als Berichte es zeigen können. Urteilskraft und Unterscheidungsvermögen sind oft viel genauer als Beobachtungen oder Messungen.

Gewinn/Gewinn-Management-Training

Vor ein paar Jahren hatte ich indirekt mit einem Beratungsprojekt bei einer Großbank mit unzähligen Niederlassungen zu tun. Wir sollten ihr Management-Trainingsprogramm, in das jährlich weit über eine Million Dollar investiert wurde, auswerten und verbessern. Ein Teil des bisherigen Programms bestand daraus, junge Leute mit College-Abschluß auszuwählen, die dann in sechs Monaten zwölf vierzehntägige Aufgaben in verschiedenen Abteilungen zugewiesen bekamen, um ihnen einen allgemeinen Eindruck der Branche zu vermitteln. Sie verbrachten je zwei Wochen in den Kreditabteilungen für private und kommerzielle Darlehen, zwei Wochen mit Marketing, zwei Wochen in der Kundenbetreuung und so weiter. Am Ende der sechs Monate bekamen sie Stellungen im mittleren Management in den verschiedenen Niederlassungen.

Unsere Aufgabe war es, dieses formale Trainingsprogramm zu beurteilen. Als wir anfingen, stellten wir fest, daß der schwierigste Teil des Auftrags darin lag, ein klares Bild von den gewünschten Ergebnissen zu bekommen. Wir fragten die zuständigen Direktoren ganz klar: »Was sollten diese Leute können, wenn sie das Programm hinter sich haben?« Die Antworten waren oft vage und widersprüchlich.

In dem Trainingsprogramm ging es um Methoden, nicht um Ergebnisse. Also schlugen wir vor, daß sie ein Pilot-Programm aufstellen sollten, das auf einem anderen Paradigma beruhte, nämlich ›schüler-kontrolliertem Lernen‹. Dies war eine Gewinn/Gewinn-Vereinbarung. Sie schloß die Identifikation von bestimmten Zielen und Kriterien ein, anhand derer die Leistungen gemessen werden konnten. Die Richtlinien, Ressourcen und Verantwortlichkeiten sollten samt den Konsequenzen aufgezeigt werden. Die Konsequenzen waren in diesem Fall die Beförderung ins mittlere Management, wo die Trainees den Praxis-Teil der Ausbildung und ein bedeutend höheres Gehalt bekommen würden.

Wir mußten wirklich Druck machen, um die Ziele definiert zu bekommen. »Was sollen sie von Buchhaltung verstehen? Was über Marketing wissen? Was über Hypotheken?« Und so ging es die ganze Liste lang weiter. Schließlich wurden etwa hundert Ziele zusammengetragen, die von uns vereinfacht, reduziert und zusammengefaßt wurden, bis wir bei 39 spezifischen Verhaltenszielen mit entsprechenden Kriterien angelangt waren.

Die Trainees waren sowohl durch die besondere Chance wie durch das höhere Gehalt hoch motiviert, die Kriterien so schnell wie möglich zu erfüllen, und auch die Bank konnte viel gewinnen. Sie würde in den Filialen Manager haben, die ergebnis-orientierte Kriterien erfüllt hatten und nicht nur durch zwölf Aktivitätsfallen gestolpert waren. Also erklärten wir den Trainees den Unterschied zwischen von ihnen selbst kontrolliertem Lernen und system-kontrollierter Unterweisung. Im Grunde hieß es: »Hier sind die Ziele und die Kriterien. Dies sind die Ressourcen, einschließlich der Tatsache, daß ihr voneinander lernen könnt. Also legt los. Sobald ihr die Kriterien erfüllt, werdet ihr ins mittlere Management befördert.«

Sie waren in dreieinhalb Wochen fertig. Der Wandel des Trainings-Paradigmas hatte unglaubliche Motivation und Kreativität freigesetzt. Wie bei vielen Paradigmenwechseln gab es auch hier Widerstand. Fast alle Top-Leute wollten es einfach nicht glauben. Als wir ihnen die Beweise dafür zeigten, daß die Kriterien erfüllt worden waren, meinten sie: »Diese Trainees haben nicht genug Erfahrung. Es fehlt ihnen an Reife, um über die Urteilskraft zu verfügen, die wir von den Leuten in den Filialen brauchen.« In späteren Gesprächen stellten wir fest, daß ihre Worte in Wirklichkeit hießen: »Wir haben die ganze Ochsentour durchgemacht; wieso müssen diese Leute das nicht?« Aber so konnten sie es natürlich nicht formulieren. »Es fehlt ihnen an Reife« war eine sehr viel akzeptablere Ausdrucksform.

Außerdem war, aus offensichtlichen Gründen (einschließlich des riesigen Budgets für das sechsmonatige Programm), die Personalabteilung entsetzt. Also antworteten wir: »In Ordnung. Entwickeln wir noch mehr Ziele mit entsprechenden Kriterien. Aber lassen Sie uns bei dem Paradigma des schüler-kontrollierten Lernens bleiben.« Wir gelangten zu acht weiteren Zielen mit sehr strengen Kriterien, um den Führungspersonen die Sicherheit zu geben, daß die Trainees ausreichend gut darauf vorbereitet waren, in die Filialen zu gehen und den Praxis-Teil ihrer Ausbildung weiterzuführen. Nachdem sie an einigen der Sitzungen teilgenommen hatten, bei denen diese Kriterien erarbeitet wurden, meinten manche Direktoren, wer auch immer diese erfüllen könne, sei auf alle Fälle besser vorbereitet als diejenigen, die das sechsmonatige Programm absolviert hätten.

Wir hatten die Trainees auf Widerstand vorbereitet. Wir brachten ihnen die zusätzlichen Ziele und Kriterien und sagten: »Genau wie erwartet möchte das Management, daß ihr noch ein paar Ziele mit noch viel strengeren Kriterien erreicht. Sie haben uns diesmal versichert, daß ihr ins Mittelmanagement kommt, wenn ihr sie erfüllt.«

Sie machten sich auf geradezu unglaublichen Wegen an die Arbeit. Sie gingen etwa zum Leiter der Buchhaltung und sagten: »Ich bin ein Mitglied des neuen Pilot-Programms mit schüler-kontrolliertem Lernen. Ich habe gehört, daß Sie bei der Entwicklung der Ziele und Kriterien mitgearbeitet haben.

Ich habe in dieser bestimmten Abteilung sechs Aufgaben zu erfüllen. Drei davon konnte ich aufgrund meines Collegewissens erledigen. Bei einer konnte ich mich auf ein Fachbuch stützen. Die fünfte habe ich mir von Tom erklären lassen, den Sie letzte Woche hier ausgebildet haben. Nun bleibt eine Aufgabe, und ich möchte fragen, ob Sie oder jemand anders in Ihrer Abteilung ein paar Stunden Zeit hätten, mir zu zeigen, wie diese Sache funktioniert.« Also verbrachten sie in der Abteilung keine zwei Wochen, sondern nur einen halben Tag.

Die Trainees kooperierten miteinander, trieben Brainstorming und erreichten die zusätzlichen Ziele in anderthalb Wochen. Das sechsmonatige Programm wurde auf fünf Wochen reduziert, und die Ergebnisse wurden deutlich besser.

Diese Art des Denkens kann jeden Bereich von Organisation beeinflussen, wenn Menschen den Mut haben, ihre Paradigmen zu untersuchen und sich auf Gewinn/Gewinn zu konzentrieren. Ich bin immer wieder überrascht, welche Ergebnisse sowohl bei einzelnen wie bei Organisationen erreicht werden, wenn verantwortliche, pro-aktive, selbst-leitende Individuen auf eine Aufgabe angesetzt werden.

Gewinn/Gewinn-Leistungs-Vereinbarungen

Gewinn/Gewinn-Leistungs-Vereinbarungen zu schaffen erfordert vitale Paradigmenwechsel. Der Blick ist auf die Ergebnisse gerichtet, nicht auf die Methoden. Die meisten von uns neigen dazu, Methoden zu überwachen. Wir benutzen die Laufburschen-Delegation, über die wir beim 3. Weg gesprochen haben. Aber Gewinn/Gewinn-Vereinbarungen schauen auf Ergebnisse, setzen ein riesiges, individuelles menschliches Potential frei und schaffen größere Synergie. Sie bauen in diesem Prozeß PK auf, statt ausschließlich auf P zu schauen.

Bei Gewinn/Gewinn-Verantwortlichkeit beurteilen sich die Menschen selbst. Die traditionellen Bewertungsformen, mit denen die Menschen herumspielen, sind ungelenk und ermüdend. Bei Gewinn/Gewinn schätzen die Menschen sich selbst unter Verwendung der ursprünglich von ihnen selbst mit aufgestellten Kriterien ein. Und wenn Sie den richtigen Rahmen dafür schaffen, können Menschen das sehr gut. Mit einer Gewinn/Gewinn-Vereinbarung kann selbst ein Siebenjähriger recht gut beurteilen, ob er seinen Aufgaben gerecht wird.

Meine besten Erfahrungen in Universitätskursen habe ich damit gemacht, daß ich ein gemeinsames Gewinn/Gewinn-Verständnis des angepeilten Ziels geschaffen habe. »Das ist es, was wir erreichen wollen. Dies sind die grundlegenden Voraussetzungen für eine gute, eine mittlere oder eine schlechte Note. Mein Ziel ist es, jedem von euch dabei zu helfen, eine gute Note zu erreichen. Ihr nehmt jetzt das, was wir besprochen haben, entwickelt eure eigenen Vorstellungen davon, was ihr ganz individuell dazu leisten wollt. Dann kommen wir wieder zusammen und einigen uns, was ihr für eine Note haben und was ihr für diese Note tun wollt.«

Der Management-Philosoph und Berater Peter Drucker empfiehlt einen ›Manager-Brief‹, um die Essenz der Leistungsvereinbarungen zwischen Managern und ihren Mitarbeitern einzufangen. Nach einer tiefgehenden und gründlichen Erörterung der Erwartungen, Richtlinien und Ressourcen, die sicherstellen soll, daß ein Einvernehmen mit den Zielen der Organisation besteht, schreibt der Mitarbeiter dem Manager einen Brief, der die Diskussion zusammenfaßt und erklärt, wann die nächste Leistungsplanung oder Beurteilungsdiskussion stattfinden soll.

Eine solche Gewinn/Gewinn-Leistungsvereinbarung ist die zentrale Aktivität des Managements. Wenn die stimmt, können sich die Mitarbeiter im Rahmen dieser Vereinbarung selbst managen.

Wenn ein Chef für jeden seiner Untergebenen zum ersten Assistenten wird, kann er seine Kontrollspanne wesentlich erweitern. Ganze Ebenen von Administration und Overhead können eliminiert werden. Statt sechs oder acht können einem solchen Manager zwanzig, dreißig, fünfzig oder mehr Leute unterstehen.

Gewinn/Gewinn-Vereinbarungen sind enorm befreiend. Aber sie werden sich nicht als Produkt von isolierten Techniken bewähren. Selbst wenn Sie sie am Anfang festsetzen, werden sie ohne persönliche Integrität und eine Beziehung von Vertrauen nicht aufrechtzuerhalten sein.

Eine echte Gewinn/Gewinn-Vereinbarung ist ein Produkt des Paradigmas, des Charakters und der Beziehung, aus der sie erwächst. In diesem Kontext definiert und lenkt sie die interdependenten Interaktionen, für die sie geschaffen wurde.

Systeme

Gewinn/Gewinn kann nur in einer Organisation überleben, in der Systeme herrschen, die das unterstützen. Wenn Sie von Gewinn/Gewinn reden, aber Gewinn/Verlust belohnen, spielen Sie mit schlechten Karten.

Im Grunde bekommen Sie das, was Sie sanktionieren. Wenn Sie die Ziele Ihrer Unternehmensaussage erreichen und deren Werte umsetzen wollen, müssen Sie das Sanktionssystem auf diese Ziele und Werte abstimmen. Ohne systematische Abstimmung werden Ihre Handlungen nicht Ihren Worten entsprechen. Sie werden sich in der Rolle des bereits erwähnten Managers finden, der von Kooperation sprach, aber mit seinem ›Rennen nach Bermuda‹ zu Konkurrenzdenken anregte.

Ich habe etliche Jahre lang mit einer bedeutenden Immobilienfirma im Mittleren Westen der USA gearbeitet. Meine erste Erfahrung mit dieser Organisation war eine große Verkaufstagung, bei der mehr als 800 Verkäufer zum jährlichen

Belohnungsprogramm zusammenkamen. Es war eine auf Fröhlichkeit gestimmte Veranstaltung mit High-School-Bands und jeder Menge wahnsinnigen Gebrülls.

Vierzig von den 800 Leuten dort erhielten Preise für Spitzenleistungen wie ›Die meisten Verkäufe‹, ›Der größte Umsatz‹ und ›Die höchsten Kommissionen‹. Bei der Preisverleihung gab es reichlich Beifall, Hurra-Rufe und Aufregung. Es bestand keinerlei Zweifel darüber, daß diese 40 Leute *gewonnen* hatten; aber es gab auch das unterschwellige Bewußtsein, daß 760 Leute *verloren* hatten.

Wir begannen sofort mit der erzieherischen und organisatorischen Entwicklungsarbeit zur Abstimmung der Systeme und Strukturen dieser Organisation mit dem Paradigma von Gewinn/Gewinn. Wir gingen bis auf die untersten Ebenen hinunter und ließen die Leute dort die Art von Systemen entwickeln, die sie motivieren würden. Wir redeten ihnen auch zu, miteinander zu kooperieren und Synergie zu erwirken, damit möglichst viele Kollegen die Ergebnisse ihrer individuell geschneiderten Leistungsvereinbarungen erreichen konnten.

Bei der nächsten Tagung ein Jahr später waren etwa 1000 Leute anwesend, und ungefähr 800 von ihnen bekamen einen Preis. Es gab ein paar Einzelgewinner, die aus Vergleichen ermittelt wurden, aber das Programm war primär auf Leute, die ihre selbstgewählten Leistungsziele, und Gruppen ausgerichtet, die Teamziele erreicht hatten. Es war nicht nötig, die High-School-Band anzuheuern, um künstlich Siegesstimmung zu erzeugen und moralische Aufrüstung zu bewirken. Es herrschte großes natürliches Interesse und gute Stimmung, da die Menschen ihre Freude miteinander teilen konnten. Ganze Teams von Verkäufern konnten die Anerkennung gemeinsam genießen, darunter eine Urlaubsreise für das gesamte Büro.

Das Bemerkenswerte daran war, daß fast alle der 800, die in dem Jahr einen Preis bekamen, pro Person so viel Umsatz und Profit gemacht hatten wie die 40 im Jahr zuvor. Der Geist von Gewinn/Gewinn hatte enorme menschliche Energien und Talente freigesetzt, die Zahl der goldenen

Eier signifikant vergrößert und zudem die Gans gut genährt. Die daraus entstandene Synergie überraschte fast alle Beteiligten.

In einem anderen Fall habe ich mit dem Geschäftsführer einer Firma gearbeitet, die formale Leistungsbewertungen verlangte. Er war frustriert über die Bewertung, die er einem bestimmten Manager gegeben hatte. »Er hat eine Drei verdient«, meinte er, »aber ich mußte ihm eine Eins geben« (und die bedeutete, daß er sehr gut und beförderungsfähig war).

»Wofür haben Sie ihm denn eine Eins gegeben?« fragte ich.

»Er erreicht die notwendigen Zahlen.«

»Warum meinen Sie also, er hätte eine Drei verdient?«

»Für die Art, wie er sie erreicht. Er vernachlässigt Leute; er überrennt sie. Er macht Ärger.«

»Es klingt, als sei er ganz auf P ausgerichtet – auf Produktion. Und dafür wird er belohnt. Aber was würde denn geschehen, wenn Sie mit ihm über das Problem reden, ihm helfen würden zu verstehen, wie wichtig PK ist?« Der Geschäftsführer sagte, das habe er schon getan, aber nichts bewirkt. »Wie wäre es dann, wenn Sie mit ihm einen Gewinn/Gewinn-Vertrag schließen würden, bei dem Sie sich einigen, daß zwei Drittel seines Gehalts sich nach P richten – den Zahlen – und das letzte Drittel nach PK – danach, wie andere Leute ihn wahrnehmen, welche Art von Führungsverhalten er zeigt, ob er ein Teambauer, ein Förderer ist?«

»Damit würde ich sicher seine Aufmerksamkeit erringen«, hieß die Antwort.

Das Problem liegt sehr oft nicht bei den Leuten, sondern beim System. Wenn Sie gute Leute in schlechte Systeme setzen, kriegen Sie schlechte Ergebnisse. Blumen muß man gießen, wenn sie wachsen sollen.

Wenn Menschen lernen, wirklich Gewinn/Gewinn zu denken, können sie die Systeme erstellen, das zu schaffen und zu verstärken. Sie können Situationen unnötiger Konkurrenz in Kooperation verwandeln und ihre Effektivität dadurch stark beeinflussen, daß sie sowohl P wie PK aufbauen.

Prozesse

Gewinn/Gewinn-Ziele lassen sich unter keinen Umständen mit Gewinn/Verlust- oder Verlust/Gewinn-Mitteln erreichen. Sie können nicht sagen: »Ihr werdet Gewinn/Gewinn denken, ob euch das paßt oder nicht.« Die Frage lautet also, wie man zu einer Gewinn/Gewinn-Lösung gelangt.

Die beiden Harvard-Professoren Roger Fisher und William Ury haben in ihrem sehr brauchbaren und erhellenden Buch *Getting to Yes* außergewöhnliche Arbeit bei dem geleistet, was sie den ›prinzipien-orientierten‹ im Gegensatz zum ›positionen-orientierten‹ Ansatz bei Verhandlungen nennen. Auch wenn die Worte Gewinn/Gewinn nicht verwendet werden, stehen der Geist und die zugrundeliegende Philosophie des Buches im Einklang mit dem Paradigma von Gewinn/Gewinn.

Sie sagen, die Essenz der prinzipien-orientierten Verhandlungen sei die, die Person von dem Problem zu trennen, den Blick auf die Interessen zu richten und nicht auf die Positionen, Optionen für Vorteile auf beiden Seiten zu finden und auf objektiven Kriterien zu bestehen – auf einem externen Standort oder einem Prinzip, das beide Parteien annehmen können.

In meiner eigenen Arbeit mit Menschen und Organisationen, die nach Gewinn/Gewinn-Lösungen suchen, schlage ich vor, daß sie sich auf den folgenden vierstufigen Prozeß einlassen.

Erstens: Betrachten Sie das Problem aus einer anderen Sicht. Versuchen Sie, wirklich zu verstehen und die Bedürfnisse und Fragen der anderen Seite möglichst noch besser zum Ausdruck zu bringen, als diese das selbst könnte.

Zweitens: Identifizieren Sie, um welche Schlüsselfragen und Belange (nicht Positionen) es geht.

Drittens: Bestimmen Sie, welche Ergebnisse eine vollkommen annehmbare Lösung ausmachen würden.

Viertens: Identifizieren Sie neue mögliche Optionen, diese Ergebnisse zu erreichen.

Der 5. und der 6. Weg haben direkt mit zwei Elementen aus diesem Prozeß zu tun, und wir werden sie in den nächsten beiden Kapiteln ausführlich behandeln.

Aber lassen Sie mich an dieser Stelle auf die eng vernetzte Natur des Prozesses von Gewinn/Gewinn und die Essenz von Gewinn/Gewinn selbst hinweisen. Sie können Gewinn/Gewinn-Lösungen nur mit Gewinn/Gewinn-Prozessen erreichen – das Ergebnis und die Mittel sind gleich.

Gewinn/Gewinn ist keine Persönlichkeits-Technik. Es ist ein totales Paradigma der menschlichen Interaktion. Es entstammt einem Charakter mit Integrität, Reife und der Mentalität der Fülle. Es entwächst Beziehungen mit hohem Vertrauen. Es wird in Vereinbarungen verkörpert, die Erwartungen wie Leistung klären und managen. Es gedeiht in unterstützenden Systemen. Und es wird durch den Prozeß erreicht, den wir nun ausführlicher beim 5. und 6. Weg untersuchen wollen.

Anwendungsvorschläge

1. Denken Sie an eine bevorstehende Interaktion, bei der Sie eine Vereinbarung treffen oder eine Lösung verhandeln wollen. Verpflichten Sie sich, ein Gleichgewicht zwischen Mut und Rücksicht zu halten.

2. Machen Sie eine Liste der Hindernisse, die Sie davon abhalten, das Gewinn/Gewinn-Paradigma häufiger anzuwenden. Bestimmen Sie, was innerhalb Ihres Einflußbereichs getan werden könnte, um diese Hindernisse wegzuräumen.

3. Wählen Sie eine bestimmte Beziehung, in der Sie gern eine Gewinn/Gewinn-Vereinbarung entwickeln würden. Versuchen Sie, sich in den anderen hineinzuversetzen, und schreiben Sie ganz genau auf, wie der andere sich Ihrer Meinung nach die Lösung vorstellt. Führen Sie dann aus

Ihrer eigenen Sicht auf, welche Ergebnisse für Sie einen Gewinn ausmachen würden. Gehen Sie auf den anderen Menschen zu und fragen Sie, ob er bereit sei zu kommunizieren, bis eine Einigung und für alle zuträgliche Lösung gefunden ist.

4. Identifizieren Sie drei Schlüsselbeziehungen in Ihrem Leben. Schätzen Sie den jeweiligen Stand des Beziehungskontos ein. Schreiben Sie auf, wie Sie auf jedes Beziehungskonto beträchtliche Einzahlungen machen könnten.

5. Betrachten Sie sorgfältig Ihr eigenes Skript. Ist es Gewinn/Verlust? Wie wirkt sich Ihr Skript auf Ihre Interaktionen mit anderen Menschen aus? Können Sie die Hauptquelle dieses Skripts identifizieren? Entscheiden Sie, ob Ihnen diese Skripten in Ihrer gegenwärtigen Realität nützlich sind.

6. Versuchen Sie ein Modell von Gewinn/Gewinn-Denken zu identifizieren, das selbst in schwierigen Situationen wirklich gegenseitigen Vorteil anstrebt. Beschließen Sie jetzt, genauer zu beobachten und aus dem Beispiel dieses Modells zu lernen.

Erst verstehen, dann verstanden werden

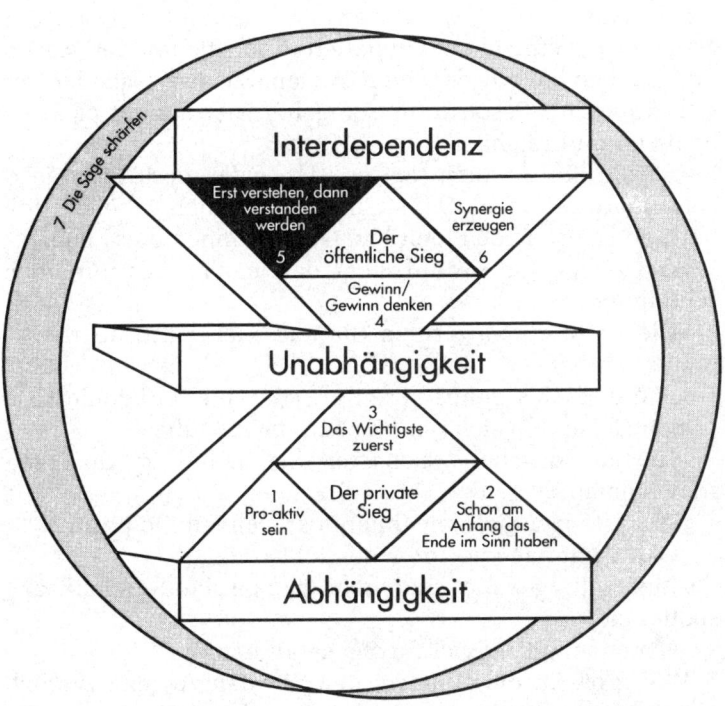

Prinzipien der mitfühlenden Kommunikation

Das Herz hat seine Gründe, von denen der Verstand nichts weiß.

PASCAL

Nehmen wir einmal an, Sie hätten Probleme mit den Augen und suchen deswegen einen Augenarzt auf. Nachdem er sich kurz Ihre Beschwerden angehört hat, nimmt er seine Brille ab und reicht sie Ihnen.

»Setzen Sie sie auf«, sagt er. »Ich habe diese Brille jetzt zehn Jahre getragen, und sie hat mir wirklich geholfen. Ich habe zu Hause noch einen Ersatz; Sie können diese haben.«

Also setzen Sie sie auf, aber das macht alles nur noch schlimmer.

»Die ist furchtbar«, rufen Sie aus. »Ich kann überhaupt nichts sehen.«

»Woran fehlt's denn?« fragt er. »Bei mir funktioniert sie prima. Geben Sie sich ein bißchen mehr Mühe.«

»Tue ich ja schon«, beharren Sie. »Alles ist ganz verschwommen.«

»Was ist eigentlich mit Ihnen los? Denken Sie positiv.«

»Okay. Ich habe positiv Null-Sicht.«

»Junge, Junge, Sie sind aber ganz schon undankbar«, spottet er.

»Nachdem ich so viel für Sie getan habe.«

Wie groß ist die Chance, daß Sie den Augenarzt noch einmal konsultieren würden? Vermutlich eher klein. Sie haben nicht viel Vertrauen in jemanden, der keine Diagnose stellt, bevor er etwas verschreibt. Aber wie oft tun wir in der Kommunikation genau das?

»Komm, Schatz, sag mir, wie du dich fühlst. Ich weiß, daß es schwierig ist, aber ich werde versuchen zu verstehen.«

»Ach, ich weiß nicht, Mami. Du würdest es für blöd halten.«

»Nein, bestimmt nicht. Du kannst es mir sagen. Du weißt doch, daß niemand dich so lieb hat wie ich. Ich bin nur daran interessiert, daß es dir gutgeht. Was macht dich so unglücklich?«

»Ach, ich weiß nicht.«

»Nun komm, Schatz. Was ist es?«

»Also, um die Wahrheit zu sagen, ich mag die Schule einfach nicht mehr.«

»Was?« rufen Sie ungläubig aus. »Was heißt das, du magst die Schule nicht mehr? Nach all den Opfern, die wir für deine Ausbildung gebracht haben! Ausbildung ist das Fundament für deine Zukunft. Wenn du dich wie deine älteren Schwestern ins Zeug legen würdest, wärest du besser in der Schule, und dann würde sie dir auch besser gefallen. Wir haben dir immer wieder gesagt, daß du dich dranmachen mußt. Du hast durchaus Fähigkeit, aber du setzt dich nicht ein. Gib dir mehr Mühe. Du mußt eine positive Einstellung zur Schule entwickeln.«

Pause.

»Nur weiter. Sag mir, wie du dich fühlst.«

Wir haben eine starke Tendenz, dazwischenzufunken, die Dinge mit guten Ratschlägen zurechtzurücken. Aber wir versäumen oft, uns Zeit für ein wirkliches Verständnis des Problems und die Diagnose zu lassen. Wenn ich das Allerwichtigste, das ich auf dem Gebiet der zwischenmenschlichen Beziehungen gelernt habe, in einem Satz zusammenfassen müßte, dann würde er heißen: *Erst verstehen, dann verstanden werden.* Das ist der Schlüssel zu effektiver zwischenmenschlicher Kommunikation.

Charakter und Kommunikation

Sie lesen gerade ein Buch, das ich geschrieben habe. Lesen wie Schreiben sind Formen von Kommunikation. Ebenso wie Sprechen und Zuhören. Das sind sogar die vier Grundformen der Kommunikation. Und beachten Sie, wie viele Stunden Sie damit verbringen, mindestens eines dieser vier Dinge zu tun. Die Fähigkeit, sie gut zu tun, ist von entscheidender Bedeutung für Ihre Effektivität.

Kommunikation ist die wichtigste Fertigkeit in Ihrem Leben. Wir verbringen einen Großteil unserer Wachzeit mit Kommunikation. Und bedenken Sie: Sie haben Jahre damit verbracht, lesen und schreiben und sprechen zu lernen. Aber wie steht's mit dem Zuhören? Welche Ausbildung haben Sie erhalten, die es Ihnen möglich macht, so zuzuhören, daß Sie einen anderen Menschen wirklich aus dessen eigenem Bezugsrahmen heraus verstehen?

Vergleichsweise wenig Leute haben überhaupt eine Ausbildung im Zuhören genossen. Und wenn, dann zumeist in einer aus der Image-Ethik stammenden Technik, abgeschnitten von der Charakter-Basis und der Beziehungs-Basis, die für das authentische Verständnis eines anderen absolut unabdingbar sind.

Wenn Sie bei der zwischenmenschlichen Kommunikation wirklich effektiv sein wollen, werden Sie das nicht mit Techniken allein erreichen. Sie müssen die Fertigkeiten des mitfühlenden Zuhörens auf der Basis eines Charakters aufbauen, der Offenheit und Vertrauen anregt. Und Sie müssen auf das Beziehungskonto einzahlen, das den Austausch von Herz zu Herz ermöglicht.

Mitfühlendes Zuhören

›Erst verstehen‹ schließt einen tiefen Paradigmenwechsel ein. Meist wollen wir erst einmal verstanden werden. Die meisten Leute haben beim Zuhören nicht die Absicht zu verstehen, sondern zu antworten. Sie sprechen, oder sie bereiten sich darauf vor zu sprechen. Sie filtern alles durch ihre eigenen Paradigmen, lesen ihre eigene Autobiographie im Leben anderer.

»Ich weiß genau, wie du dich fühlst!«

»Ich habe genau das gleiche durchgemacht. Ich erzähl' dir mal von meiner Erfahrung.«

Dauernd wird das eigene Heimkino auf das Verhalten anderer Leute projiziert. Sie verschreiben jedem, mit dem sie es zu tun haben, ihre eigene Brille.

Wenn sie ein Problem mit jemandem haben – Sohn, Tochter, Ehepartner, Angestellten –, haben sie die Haltung: »Dieser Mensch versteht einfach nicht.«

Ein Vater hat mir mal gesagt: »Ich verstehe meinen Sohn einfach nicht. Er hört überhaupt nicht zu.«

»Lassen Sie mich wiederholen, was Sie eben gesagt haben«, antwortete ich. »Sie verstehen Ihren Sohn nicht, weil er Ihnen nicht zuhört?«

»Richtig«, meinte er.

»Ich versuch's noch mal. Sie verstehen Ihren Sohn nicht, weil *er Ihnen* nicht zuhört?«

Er wurde ungeduldig. »Sag' ich doch.«

»Ich dachte, um einen anderen Menschen zu verstehen, müßten *Sie ihm* zuhören«, schlug ich vor.

»Oh!« Es gab eine längere Pause. »Oh!« sagte er wieder, als ihm langsam ein Licht aufging. »Klar! Aber ich verstehe ihn ja. Ich weiß, was er durchmacht. Ich habe das selbst auch erlebt. Deswegen verstehe ich vermutlich auch nicht, warum er mir nicht zuhören will.«

Dieser Mann hatte keinen blassen Dunst davon, was wirklich im Kopf des Jungen los war. Er schaute in seinen eigenen Kopf und dachte, er sähe die Welt, einschließlich seines Sohnes.

Wenn ich von mitfühlendem Zuhören spreche, dann meine ich Zuhören mit der *Absicht* zu verstehen. Ich meine, erst verstehen *zu wollen,* wirklich zu verstehen.

Mitfühlendes Zuhören trägt einen in den Bezugsrahmen des anderen. Aus dem können Sie heraus schauen, die Welt so sehen, wie sie der andere sieht, sein Paradigma und seine Gefühle verstehen.

Mitgefühl ist nicht Mitleid. Mitleid ist eine Form von Vereinbarung, eine Form von Beurteilung. Und manchmal ist es die angemessenere Emotion und Antwort. Aber manchmal ernähren sich Menschen von Mitleid. Es macht sie abhängig. Die Essenz von mitfühlendem Zuhören ist nicht, daß Sie jemandem zustimmen, sondern daß Sie diesen Menschen vollkommen verstehen, emotional wie intellektuell.

Mitfühlendes Zuhören schließt viel mehr ein, als nur die Worte zu registrieren, zu reflektieren und sogar zu verstehen.

Kommunikationsexperten gehen davon aus, daß überhaupt nur zehn Prozent unserer Kommunikation über Worte vermittelt wird. Weitere 30 Prozent machen unsere Töne aus, und die anderen 60 kommen körpersprachlich zum Ausdruck. Bei mitfühlendem Zuhören benutzen Sie zwar auch die Ohren, noch wichtiger ist aber, daß Sie auch mit den Augen und dem Herzen hören. Sie lauschen dem Gefühl, der Bedeutung. Sie hören auf das Verhalten. Sie benutzen die rechte Gehirnhälfte ebenso wie die linke. Sie spüren, Sie erfassen, Sie fühlen.

Mitfühlendes Zuhören verleiht Ihnen Kraft, da es Ihnen genaue Daten liefert, mit denen Sie arbeiten können. Statt Ihre eigene Autobiographie zu projizieren und Gedanken, Gefühle, Motive und Interpretationen zu unterstellen, gehen Sie mit der Realität im Kopfe und Herzen des anderen um. Sie hören zu, um zu verstehen. Sie sind darauf ausgerichtet, die tiefe Kommunikation einer anderen menschlichen Seele zu empfangen.

Außerdem ist mitfühlendes Zuhören der Schlüssel zu Einzahlungen auf das Beziehungskonto, denn schließlich ist nichts von dem, was Sie tun, eine Einzahlung, wenn der andere sie nicht als solche wahrnimmt. Sie können sich krummlegen, um eine Einzahlung zu machen, die dann doch zu einer Abhebung wird, weil der andere Ihre Bemühungen als manipulativ, egoistisch, einschüchternd oder herablassend betrachtet, oder weil Sie nicht verstehen, worauf es dem anderen wirklich ankommt.

Mitfühlendes Zuhören ist schon in und aus sich selbst heraus eine beachtliche Einzahlung auf das Beziehungskonto. Es ist zutiefst therapeutisch und heilend, denn es gibt dem Menschen ›psychische Luft‹. Wenn plötzlich die ganze Luft aus dem Raum gesogen würde, in dem Sie jetzt lesen, was würde dann mit Ihrem Interesse an diesem Buch geschehen? Es würde völlig erlahmen; Sie würden sich um nichts anderes mehr kümmern als um Luft zum Atmen. Ihre einzige Motivation wäre das Überleben.

Aber jetzt, wo Sie Luft haben, sind Sie nicht in dieser Weise motiviert. Das ist eine der größten Einsichten auf dem Gebiet der menschlichen Motivation:

Befriedigte Bedürfnisse motivieren nicht. Das tun nur die unbefriedigten. Neben dem physischen Überleben ist das größte Bedürfnis des Menschen das psychische Überleben – verstanden, bestätigt, geliebt, anerkannt zu werden.

Wenn Sie einem anderen Menschen mitfühlend zuhören, geben Sie ihm psychische Luft. Und wenn dieses vitale Bedürfnis erfüllt ist, können Sie sich darauf konzentrieren, Einfluß zu nehmen oder Probleme zu lösen.

Erst die Diagnose, dann das Rezept

Auch wenn das manchmal riskant oder schwierig zu sein scheint: Das Gebot, erst die Diagnose zu stellen und dann das Rezept zu schreiben, erweist sich in vielen Lebensbereichen als korrekt. Es ist ein Kennzeichen aller wahren Profis, und bei Ärzten ist es ganz entscheidend. Sie haben kein Vertrauen in die Verschreibung eines Arztes, wenn Sie nicht zuerst Vertrauen in seine Diagnose haben.

Dieses Prinzip gilt auch im Verkaufsbereich. Ein effektiver Verkäufer versucht zunächst, die Bedürfnisse, die Anliegen, die Situation des Kunden zu verstehen. Der Amateur schlägt Produkte los, der Profi verkauft Lösungen für Bedürfnisse und Probleme. Das ist ein vollkommen unterschiedlicher Zugang. Der Profi lernt zu diagnostizieren, zu verstehen. Und er lernt außerdem, die Bedürfnisse der Kunden in Beziehung zu seinen Produkten und Diensten zu setzen. Und er muß gegebenenfalls die Integrität aufweisen zu sagen: »Mein Produkt oder meine Dienste werden dieses Bedürfnis nicht erfüllen.«

Das gilt auch für Produkt-Design. Können Sie sich vorstellen, daß jemand in einem Unternehmen sagt: »Diese ganze Verbraucherforschung ist Quatsch. Wir entwerfen jetzt einfach Produkte«? Das hieße, die Kaufgewohnheiten und -motive nicht mehr verstehen zu wollen – nur noch Produkte zu entwerfen. Es würde nie gutgehen.

Ein guter Ingenieur wird die Strömungen und Druckkräfte verstehen, bevor er eine Brücke entwirft. Ein guter Lehrer wird seine Klasse einschätzen, bevor er unterrichtet. Gute Eltern werden ihr Kind verstehen, bevor sie werten oder urteilen. Der Schlüssel zu gutem Urteilen ist Verstehen. Wer zuerst urteilt, wird nie ganz verstehen.

Erst zu verstehen versuchen ist ein korrektes Prinzip, das sich in allen Lebensbereichen ganz offensichtlich zeigt. Es ist ein allgemeines Prinzip, aber es gilt am stärksten auf dem Gebiet der zwischenmenschlichen Beziehungen.

Vier autobiographische Antworten

Da wir autobiographisch zuhören, neigen wir dazu, in einer von vier Arten zu antworten. Wir *werten* – wir stimmen entweder zu oder sind anderer Ansicht. Wir *sondieren* – wir stellen aus unserem eigenen Bezugsrahmen heraus Fragen. Wir *beraten* – wir geben Rat, der auf unserer eigenen Erfahrung beruht. Oder wir *interpretieren* – wir versuchen, aus Leuten schlau zu werden, uns ihre Motive und ihr Verhalten aus unserem eigenen zu erklären.

Diese Antworten kommen uns ganz natürlich. Wir sind tief von ihnen geprägt; wir leben die ganze Zeit mit Modellen von ihnen. Aber wie wirken sie sich auf unsere Fähigkeit aus zu verstehen?

Kann sich mein Sohn, wenn ich mit ihm kommuniziere, wirklich für mich öffnen, wenn ich alles bewerte, bevor er es überhaupt richtig erklärt? Gebe ich ihm psychische Luft?

Und wie fühlt es sich an, wenn ich sondiere? Sondieren ist autobiographisch, es kontrolliert und dringt ein. Es ist außerdem logisch, und die Sprache der Logik unterscheidet sich von der des Gefühls und der Emotionen. Sie können den ganzen Tag Frage-und-Antwort spielen, ohne herauszufinden, was jemandem wichtig ist. Dieses dauernde Sondieren ist einer der Hauptgründe dafür, daß Eltern ihren Kindern nicht nahekommen.

»Wie geht's, mein Sohn?«

»Gut.«

»Na, was war in letzter Zeit so los?«

»Nichts.«

»Irgendwas Spannendes in der Schule?«

»Nicht besonders.«

»Und was hast du für Pläne fürs Wochenende?«

»Weiß ich nicht.«

Er blockiert das Telefon mit stundenlangen Gesprächen mit seinen Freunden, aber Sie bekommen aus ihm nicht mehr als ein, zwei Worte raus. Ihr Haus ist ein Gasthaus, in dem er ißt und schläft, aber er öffnet sich Ihnen nie, teilt nichts mit Ihnen.

Und wenn Sie ehrlich darüber nachdenken, müssen Sie sich auch fragen, wozu er das denn sollte. Jedesmal, wenn er seine weiche Unterseite zeigt, trampeln Sie Elefant mit autobiographischem Rat und »Ich hab's doch gleich gesagt« darauf herum.

Diese Antworten stecken so tief in unseren Skripten, daß wir es nicht einmal merken, wenn wir sie anwenden. Dieses Konzept habe ich Tausenden von Menschen in Seminaren nähergebracht. Jedesmal sind sie zutiefst schockiert, wenn wir Rollenspiele mit mitfühlendem Zuhören machen und sie schließlich ihre eigenen typischen Antworten zu hören beginnen. Aber wenn sie zu sehen beginnen, wie sie normalerweise reagieren, und anfangen, mitfühlend zuzuhören, können sie die dramatischen Veränderungen in der

Kommunikation sehen. Für viele wird *erst verstehen* zum aufregendsten der sieben Wege und zu demjenigen, der sich am schnellsten anwenden läßt.

Schauen wir uns ein Gespräch an, das eine typische Kommunikation zwischen einem Vater und seinem Teenager-Sohn darstellt. Betrachten Sie die Worte des Vaters im Hinblick auf die vier verschiedenen Reaktionsweisen.

»Mann, Vati, mir reicht's! Die Schule ist wirklich für die Katz!«

»Was ist los, mein Junge?« (sondieren).

»Sie ist total unpraktisch. Ich hab' überhaupt nichts davon.«

»Nun, du kannst die Vorteile einfach noch nicht sehen. Das ging mir in deinem Alter genauso. Ich weiß noch, daß ich einige Fächer für pure Verschwendung hielt. Aber genau die stellten sich später als sehr hilfreich heraus. Bleib einfach dabei. Hab' Geduld« (beraten).

»Ich hab' doch schon zehn Jahre meines Lebens investiert! Kannst du mir sagen, wozu mir als Automechaniker ›x plus y‹ dienen soll?«

»Automechaniker. Du machst wohl Witze« (werten).

»Nein, mach ich nicht. Schau dir Hans an. Er hat die Schule sausenlassen. Er arbeitet in einer Werkstatt. Und er verdient viel Geld. Das ist praktisch.«

»Das mag jetzt so aussehen. Aber in ein paar Jahren wird Hans sich wünschen, er sei in der Schule geblieben. Du willst kein Automechaniker werden. Du brauchst eine Ausbildung, die dich auf etwas Besseres vorbereitet« (beraten).

»Weiß ich nicht. Hans hat die Sachen ziemlich gut auf der Reihe.«

»Komm, Junge, hast du es denn schon richtig probiert?« (sondieren, werten).

»Ich bin jetzt schon sechs Jahre auf dem Gymnasium. Klar hab' ich es probiert. Es ist einfach Verschwendung.«

»Es ist eine sehr anerkannte Schule. Sie werden schon was bieten« (beraten, werten).

»Na ja, die anderen sehen das auch so wie ich.«

»Ist dir klar, wie viele Opfer deine Mutter und ich gebracht haben, um dich dahin zu bringen, wo du bist? Du kannst nicht einfach aufhören, wenn du schon so weit gekommen bist« (werten).

»Ich weiß, daß ihr Opfer gebracht habt, Vati. Aber sie sind es einfach nicht wert.«

»Wenn du vielleicht mehr Zeit über deinen Hausaufgaben verbringen und weniger vorm Fernseher hängen würdest ...« (beraten, werten).

»Nee, Vati. Es hat einfach keinen Sinn. Ach, was soll's. Ich will darüber eh nicht reden.«

Der Vater meinte es offensichtlich gut. Er wollte helfen. Aber hat er je überhaupt begonnen zu verstehen?

Schauen wir uns den Sohn genauer an – nicht nur seine Worte, sondern auch seine Gedanken und Gefühle (unten in Klammern) und die mögliche Wirkung der autobiographischen Antworten des Vaters.

»Mann, Vati, mir reicht's! Die Schule ist wirklich für die Katz!« *(Ich möchte mit Dir reden, möchte Deine Aufmerksamkeit.)*

»Was ist los, Junge?« *(Gut! Du bist interessiert.)*

»Sie ist total unpraktisch. Ich hab' überhaupt nichts davon.« *(Ich habe ein Problem mit der Schule, und ich fühle mich lausig.)*

»Nun, du kannst die Vorteile einfach noch nicht sehen, mein Sohn. Das ging mir in deinem Alter genauso.« *(O nein! Hier kommt Kapitel drei von Vatis Autobiographie. Darüber wollte ich nicht reden. Es ist mir wirklich egal, wie viele Kilometer er ohne Stiefel durch den Schnee in die Schule wandern mußte. Ich möchte über das Problem reden.)* »Ich weiß noch, daß ich einige Fächer für pure Verschwendung hielt. Aber genau die sollten sich später als sehr hilfreich erweisen. Bleib einfach dabei. Hab Geduld.« *(Zeit wird mein Problem nicht lösen. Ich wollte, ich könnte es dir einfach sagen. Wenn ich es doch einfach ausspucken könnte!)*

»Ich hab' schon zehn Jahre drangegeben! Kannst du mir sagen, wie mir ›x plus y‹ als Automechaniker dienen soll?«

»Automechaniker? Du machst wohl Witze!« *(Er würde mich nicht mögen, wenn ich ein Automechaniker wäre. Er*

würde mich nicht mögen, wenn ich die Schule nicht fertig-
machen würde. Ich muß rechtfertigen, was ich gesagt habe.)
»Nein, mach ich nicht. Schau dir Hans an. Er hat die
Schule sausenlassen. Er arbeitet in einer Werkstatt. Und er
verdient viel Geld. Das ist praktisch.«

»Das mag jetzt so aussehen. Aber in ein paar Jahren wird
Hans sich wünschen, er sei in der Schule geblieben.«
(O Mann! Hier kommt Vortrag Nr. 16 über den Wert von Aus-
bildung!) »Du willst kein Automechaniker werden.« *(Woher*
willst du das denn wissen, Vati? Hast du überhaupt eine Ah-
nung davon, was ich wirklich will?) »Du brauchst eine Ausbildung, die dich auf etwas Besseres vorbereitet.«

»Weiß ich nicht. Hans hat die Sachen ziemlich gut auf
der Reihe.« *(Er ist kein Versager. Er hat die Schule nicht fer-*
tiggemacht und ist kein Versager.)

»Komm, Junge, hast du es denn schon richtig probiert?«
(Wir reden um den heißen Brei, Vati. Wenn du doch einfach
zuhören würdest! Ich muß mit dir wirklich über etwas Wich-
tiges reden.)

»Ich bin jetzt schon sechs Jahre auf dem Gymnasium.
Klar hab' ich es probiert. Es ist einfach Verschwendung.«

»Es ist eine sehr angesehene Schule. Sie werden schon
was bieten.« *(Wunderbar. Nun reden wir über Ansehen. Ich*
wollte, wir könnten über das reden, worüber ich reden
will.)

»Na ja, die anderen sehen das auch so wie ich.« *(Ich habe*
auch etwas zu bieten. Ich bin kein Depp.)

»Ist dir klar, wie viele Opfer deine Mutter und ich gebracht haben, um dich dahin zu bringen, wo du bist?« *(Oje,*
hier kommt der Schuld-Trip. Vielleicht bin ich doch ein
Depp. Die Schule ist großartig, Mutti und Vati sind groß-
artig, und ich bin ein Depp.) »Du kannst nicht einfach aufhören, wenn du schon so weit gekommen bist.«

»Ich weiß, daß ihr Opfer gebracht habt, Vati. Aber sie
sind es einfach nicht wert.« *(Du verstehst einfach nicht.)*

»Wenn du vielleicht mehr Zeit über deinen Hausaufgaben verbringen und weniger vorm Fernseher hängen
würdest...« *(Das ist nicht das Problem, Vati! Darum geht es*

doch gar nicht! Ich werde es dir nie sagen können. Schön
blöd, daß ich's versucht habe!)

»Nee, Vati. Es hat einfach keinen Sinn. Ach, was soll's. Ich will darüber eh nicht reden.«

Können Sie sehen, wie begrenzt wir sind, wenn wir versuchen, einen anderen Menschen einfach nur aufgrund seiner Worte zu verstehen, besonders, wenn wir dabei durch unsere eigene Brille schauen? Können Sie sehen, wie begrenzend unsere autobiographischen Antworten für denjenigen sind, der uns wirklich seine Autobiographie verstehen lassen will?

Sie werden nie wirklich in einen anderen Menschen hineinkommen, nie die Welt so sehen, wie er sie sieht, wenn Sie nicht persönliche Charakterstärke, ein gut gefülltes Beziehungskonto sowie die Fertigkeiten und den klaren Wunsch entwickeln, mitfühlend zuzuhören. Zu den Fertigkeiten, die die Spitze des Eisbergs des mitfühlenden Zuhörens bilden, gehören vier Entwicklungsstadien.

Die erste und am wenigsten effektive besteht darin, *den Inhalt zu wiederholen.* Das ist die Fertigkeit, die beim ›aktiven‹ oder ›reflektiven‹ Zuhören gelehrt wird. Ohne die Charakter- und Beziehungs-Basis ist sie für Menschen aber oft beleidigend und läßt sie dichtmachen. Es ist jedoch eine Fertigkeit des ersten Stadiums, da Sie sie wenigstens dazu bringt, zu hören, was gesagt wird.

Den Inhalt zu wiederholen ist leicht. Sie hören einfach auf die Worte, die jemandem aus dem Mund kommen, und sprechen sie nach. Dazu brauchen Sie Ihren Verstand so gut wie gar nicht einzusetzen.

»Mann, Vati, mir reicht's! Die Schule ist wirklich für die Katz!«

»Es reicht dir. Du meinst, die Schule sei für die Katz.«

Sie haben das wiedergegeben, was gesagt wurde. Sie haben nicht sondiert, gewertet, beraten oder interpretiert. Sie haben wenigstens gezeigt, daß Sie auf das achten, was er sagt. Aber um ihn zu verstehen, müssen Sie mehr tun.

Das zweite Stadium des mitfühlenden Zuhörens ist das, *den Inhalt neu zu formulieren.* Das ist ein bißchen effektiver, bleibt aber auch auf die verbale Kommunikation beschränkt.

»Mann, Vati, mir reicht's! Die Schule ist wirklich für die Katz!«

»Du möchtest nicht mehr zur Schule gehen.«

Diesmal haben Sie seine Aussage mit Ihren eigenen Worten wiedergegeben. Nun denken Sie über das nach, was er gesagt hat, und zwar meist mit der linken, logisch-analytischen Gehirnhälfte.

Das dritte Stadium bringt die rechte Gehirnhälfte in Bewegung. Sie *reflektieren Gefühle.*

»Mann, Vati, mir reicht's! Die Schule ist wirklich für die Katz!«

»Du bist ziemlich frustriert.«

Nun achten Sie nicht so sehr auf das, was er sagt, sondern mehr darauf, wie er sich dabei fühlt. Das vierte Stadium schließt das zweite und dritte ein. *Sie formulieren den Inhalt neu und reflektieren das Gefühl.*

»Mann, Vati, mir reicht's! Die Schule ist wirklich für die Katz!«

»Du bist wirklich von der Schule frustriert.«

Die Frustration ist das Gefühl, die Schule der Inhalt. Sie verwenden beide Seiten Ihres Gehirns, um beide Seiten seiner Botschaft zu verstehen.

Das, was geschieht, wenn Sie die Zuhör-Fertigkeiten des vierten Stadiums verwenden, ist wirklich unglaublich. Wenn Sie versuchen, ganz echt zu verstehen, den Inhalt neu formulieren und die Gefühle reflektieren, geben Sie ihm psychische Luft. Außerdem helfen Sie ihm, seine eigenen Gedanken und Gefühle durchzuarbeiten. Wenn sein Vertrauen wächst, daß Sie ihm ernsthaft zuhören und ihn verstehen wollen, verschwindet die Barriere zwischen dem, was in ihm los ist, und dem, was er Ihnen mitteilt. Es entsteht ein Fließen von Seele zu Seele. Er denkt und fühlt dasselbe, was er kommuniziert. Er beginnt Ihnen seine innersten zarten Gefühle und Gedanken anzuvertrauen.

»Mann, Vati, mir reicht's! Die Schule ist wirklich für die

Katz!« *(Ich möchte mit dir reden, möchte deine Aufmerk-samkeit.)*

»Du bist wirklich von der Schule frustriert.« *(Stimmt! So fühle ich mich.)*

»Ja, und wie. Sie ist total unpraktisch. Ich hab' überhaupt nichts davon.«

»Du hast das Gefühl, die Schule würde dir nichts brin-gen.« *(Muß ich mal nachdenken – ist es das, was ich meine?)*

»Na ja, ich lerne einfach nichts, was mir helfen wird. Ich meine, schau dir Hans an. Er hat die Schule sausenlassen und arbeitet in einer Werkstatt. Er verdient Geld. Das ist doch praktisch.«

»Du meinst, Hans habe die richtige Idee gehabt.« *(Nun ...)*

»Na, vielleicht hat er das irgendwie. Jetzt verdient er wirklich gut. Aber in ein paar Jahren wird er vermutlich ziemlich sauer auf sich selbst sein.«

»Du glaubst, Hans wird das Gefühl haben, er hätte die falsche Entscheidung getroffen.«

»Das muß er wohl. Schau dir doch einfach mal an, was er alles aufgegeben hat. Ich meine, ohne Ausbildung schafft man es in dieser Welt einfach nicht.«

»Ausbildung ist wirklich wichtig.«

»Klar! Ohne Ausbildung, ohne Abschluß kriegt man weder eine gute Stelle, noch kann man studieren. Und was macht man dann? Ohne Ausbildung geht's einfach nicht.«

»Sie ist wichtig für deine Zukunft.«

»Ja. Und ... weißt du was? Ich mache mir echt Sorgen. Aber du darfst Mutti nichts davon sagen, okay?«

»Du möchtest nicht, daß deine Mutter davon erfährt.«

»Nicht wirklich. Na gut, du kannst es ihr eigentlich auch sagen. Sie wird's vermutlich eh erfahren. Hör mal, ich habe heute so eine Prüfung gemacht, eine Leseprüfung. Und die sagen, ich würde auf dem Niveau eines Viertkläßlers lesen. Viertkläßler! Ich bin schon lange auf dem Gymnasium!«

Was für einen Unterschied doch wirkliches Verstehen machen kann! Alle wohlmeinenden Ratschläge der Welt führen zu gar nichts, wenn wir nicht einmal das richtige Problem ansprechen. Und wir werden das richtige Problem nie finden, wenn wir so in unserer eigenen Autobiographie, in unseren Paradigmen gefangen sind, daß wir die Brille nicht lange genug absetzen, um die Welt aus einem anderen Blickwinkel zu sehen.

»Ich werde sitzenbleiben, Vati. Und wenn ich sitzenbleibe, dann kann ich doch wohl auch gleich aufhören. Ich will aber nicht aufhören.«

»Du fühlst dich hin und her gerissen. Du steckst in einem Dilemma.«

»Was meinst du denn, was ich machen sollte, Vati?«

Mit seinem Versuch, erst zu verstehen, hat dieser Vater gerade eine transaktionale in eine transformative Gelegenheit verwandelt. Statt auf einer oberflächlichen, erledigungs-gesinnten Ebene der Kommunikation zu interagieren, hat er eine Situation geschaffen, in der er nun transformierend wirken kann, nicht nur bei seinem Sohn, sondern auch in der Beziehung. Er hat seine eigene Autobiographie beiseite gelassen und wirklich zu verstehen versucht. Das war eine große Einzahlung auf das emotionale Konto und hat seinem Sohn ermöglicht, sich Schicht für Schicht weiter zu öffnen, bis sie an der eigentlichen Frage angelangt waren.

Nun sitzen Vater und Sohn auf derselben Seite des Tisches und betrachten gemeinsam das Problem, statt daß sie auf gegenüberliegenden Seiten sitzen und sich gegenseitig betrachten. Der Sohn öffnet die Autobiographie des Vaters und bittet um Rat.

Aber auch beim Beraten muß der Vater noch einfühlsam auf die Kommunikation des Sohnes reagieren. Solange die Antworten *logisch* sind, kann der Vater effektiv Fragen stellen und Ratschläge geben. Werden sie jedoch *emotional,* muß er sofort zurück zum mitfühlenden Zuhören.

»Nun, ich kann da ein paar Dinge sehen, die du vielleicht in Betracht ziehen könntest.«

»Was denn zum Beispiel?«

»Na, etwa, daß du dir fürs Lesen spezielle Hilfe suchst. Vielleicht gibt es ein Förderprogramm, an dem du teilnehmen könntest.«

»Das hab' ich schon gefunden. Es läuft zwei Abende in

der Woche und den ganzen Samstag. Das nimmt so viel Zeit!«

Der Vater spürt in dieser Antwort *Emotion* und schaltet zurück auf *Mitfühlen.*

»Das ist ein zu hoher Preis.«

»Außerdem habe ich der Mannschaft aus der sechsten Klasse versprochen, sie zu trainieren.«

»Und du willst sie nicht hängenlassen.«

»Aber ich sag' dir was, Vati. Wenn ich wirklich glauben würde, daß dieser Förderkurs was bringt, dann würde ich jeden Abend da hingehen. Ich würde jemand anderen finden, der die Kleinen trainiert.«

»Du willst wirklich die Hilfe, aber du bezweifelst, daß der Kurs einen Unterschied machen wird.«

»Meinst du denn, er würde, Vati?«

Der Sohn ist wieder offen und logisch. Er öffnet wieder die Autobiographie seines Vaters. Nun hat der Vater wieder die Möglichkeit, zu beeinflussen und zu transformieren.

Es gibt Zeiten, in denen Transformation ohne Rat von außen stattfinden kann. Wenn Menschen die Möglichkeit bekommen, sich wirklich zu öffnen, entwirren sie oft ihre eigenen Probleme, und die Lösungen werden ihnen selbst im Laufe dieses Prozesses klar.

Ein andermal brauchen sie tatsächlich eine zusätzliche Sichtweise und Hilfe. Der Schlüssel liegt darin anzustreben, daß es dem Menschen gutgeht, mitfühlend zuzuhören, ihn in seinem eigenen Schritt und Tempo zum Problem und der Lösung finden zu lassen. Schicht für Schicht – wie wenn man eine Zwiebel abpellt, um zum weichen Inneren zu gelangen.

Wenn Menschen wirklich Schmerzen haben und Sie mit dem reinen Wunsch zuhören, verstehen zu wollen, werden Sie überrascht sein, wie schnell sie sich öffnen. Kinder wollen verzweifelt gerne aufmachen, ihren Eltern gegenüber noch mehr als bei Gleichaltrigen. Und das werden sie auch, wenn sie spüren, daß ihre Eltern sie danach bedingungslos lieben, ihnen treu sein und sie nicht verspotten oder über sie urteilen werden.

Nun wenden manche Leute ein, mitfühlendes Zuhören brauche zuviel Zeit. Das mag am Anfang zutreffen, aber langfristig spart es viel Zeit. Das Effizienteste, was Sie als Arzt tun können, wenn Sie eine sinnvolle Behandlung verschreiben wollen, ist, eine genaue Diagnose zu erstellen. Sie können nicht sagen: »Ich bin zu sehr in Eile. Ich habe keine Zeit für eine Diagnose. Nehmen Sie einfach dieses Mittel.«

Mitfühlendes Zuhören braucht seine Zeit, aber nicht annähernd so viel, wie es kostet, Mißverständnisse zu klären und auszubügeln, wenn die Dinge schon ihren Lauf genommen haben; sie neu zu machen, mit ungelösten und unausgedrückten Problemen zu leben, mit den Ergebnissen dessen umzugehen, daß die Leute keine psychische Luft bekommen haben.

Ein differenzierender mitfühlender Zuhörer kann schnell lesen, was sich tief innen abspielt. Wenn er Akzeptanz und Verständnis zeigt, fühlt sich der andere sicher genug, Schicht für Schicht zu öffnen, bis er zu dem weichen inneren Kern gelangt, in dem das Problem wirklich liegt. Menschen wollen verstanden werden. Und jede entsprechende Investition an Zeit bringt erhebliche Rendite auf derselben Ebene. Schließlich arbeiten Sie dann mit einem akkuraten Verständnis der Probleme und Fragen und einem hohen emotionalen Konto, das sich füllt, wenn sich jemand ernstlich verstanden fühlt.

Versuche dann, verstanden zu werden

Versuche erst zu verstehen... *dann, verstanden zu werden.* Zu wissen, wie man verstanden wird, ist die andere Hälfte des 5. Weges, und sie ist ebenso entscheidend, wenn man zu Gewinn/Gewinn-Lösungen gelangen will. Reife haben wir als Ausgewogenheit von Mut und Rücksicht definiert. Verstehen zu wollen erfordert Rücksicht, verstanden werden zu wollen Mut. Gewinn/Gewinn braucht von beidem reichlich. Also wird es in interdependenten Situationen für uns wichtig, daß man uns versteht. Die alten Griechen hatten eine wunderbare Philosophie, die in der Folge von drei Wörtern verkörpert ist: *ethos, pathos* und *logos*. Ich meine, daß diese drei Wörter die Essenz dessen enthalten, daß man erst verstehen wollen und dann effektiv selber darstellen muß.

Ethos ist Ihre persönliche Glaubwürdigkeit, der Glaube, den Menschen in Ihre Integrität und Kompetenz haben. Es ist das Vertrauen, das Sie auslösen, Ihr Beziehungskonto. *Pathos* ist die mitfühlende Seite – das Gefühl. Es bedeutet, daß Sie auf die emotionale Stoßrichtung in der Kommunikation eines anderen eingestimmt sind. *Logos* ist der logische, verstandesmäßige Teil der Darstellung.

Beachten Sie die Reihenfolge: Ethos, Pathos, Logos – Ihr Charakter, Ihre Beziehungen und dann die Logik Ihrer Darstellung. Dies stellt einen weiteren wesentlichen Paradigmenwechsel dar. Die meisten Leute gehen bei ihren Darstellungen direkt zum Logos, der linkshemisphärischen Logik ihres Gehirns. Sie versuchen, andere von der Validität ihrer Logik zu überzeugen, ohne zuvor Ethos und Pathos zu berücksichtigen.

Ich hatte einen Bekannten, der sehr frustriert war, weil sein Chef in einem von ihm als unproduktiv empfundenen Führungsstil gefangen war.

»Wieso tut er nichts daran?« fragte er mich. »Ich habe mit ihm darüber gesprochen, er ist sich dessen bewußt, aber er tut nichts.«

»Nun, warum schilderst du ihm das nicht effektiv?«

»Habe ich schon«, gab er zurück.

»Wie definierst du effektiv? Wen schicken Sie denn in das Training zurück, wenn der Verkäufer nichts verkauft – den Käufer? Effektiv heißt, daß es funktioniert. Hast du die Veränderung geschaffen, die du willst? Hast du dabei die Beziehung aufgebaut? Welche Ergebnisse hatte deine Darstellung?«

»Ich sag' doch, gar keine. Er wollte nicht zuhören.«

»Dann liefere eine *effektive* Präsentation. Du mußt mit seinem Kopf mitfühlen. Du mußt in seinen Denkrahmen kommen. Du mußt deinen Punkt einfach und sichtbar machen, und du mußt die von ihm bevorzugte Alternative besser beschreiben, als er das selbst kann. Dazu wirst du ein paar Hausaufgaben machen müssen. Bist du dazu bereit?«

»Warum muß das denn alles sein?« fragte er.

»Du willst also in anderen Worten, daß er seinen ganzen Führungsstil ändert, aber du bist nicht bereit, deine Methode der Präsentation zu ändern?«

»Sieht so aus«, erwiderte er.

»Nun denn«, sagte ich, »dann lächle darüber und lerne, damit zu leben.«

»Ich kann nicht damit leben«, meinte er. »Es kompromittiert meine Integrität.«

»Okay, dann mach dich an eine effektive Präsentation. Die liegt in deinem Einflußbereich.«

Letzten Endes wollte er nicht. Die Investition schien ihm zu groß.

Eins zu Eins

Der 5. Weg ist so stark, weil er mitten in Ihrem Einflußbereich liegt. In interdependenten Situationen fallen viele Faktoren in Ihre Interessensphäre – Probleme, Meinungsverschiedenheiten, Umstände, das Verhalten von anderen. Und wenn Sie Ihre Energien nach da draußen richten, bauen Sie sie ab, ohne viele positive Ergebnisse zu erzielen.

Aber Sie können immer versuchen, erst zu verstehen. Das ist etwas, was in Ihrer Kontrolle liegt. Und wenn Sie das tun, wenn Sie sich auf Ihren Einflußbereich fokussieren, dann verstehen Sie andere Menschen wirklich auf einer tiefen Ebene. Sie haben genaue Informationen, mit denen Sie arbeiten können, Sie stoßen schnell zum Kern der Sache vor, Sie bauen die Beziehungskonten auf, und Sie geben Menschen die psychische Luft, die sie brauchen, um effektiv zusammenarbeiten zu können.

Es ist der Ansatz ›von innen nach außen‹. Und beobachten Sie, was mit Ihrem Einflußbereich geschieht, wenn Sie so vorgehen. Da Sie wirklich zuhören, werden Sie beeinflußbar. Und Beeinflußbarkeit ist der Schlüssel zum Einfluß auf andere. Ihr Bereich beginnt sich auszudehnen. Sie vergrößern Ihre Fähigkeit, viele von den Dingen in Ihrer Interessensphäre zu beeinflussen.

Wenn Sie sehr pro-aktiv sind, können Sie vorbeugend arbeiten. Sie müssen nicht warten, bis Ihr Sohn oder Ihre Tochter ein Schulproblem haben oder die nächste geschäftliche Verhandlung bevorsteht, um verstehen zu wollen.

Verbringen Sie jetzt Zeit mit Ihren Kindern, einzeln. Hören Sie Ihnen zu, verstehen Sie sie. Schauen Sie sich Ihr Zuhause, das Schulleben, die Probleme und Herausforderungen, vor denen sie stehen, mit ihren Augen an. Bauen Sie das Beziehungskonto auf. Geben Sie ihnen Luft.

Gehen Sie mit Ihrem Mann oder Ihrer Frau regelmäßig aus – ins Restaurant, oder tun Sie etwas, was Ihnen beiden Spaß macht. Hören Sie einander zu; versuchen Sie zu verstehen. Sehen Sie das Leben mit den Augen des Partners.

Die Zeit, die Sie investieren, um die Menschen zu verstehen, die Sie lieben, bringt eine riesige Rendite für die offene Kommunikation. Viele von den Problemen, die sonst Familien und Ehen plagen, können dann gar nicht erst gären und sich entwickeln. Die Kommunikation wird so offen, daß potentielle Probleme gleich beseitigt werden. Und es gibt große Vertrauensreserven auf dem Beziehungskonto, mit denen dann die allenfalls doch auftauchenden Probleme gemeistert werden können. Auch im Geschäftsleben können Sie mit Ihren Mitarbeitern Einzelgespräche vereinbaren. Hören Sie ihnen zu, verstehen Sie sie. Richten Sie in Ihrer Firma eine ›Buchhaltung für menschliche Ressourcen‹ oder unparteiische Informationssysteme ein, um ein ehrliches, deutliches Feedback auf jeder Ebene zu bekommen: von Kunden, Lieferanten und Mitarbeitern. Nehmen Sie die menschliche Dimension so wichtig wie die finanzielle oder technische. Sie sparen Unmengen von Zeit, Energie und Geld, wenn Sie die menschlichen Ressourcen auf jeder Ebene des Betriebs anzapfen. Wenn Sie zuhören, lernen Sie. Und außerdem geben Sie den Menschen, die mit Ihnen und für Sie arbeiten, psychische Luft. Sie bewirken Loyalität, die weit über die physischen Anforderungen eines Acht-Stunden-Jobs hinausreicht. Versuchen Sie, erst zu verstehen. Bevor die Probleme kommen, bevor Sie zu bewerten und zu verschreiben versuchen, bevor Sie Ihre eigenen Vorstellungen zu präsentieren versuchen – versuchen Sie zu verstehen. Das ist ein starkes Prinzip von effektiver Interdependenz.

Wenn wir einander wirklich verstehen, öffnen wir kreativen Lösungen und dritten Alternativen die Tür. Unsere Unterschiede sind keine Stolpersteine für Kommunikation und Fortschritt mehr. Statt dessen werden sie zu Stufen zur Synergie.

Anwendungsvorschläge

1. Wählen Sie eine emotionale Beziehung, bei der Sie spüren, daß das Beziehungskonto in den Miesen steht. Versuchen Sie die Situation aus der Sicht der anderen Person zu verstehen, und bringen Sie sie zu Papier. Versuchen Sie bei Ihrer nächsten Interaktion so zuzuhören, daß Sie verstehen, und vergleichen Sie das, was Sie hören, mit dem, was Sie aufgeschrieben haben. Wie gut waren Ihre Annahmen? Haben Sie die Sichtweise des anderen wirklich verstanden?

2. Erzählen Sie jemandem, der Ihnen nahesteht, von dem Konzept des Mitfühlens. Sagen Sie ihm oder ihr, daß Sie wirklich daran arbeiten wollen, anderen zuzuhören, und bitten Sie darum, daß Sie in einer Woche Feedback bekommen. Wie ist es Ihnen ergangen? Wie hat sich diese andere Person dadurch gefühlt?

3. Halten Sie sich, wenn Sie das nächstemal die Möglichkeit haben, Leute beim Kommunizieren zu beobachten, ein paar Minuten die Ohren zu und beobachten nur. Welche Emotionen werden kommuniziert, die vielleicht nicht mit Worten allein rüberkommen?

4. Versuchen Sie, wenn Sie sich das nächstemal dabei erwischen, unangemessenerweise eine autobiographische Antwort zu geben – zu sondieren, bewerten, beraten oder interpretieren –, die Situation dadurch in eine Einzahlung zu verwandeln, daß Sie das anerkennen und sich entschuldigen. (»*Tut mir leid. Ich habe gerade gemerkt, daß ich nicht wirklich zu verstehen versucht habe. Können wir noch mal anfangen?*«)

5. Bauen Sie Ihre nächste Darstellung oder Präsentation auf Mitgefühl auf. Beschreiben Sie die andere Sichtweise so gut wie oder besser als ihre Befürworter; versuchen Sie dann Ihre Sichtweise aus dem Bezugsrahmen der anderen verständlich zu machen.

Synergie erzeugen

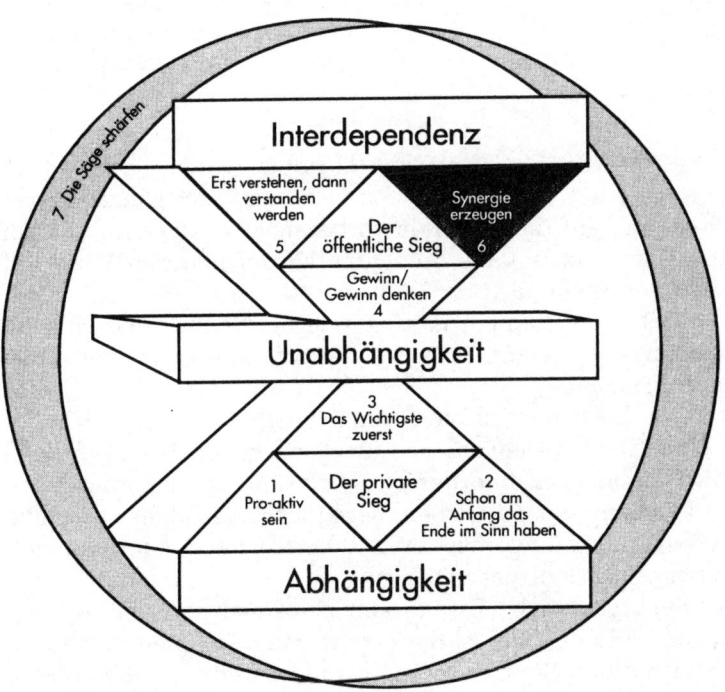

Prinzipien der kreativen Kooperation

Möge mich die Hoffnung eines Heiligen leiten:
in entscheidenden Dingen Einheit –
in wichtigen Dingen Vielfalt –
in allen Dingen Großzügigkeit.

Präsident GEORGE BUSH
in seiner Rede zum Amtsantritt

Als Sir Winston Churchill berufen wurde, England in Kriegszeiten vorzustehen, hat er gesagt, sein ganzes Leben habe ihn auf diese Stunde vorbereitet. In einem ähnlichen Sinn bereitet uns die Befolgung all der anderen Wege auf den der Synergie vor.

Richtig verstanden ist Synergie die höchste Aktivität im Leben – die wahre Prüfung und Manifestation aller anderen Prinzipien.

Die höchsten Formen von Synergie wenden das Gewinn/Gewinn-Denken und die Fertigkeiten der mitfühlenden Kommunikation auf die härtesten Herausforderungen an, denen wir im Leben begegnen. Was dabei entsteht, grenzt ans Wunderbare. Wir schaffen neue Alternativen – etwas, das es bisher nicht gab.

Synergie ist die Essenz von prinzipien-zentriertem Führungsverhalten. Sie ist die Essenz von prinzipien-zentrierter Elternschaft. Sie katalysiert, vereinigt und setzt die größten Kräfte in Menschen frei. All die bisher besprochenen Wege bereiten uns darauf vor, das Wunder der Synergie zu schaffen.

Was ist Synergie? Einfach gesagt bedeutet Synergie, daß

das Ganze größer ist als die Summe seiner Teile. Das heißt, daß die Beziehungen der Teile untereinander selbst ein Teil sind. Und dies ist kein beliebiger, sondern der befruchtendste, kraftgebendste, vereinendste und aufregendste Teil.

Der kreative Prozeß ist auch der erschreckendste Teil, denn man weiß nicht, was geschehen oder wo er hinführen wird. Man weiß nicht, welchen neuen Gefahren und Herausforderungen man begegnen wird. Man braucht eine Menge innere Sicherheit, um mit Abenteuergeist, Entdeckungslust und Kreativität anzutreten. Sie müssen zweifellos die bequeme Zone des Basislagers verlassen und sich einer vollkommen neuen und unbekannten Wildnis stellen. Sie werden ein Pfadfinder, ein Wegbereiter. Sie eröffnen neue Möglichkeiten, neue Territorien, neue Kontinente, so daß andere Ihnen folgen können.

Synergie könnte ein neues Skript für die nächste Generation schaffen – eines, das mehr an Dienen und Beitragen orientiert und weniger bevormundend, feindlich und selbstsüchtig ist; eins, das offener, vertrauensvoller, großzügiger und weniger abwehrend, protektiv und interessegeleitet ist; eins, das liebevoller und fürsorglicher, weniger possessiv und urteilend ist.

Synergistische Kommunikation

Wenn Sie synergistisch kommunizieren, öffnen Sie Geist, Herz und Ausdrucksformen einfach neuen Möglichkeiten, Alternativen und Optionen. Es mag so aussehen, als würden Sie damit den 2. Weg wieder verwerfen (schon am Anfang das Ende im Sinn haben); aber in Wirklichkeit tun Sie das Gegenteil – Sie erfüllen es. Wenn Sie sich auf synergistische Kommunikation einlassen, wissen Sie nicht, wie die Dinge sich entwickeln und am Ende aussehen werden. Aber Sie haben ein inneres Gefühl von Abenteuer, Sicherheit und Freude, da Sie glauben, daß es am Ende bedeutend besser sein wird als zuvor. Und das war schließlich genau das Ende, das Sie im Sinn hatten.

Sie beginnen mit dem Glauben, daß die beteiligten Parteien mehr Einsicht gewinnen werden und daß die Freude über das gemeinsame Lernen und diese Einsichten zu immer mehr Einsichten, Lehren und Wachstum führen wird.

Viele Leute haben in ihrem Familienleben oder bei anderen Interaktionen noch nie auch nur einen bescheidenen Grad von Synergie erlebt. Sie sind auf defensive oder protektive Kommunikation gedrillt oder glauben, daß man dem Leben oder anderen Menschen nicht trauen könne. Daher können sie sich dem 6. Weg und diesen Prinzipien nie ganz öffnen.

Dies stellt eine der größten Tragödien und Verschwendungen im Leben dar, weil so viel Potential unerschlossen bleibt – vollkommen unentwickelt und ungenutzt. Ineffektive Menschen leben Tag für Tag mit ungenutztem Potential. Sie erfahren Synergie in ihrem Leben nur in kleinen, nebensächlichen Dingen.

Sie haben vielleicht Erinnerungen an einige ungewöhnliche kreative Erfahrungen, vielleicht im Sport, wo sie es selbst mal mit richtigem Teamgeist zu tun hatten. Oder sie waren in einer Notsituation, in der die Menschen ungewöhnlich stark kooperierten und ihr Ego und ihren Stolz hintanstellten, um ein Leben zu retten oder eine Krise zu bewältigen.

Solche Ereignisse scheinen vielen fast wie ein Wunder, ganz anders als das normale Leben. Aber so ist es nicht. Sie lassen sich regelmäßig, beständig, fast täglich im Leben herstellen. Aber das erfordert große persönliche Sicherheit, Offenheit und Abenteuergeist.

Fast alle kreativen Bemühungen sind in gewisser Weise unvorsehbar. Sie scheinen oft zweischneidig zu sein, Versuch und Irrtum. Und wer keine hohe Toleranz für Zweischneidiges hat und seine Sicherheit nicht aus innerer Integrität, Geboten und Werten bezieht, der findet es unangenehm und entnervend, mit hochgradig kreativen Unternehmungen zu tun zu haben. Sein Bedürfnis nach Struktur, Gewißheit und Vorhersagbarkeit ist zu groß. Synergie heißt, daß 1 + 1 = 8 oder 16 oder 1600 sein kann. Die auf hohem

Vertrauen basierende synergistische Position produziert Lösungen, die besser sind als alle bisher vorgeschlagenen, und alle Parteien wissen, daß das so ist. Außerdem machen ihnen die kreativen Vorgehensweisen wirklich Spaß. Es wird eine Art Minikultur gebildet, die aus sich selbst heraus befriedigend ist. Vielleicht nur kurzfristig, aber hier ist die Ausgewogenheit von P und PK vorhanden.

Es gibt einige Bedingungen, unter denen man vielleicht keine Synergie erreichen kann und ›Kein Geschäft‹ auch nicht möglich ist. Aber selbst in diesen Fällen wird der Geist des ernsthaften Bemühens zu einem effektiveren Kompromiß führen.

Nach der dritten Alternative suchen

Stellen Sie sich folgende Szene vor, um eine bessere Vorstellung davon zu gewinnen, wie unsere Kommunikationsebene unsere interdependente Effektivität beeinflußt:

Es ist Ferienzeit, und ein Mann möchte mit seiner Familie zum Angeln fahren. Das ist ihm wichtig, er hat schon das ganze Jahr daran geplant. Er hat ein Häuschen an einem See und ein Boot gemietet, und seine Söhne freuen sich schon sehr darauf.

Seine Frau möchte jedoch die Ferien nutzen, um ihre kranke Mutter zu besuchen, die 400 Kilometer weit weg wohnt. Sie hat nicht oft die Möglichkeit, sie zu sehen, und für sie ist das wichtig.

Das Ehepaar diskutiert hin und her, gelangt möglicherweise schließlich sogar zu einer Art Kompromiß. Vielleicht entscheiden sie sich, getrennt zu fahren – er geht mit den Söhnen zum Angeln, sie besucht ihre Mutter. Und beide fühlen sich schuldig und unglücklich. Das spüren die Söhne, und es beeinträchtigt ihre Freude über die Ferien.

Oder der Mann gibt nach, aber er tut es widerwillig. Und bewußt oder unbewußt produziert er Beweise, die seine Prophezeiung erfüllen, die Zeit bei der Schwiegermutter werde für alle gräßlich werden.

Oder die Frau gibt nach, aber sie zieht sich zurück und reagiert überzogen auf jedes neue Krankheitsbulletin ihrer Mutter. Wenn ihre Mutter noch kränker werden und sterben würde, könnte der Mann sich selbst nie verzeihen und die Frau ihm auch nicht.

Ganz gleich, welchen Kompromiß sie finden: Er könnte jahrelang beiden Seiten immer wieder als Beweis für fehlendes Einfühlungsvermögen, Vernachlässigung oder eine Entscheidung für schlechte Prioritäten dienen. Er könnte zur Streitquelle werden und sogar die Familie polarisieren. Viele einst schöne, sanfte, spontane und liebevolle Ehen sind durch eine Reihe von Ereignissen wie diese bis auf die Ebene von Feindlichkeit verkümmert. Der Mann und die Frau sehen die Situation unterschiedlich. Und das kann sie polarisieren, trennen, Keile in ihre Beziehung treiben. Oder es kann sie auf einer höheren Ebene näher zusammenbringen. Wenn sie die Prinzipien der effektiven Interdependenz gepflegt haben, gehen sie mit ihren Differenzen aus einem ganz anderen Paradigma heraus um. Ihre Kommunikation läuft auf einer höheren Ebene.

Im Buddhismus heißt das ›der mittlere Weg‹. Dabei steht *mittlere* nicht für einen Kompromiß, sondern für etwas Höheres, wie die Spitze eines Dreiecks.

Wenn sie kommunizieren, spürt der Mann wirklich den tiefen Wunsch seiner Frau, ihr Bedürfnis, bei ihrer Mutter zu sein. Er versteht, daß sie ihre Schwester entlasten will, die die überwiegende Verantwortung für die Pflege der Mutter trägt. Er versteht, daß sie wirklich nicht wissen, wie lange sie noch leben wird, und daß sie auf alle Fälle wichtiger ist als Angeln.

Und die Frau versteht zutiefst den Wunsch ihres Mannes, eine Zeit mit der Familie zusammen zu verbringen und den Söhnen diese Erfahrung möglich zu machen. Sie erkennt, daß schon eine Menge in Ausbildung und Ausrüstung für diesen Urlaub investiert worden ist, und sie spürt, wie wichtig es ist, ihren Söhnen diese schönen Erinnerungen zu ermöglichen.

Also tun sie ihre Wünsche zusammen. Und sie stehen

nicht auf gegenüberliegenden Seiten des Problems. Sie sind zusammen auf einer Seite, betrachten das Problem, verstehen die Bedürfnisse und arbeiten daran, eine dritte Alternative zu finden, die diese erfüllen wird.

»Vielleicht könnten wir diesen Monat noch eine andere Zeit finden, in der du zu deiner Mutter fahren könntest«, schlägt er vor. »Ich könnte für das Wochenende den Haushalt und die Kinder übernehmen und für den Montag eine Hilfe suchen, so daß du fahren könntest. Ich weiß, daß es wichtig ist, daß du diese Zeit hast.

Oder vielleicht könnten wir auch in der Nähe deiner Mutter einen Platz finden, wo wir Camping machen und angeln können. Die Gegend wäre nicht so schön, aber wir könnten immer noch draußen sein und auch andere Bedürfnisse erfüllen. Und die Jungen wären nicht so eingesperrt. Wir könnten sogar ein paar gemeinsame Unternehmen mit der Verwandtschaft planen, was ein zusätzlicher Bonus wäre.«

Sie synergisieren. Sie kommunizieren so lange, bis sie zu einer Lösung finden, mit der sich beide wohl fühlen. Die ist besser als beide ursprünglichen Vorschläge. Sie ist besser als ein Kompromiß. Sie ist eine synergistische Lösung, die P und PK aufbaut.

Das ist keine Transaktion, sondern Transformation. Beide bekommen, was sie wirklich wollen, und bauen in dem Prozeß ihre Beziehung auf.

Die Unterschiede würdigen

Die Unterschiede zu würdigen – die mentalen, emotionalen, psychologischen Unterschiede zwischen Menschen – ist die Essenz von Synergie. Und der Schlüssel zur Wertschätzung dieser Unterschiede ist die Erkenntnis, daß jeder Mensch die Welt nicht so sieht, wie sie ist, sondern so, wie er ist.

Wenn ich denke, daß ich die Welt so sehe, wie sie ist, wozu würde ich dann die Unterschiede würdigen wollen?

Warum sollte ich mich überhaupt mit jemandem beschäftigen wollen, der so offensichtlich auf dem Holzweg ist? Mein Paradigma ist, daß ich objektiv bin. Ich sehe die Welt so, wie sie ist. Alle anderen sind in den Einzelheiten begraben, nur ich habe den Überblick.

Wenn das mein Paradigma ist, werde ich nie effektiv interdependent oder auch nur effektiv unabhängig, sondern von den Paradigmen meiner eigenen Konditionierung eingeschränkt sein.

Wer wirklich effektiv ist, hat die Bescheidenheit und Ehrfurcht, seine eigenen Wahrnehmungsgrenzen anzuerkennen und die reichen Ressourcen zu schätzen, die durch Interaktion mit den Herzen und Köpfen anderer Menschen verfügbar werden. Er würdigt die Unterschiede, da sie zu seinem Wissen und seinem Verstehen der Wirklichkeit beitragen. Wenn wir ganz unseren eigenen Erfahrungen überlassen sind, leiden wir beständig an Datenmangel.

Ist es logisch, daß zwei Menschen uneins sein und beide recht haben können? Das ist nicht logisch: Es ist *psychologisch*. Und es ist sehr real. Sie sehen die junge Dame; ich sehe die alte Frau. Wir betrachten beide dasselbe Bild, wir haben beide recht. Wir sehen dieselben schwarzen Linien, dieselben weißen Flächen. Aber wir interpretieren sie anders, weil wir dazu konditioniert worden sind.

Und wenn wir die Unterschiede in unseren Wahrnehmungen nicht würdigen, einander anerkennen und die Möglichkeit in Betracht ziehen, daß wir beide recht haben, daß das Leben nicht immer in der Dichotomie von entweder/oder stattfindet, daß es fast immer dritte Alternativen gibt, dann werden wir nie die Grenzen dieser alten Konditionierungen überschreiten können.

Vielleicht sehe ich nur die alte Frau. Aber ich merke, daß Sie etwas anderes sehen. Und ich schätze Sie. Ich schätze Ihre Wahrnehmung. Ich möchte verstehen.

Wenn ich mir also der Unterschiede in unseren Wahrnehmungen bewußt werde, sage ich: »Gut! Sie sehen das anders. Helfen Sie mir zu sehen, was Sie sehen.«

Wenn zwei Leute der gleichen Ansicht sind, ist einer von

beiden unnötig. Es wird mir überhaupt nichts nützen, mit jemandem zu kommunizieren, der auch nur die alte Frau sieht. Ich möchte nicht mit jemandem reden, mit jemandem kommunizieren, der mir zustimmt. Ich möchte mit Ihnen kommunizieren, weil Sie etwas anders sehen. Ich würdige diesen Unterschied.

Wenn ich das tue, steigere ich nicht nur meine eigene Bewußtheit; ich bestätige Sie auch. Ich gebe Ihnen psychische Luft. Ich nehme meinen Fuß von der Bremse und setze die Energie frei, die Sie vielleicht in die Verteidigung einer bestimmten Position investieren. Ich schaffe eine Umgebung für Synergie.

Kraftfeld-Analyse

In einer interdependenten Situation ist Synergie besonders im Umgang mit den negativen Kräften wirksam, die gegen Wachstum und Veränderung arbeiten.

Der Soziologe Kurt Lewin hat ein Modell einer ›Kraftfeld-Analyse‹ entwickelt, in dem er jede bestehende Leistungs- oder Seinsebene als einen Zustand des Gleichgewichts zwischen den treibenden Kräften, die eine Aufwärtsbewegung wollen, und den hemmenden Kräften, die das nicht wollen, definiert.

Treibende Kräfte sind im allgemeinen positiv, vernünftig, logisch, bewußt und ökonomisch. Hemmende sind dagegen oft negativ, emotional, unlogisch, unbewußt und sozial/psychisch. Beide Arten sind sehr real und müssen im Umgang mit Veränderung berücksichtigt werden.

Nehmen wir das Klima in einer Familie – ein bestimmtes Niveau von positiver oder negativer Interaktion, Sicherheit oder Unsicherheit darin, Gefühle auszudrücken oder über Sorgen zu sprechen, Achtung oder Mißachtung in der Kommunikation der Familienmitglieder untereinander. Vielleicht möchten Sie dieses Niveau wirklich ändern. Sie möchten ein positiveres, respektvolleres, offeneres und vertrauensvolleres Klima schaffen. Ihre logischen Gründe

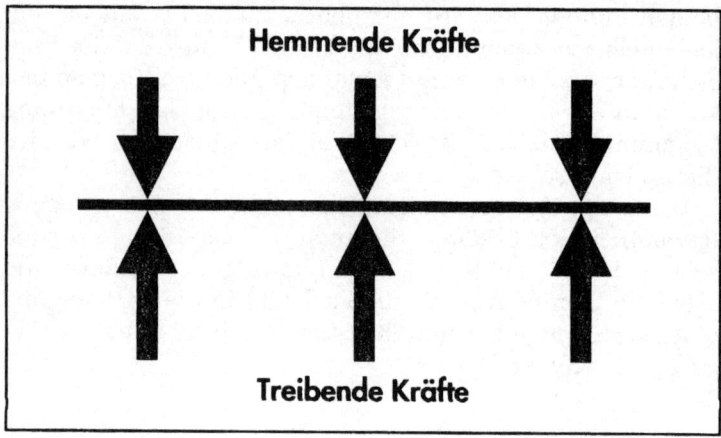

Hemmende Kräfte

Treibende Kräfte

dafür sind die treibenden Kräfte, das Niveau anheben zu wollen.

Aber diese treibenden Kräfte zu verstärken ist nicht genug. Ihren Bemühungen stehen die hemmenden Kräfte gegenüber – der Konkurrenzgeist zwischen den Kindern, die unterschiedlichen Skripten für häusliches Leben, die Sie und Ihr Partner in die Ehe mitgebracht haben, die Gewohnheiten, die sich in der Familie entwickelt haben, die Arbeit oder andere Anforderungen an Ihre Zeit und Energie.

Die treibenden Kräfte zu stärken mag eine Weile gute Ergebnisse bringen. Aber solange die hemmenden Kräfte vorhanden sind, wird es immer schwieriger. Es ist, wie gegen eine Feder zu drücken: Je härter man drückt, desto schwieriger wird es. Bis die Feder plötzlich losschnellt und wieder den Ausgangszustand erreicht.

Der daraus entstehende Jo-Jo-Effekt gibt Ihnen nach einiger Zeit das Gefühl, Menschen seien eben »so, wie sie sind«, und es sei »zu schwierig, etwas zu ändern«.

Aber wenn Sie Synergie einführen, nutzen Sie das Motiv des 4., die Fertigkeit des 5. und die Interaktion des 6. Weges, um direkt an den hemmenden Kräften zu arbeiten. Sie schaffen eine Atmosphäre, in der es ungefährlich ist, über diese Kräfte zu reden. Sie tauen sie auf, lockern sie und schaffen neue Einsichten, die diese hemmenden Kräfte sogar in treibende verwandeln. Sie beteiligen die Menschen an diesem Problem, so daß sie ein Gefühl dafür bekommen, daß es ihr Problem ist. Dann werden sie meist zu einem wichtigen Teil der Lösung beitragen. Das führt dazu, daß neue, gemeinsame Ziele geschaffen werden und das ganze Unternehmen sich, oft auf bisher nicht vorstellbare Weise, nach oben bewegt. Und die in dieser Bewegung enthaltene Freude schafft eine neue Kultur. Die an ihr beteiligten Menschen sind miteinander verbunden und bekommen durch neues, frisches Denken, kreative Alternativen und Gelegenheiten mehr Kraft.

Ich war schon einige Male an Verhandlungen zwischen miteinander zerstrittenen Leuten beteiligt, die Anwälte engagiert hatten, um ihre Positionen zu verteidigen. Das hat die Probleme nur noch weiter verschärft, da die zwischenmenschliche Kommunikation im Laufe des rechtlichen Prozesses immer mehr verkümmerte. Aber die Vertrauensebene war so niedrig, daß die Parteien meinten, sie hätten keine andere Alternative, als vor Gericht zu ziehen.

»Hätten Sie Interesse daran, an einer Gewinn/Gewinn-Lösung zu arbeiten, mit der sich beide Parteien wirklich gut fühlen?« fragte ich.

Die Antwort war meist positiv, aber die meisten hielten eine solche Lösung für unmöglich.

»Wenn die andere Partei auch dazu bereit ist, wären Sie dann willens, mit dem Prozeß wirklicher Kommunikation zu beginnen?«

Wieder lautete die Antwort meist »ja«.

Die Ergebnisse waren in fast jedem Fall erstaunlich. Probleme, die seit Wochen Gegenstand juristischer und psychologischer Rangeleien waren, wurden in ein paar Stunden oder Tagen gelöst. Diese Lösungen gerieten auch meist nicht nach der Art der Gerichts-Kompromisse; sie waren synergistisch, besser als die von beiden Parteien unabhängig vorgeschlagenen. Und in den meisten Fällen blieben die Beziehungen bestehen, obwohl anfänglich kaum Vertrauen vorhanden war und der Riß in der Beziehung so stark war, daß beide Seiten davon ausgingen, er sei nicht mehr zu flicken.

Bei einem unserer Entwicklungsprogramme hat jemand von einem Fabrikanten berichtet, den ein langjähriger Industriekunde wegen mangelhafter Lieferungen verklagt hatte. Beide Parteien meinten, völlig im Recht zu sein, und empfanden sich gegenseitig als unethisch und vollkommen vertrauensunwürdig.

Als sie begannen, den 5. Weg zu befolgen, wurden zwei Dinge deutlich. Zum einen beruhten die anfänglichen Kommunikationsprobleme auf einem Mißverständnis, das später durch Anschuldigungen und Gegenanschuldigungen verschärft wurde. Zum anderen hatten beide ursprünglich in gutem Glauben gehandelt. Sie waren beide nicht auf die Kosten und Mühen einer gerichtlichen Auseinandersetzung erpicht, sahen aber keinen anderen Ausweg.

Als diese beiden Dinge klar wurden, konnte im Geiste des 4., 5. und 6. Weges gehandelt werden. Das Problem war schnell gelöst, und die Beziehung gedeiht weiterhin.

Synergie funktioniert. Sie ist die krönende Leistung aller bisherigen Prinzipien. Sie ist Effektivität in einer interdependenten Realität – sie ist Teamarbeit, Teamausbau, die Entwicklung von Einheit und Kreativität mit anderen Menschen.

Auch wenn Sie in einer interdependenten Interaktion die Paradigmen der anderen oder den synergistischen Prozeß an sich nicht kontrollieren können, liegt ein Großteil der Synergie in Ihrem Einflußbereich.

Und Ihre eigene innere Synergie liegt sogar ganz in diesem Bereich. Sie können beide Seiten Ihres Wesens respektieren – die analytische und die kreative. Sie können den Unterschied zwischen ihnen schätzen und ihn nutzen, um Kreativität zu katalysieren.

Sie können in Ihrem Inneren sogar inmitten einer sehr feindlichen Umgebung synergistisch sein. Sie müssen Beleidigungen nicht persönlich nehmen. Sie können negativer Energie ausweichen. Sie können nach dem Guten in anderen ausschauen und dieses Gute, so anders es auch sein möge, einsetzen, um Ihre Sichtweise zu verbessern und Ihre Perspektive zu vergrößern.

Sie können in interdependenten Situationen den Mut aufbringen, offen zu sein, Ihre Gedanken, Gefühle und Erfahrungen in einer Weise zum Ausdruck bringen, die andere Menschen ermutigt, auch offen zu sein.

Sie können die Verschiedenheit der Menschen respektieren. Wenn jemand anderer Meinung ist, können Sie sagen: »Gut! Sie sehen das anders.« Sie müssen ihm nicht zustimmen, Sie können einfach seine Aussage zur Kenntnis nehmen. Und Sie können versuchen zu verstehen.

Wenn Sie nur zwei Alternativen sehen – Ihre und die ›falsche‹ –, können Sie nach einer synergistischen dritten Alternative suchen. Es gibt fast immer eine, und wenn Sie mit einer Gewinn/Gewinn-Philosophie arbeiten und wirklich verstehen wollen, können Sie gewöhnlich eine Lösung finden, die für alle Betroffenen besser ist.

Anwendungsvorschläge

1. Denken Sie über jemanden nach, der die Dinge meist anders sieht als Sie. Überlegen Sie, wie diese Unterschiede als Meilensteine für dritte, alternative Lösungen dienen könnten. Vielleicht könnten Sie um ihre oder seine Meinung zu einem derzeitigen Projekt oder Problem bitten und die vermutlich stark von den Ihren abweichenden Aussagen wertschätzen.

2. Machen Sie eine Liste von Leuten, die Sie irritieren. Repräsentieren sie unterschiedliche Sichtweisen, die zu Synergie führen könnten, wenn Sie größere intrinsische Sicherheit besäßen und die Unterschiede respektieren würden?

3. Definieren Sie eine Situation, in der Sie sich mehr Teamarbeit und Synergie wünschen. Welche Bedingungen müßten bestehen, um Synergie zu unterstützen? Was können Sie tun, um diese Bedingungen zu schaffen?

4. Versuchen Sie bei der nächsten Auseinandersetzung oder Meinungsverschiedenheit die Anliegen zu verstehen, die der Position des anderen zugrunde liegen. Sprechen Sie diese Anliegen auf kreative und beiderseits zuträgliche Weise an.

Vierter Teil

Erneuerung

Die Säge schärfen

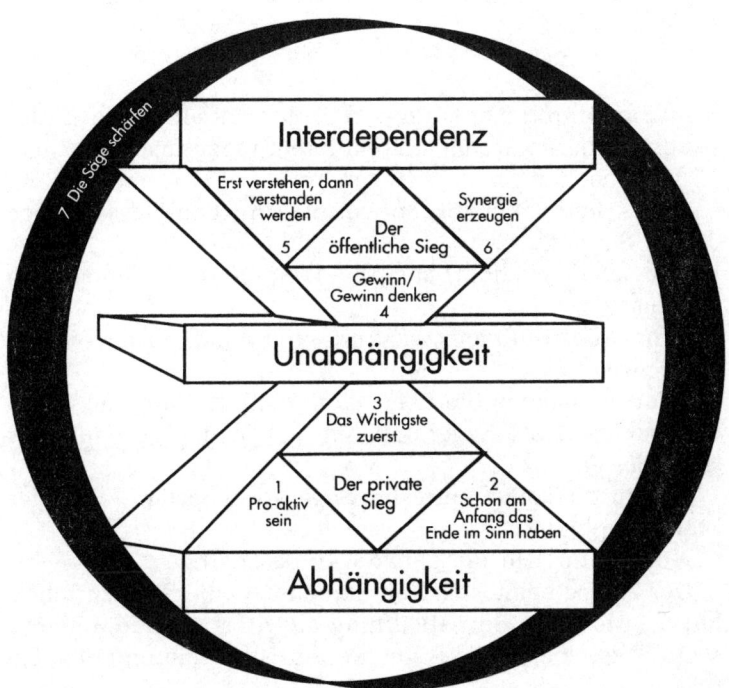

Prinzipien der ausgewogenen Selbst-Erneuerung

Wenn ich manchmal bedenke, welch riesige Konsequenzen kleine Dinge haben ..., bin ich versucht zu glauben ..., daß es gar keine kleinen Dinge gibt.

BRUCE BARTON

Sie laufen durch den Wald und treffen auf einen Mann, der fieberhaft daran arbeitet, einen Baum umzusägen.

»Was machen Sie da?« fragen Sie.

»Das sehen Sie doch«, antwortet er ungeduldig. »Ich säge diesen Baum ab.«

»Sie sehen erschöpft aus! Wie lange sind Sie denn schon zugange?«

»Über fünf Stunden«, sagt er, »und ich bin k.o.! Dies ist harte Arbeit.«

»Warum machen Sie dann nicht ein paar Minuten Pause und schärfen die Säge? Ich bin sicher, daß es dann viel schneller ginge.«

»Ich habe keine Zeit, die Säge zu schärfen«, ruft der Mann emphatisch.

»Ich bin zu sehr mit dem Sägen beschäftigt.«

Der 7. Weg heißt, sich Zeit zu nehmen, die Säge zu schärfen. Es steht auf der Abbildung als Kreis um die anderen sechs Wege, denn durch ihn werden alle anderen erst möglich.

Vier Dimensionen der Erneuerung

Der 7. Weg betrifft die persönliche PK, die Erhaltung und Mehrung Ihres wichtigsten Kapitals – und das sind Sie selbst. Dieser Weg dient der Erneuerung der vier Dimensionen Ihres Seins – der physischen, der spirituellen, der mentalen und der sozial/emotionalen.

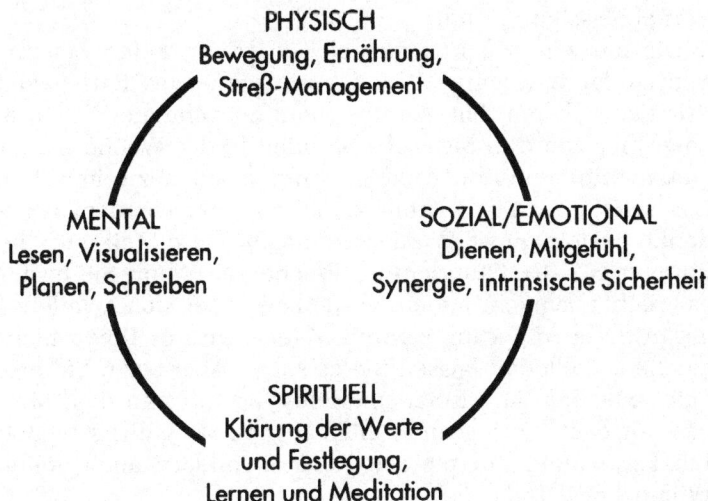

PHYSISCH
Bewegung, Ernährung,
Streß-Management

MENTAL
Lesen, Visualisieren,
Planen, Schreiben

SOZIAL/EMOTIONAL
Dienen, Mitgefühl,
Synergie, intrinsische Sicherheit

SPIRITUELL
Klärung der Werte
und Festlegung,
Lernen und Meditation

Das ist die größte Einzelinvestition, die wir im Leben vornehmen können – in uns selbst zu investieren, in das einzige Instrument, das wir haben, um mit dem Leben umzugehen und etwas beizutragen. Wir sind die Instrumente unserer eigenen Leistung, und um effektiv zu sein, müssen wir erkennen, wie wichtig es ist, uns regelmäßig die Zeit zu nehmen, unsere Säge in allen vier Bereichen zu schärfen.

Die physische Dimension

Zur physischen Dimension gehört, daß wir effektiv für unseren Körper sorgen – uns richtig ernähren, ausreichend

Ruhe und Entspannung haben und uns regelmäßig Bewegung verschaffen.

Körperliche Bewegung ist eine von den sehr wirksamen Aktivitäten in Quadrant II, die die meisten von uns deswegen vernachlässigen, weil sie nicht dringend ist. Und da wir das tun, finden wir uns früher oder später in Quadrant I wieder, wo wir es mit den gesundheitlichen Problemen und Krisen zu tun haben, die ein natürliches Ergebnis dieser Vernachlässigung sind.

Die meisten von uns meinen, sie hätten keine Zeit für Sport oder Bewegung. Was für ein verzerrtes Paradigma! Wir haben keine Zeit, sie uns nicht zu nehmen. Wir sprechen hier von drei bis sechs Stunden in der Woche – oder einem Minimum von dreißig Minuten jeden zweiten Tag. Das scheint wirklich kaum zuviel zu sein, wenn man bedenkt, welch günstige Auswirkungen diese Zeit auf die übrigen 162–165 Stunden der Woche hat. Wenn Sie bisher gar nichts gemacht haben, wird Ihr Körper sich zweifellos gegen diese Änderung wehren. Zuerst wird es Ihnen nicht gefallen. Vielleicht hassen Sie es sogar. Aber seien Sie proaktiv. Machen Sie's trotzdem. Selbst wenn es an dem Morgen, an dem Sie joggen wollen, regnet: »O gut! Es regnet! Ich kann nicht nur meinen Körper, sondern auch meine Willenskraft stärken!«

Sie haben es hier nicht mit Schnellreparaturen zu tun. Dies ist eine Quadrant-II-Aktivität, die phänomenale langfristige Ergebnisse bringen wird. Fragen Sie jeden, der regelmäßig Sport treibt. Wenn Sie die Fähigkeit Ihres Körpers vergrößern, anstrengendere Dinge zu tun, werden Sie feststellen, daß die normalen Aktivitäten viel angenehmer und leichter werden. Sie werden nachmittags mehr Energie haben. Die Erschöpfung, die Ihnen bisher das Gefühl gab, ›zu müde‹ zu sein, um sich Bewegung zu verschaffen, wird von einer Energie ersetzt werden, die Ihnen bei allem, was Sie tun, Kraft gibt.

Wahrscheinlich wird der größte Bonus der regelmäßigen Bewegung die Entwicklung Ihrer Muskeln für den 1. Weg der Pro-Aktivität sein. Wenn der Wert des physischen Wohlbefindens Ihr Handeln bestimmt, statt daß Sie auf all die Kräfte reagieren, die Sie vom Sport abhalten, wird das zutiefst Ihr Paradigma von sich selbst, Ihre Selbstachtung, Ihr Selbstvertrauen und Ihre Integrität beeinflussen.

Die spirituelle Dimension

Die spirituelle Dimension zu erneuern verleiht Ihrem Leben Führung. Das hat viel mit dem 2. Weg zu tun.

Die spirituelle Dimension ist Ihr Kern, Ihr Zentrum, Ihre Festlegung auf Ihr Wertsystem. Dies ist ein sehr privater und äußerst wichtiger Lebensbereich. Er zapft die Quellen an, die Sie inspirieren und erheben, und verbindet Sie mit den zeitlosen Wahrheiten der gesamten Menschheit. Das kann man auf vielerlei Weise erreichen, zum Beispiel durch Gebet oder Meditation.

Manchen Menschen bringt auch ein Eintauchen in große Literatur oder Musik eine ähnliche Erneuerung der Seele. Andere finden sie in der Art, wie sie mit der Natur kommunizieren. Die Natur schenkt allen, die sich ihr öffnen, ihren eigenen Segen. Wenn Sie den Krach und die Mißtöne der Stadt hinter sich lassen und sich in die Harmonie und den Rhythmus der Natur fallen lassen können, kommen Sie erneuert zurück. Eine Weile kann nichts Sie stören, bis allmählich der Krach und der Mißklang von außen wieder in dieses Gefühl inneren Friedens einzudringen beginnen.

Die mentale Dimension

Ein Großteil unserer mentalen Entwicklung und Lerndisziplin entsteht durch formale Ausbildung. Aber sobald die äußere Disziplin der Schule oder Hochschule wegfällt, lassen viele Menschen ihren Geist verdorren. Wir lesen nicht mehr ernsthaft, erforschen keine wirklich neuen Themen außerhalb unseres Tätigkeitsbereichs, denken nicht analytisch, schreiben nicht – jedenfalls nicht kritisch oder in einer Weise, die unsere Fähigkeit auf die Probe stellt, uns in klarer, präziser und knapper Sprache auszudrücken. Statt dessen verbringen wir unsere Zeit vor dem Fernseher. In amerikanischen Haushalten ist die Mattscheibe nach den letzten Untersuchungen etwa 35 bis 45 Stunden die Woche erleuchtet, und auch in deutschen ist die Tendenz steigend. Das ist soviel Zeit, wie manche in ihrem Job verbringen, und mehr als die meisten für die Schule aufwenden. Es handelt sich um den mächtigsten sozialisierenden Einfluß in unserem Leben. Und wenn wir fernsehen, sind wir all den Werten ausgesetzt, die das Programm vermittelt. Das kann uns auf sehr subtile und unmerkliche Weise stark beeinflussen.

Weisheit im Umgang mit dem Fernsehen erfordert das effektive Selbst-Management des 3. Weges, das es Ihnen ermöglicht, die informierenden, anregenden und unterhaltenden Programme zu wählen, die am besten Ihrer Aufgabe und Ihren Werten dienen und diese zum Ausdruck bringen.

In unserer Familie begrenzen wir das Fernsehen auf etwa sieben Stunden in der Woche, durchschnittlich eine Stunde pro Tag. Wir haben einen Familienrat einberufen, darüber gesprochen und analysiert, welche Auswirkungen das Fernsehen auf das Familienleben hat. Dadurch, daß wir es als Familie gemeinsam besprochen haben, daß keiner defensiv sein oder argumentieren mußte, begannen alle zu sehen, daß die Abhängigkeit von einer bestimmten Serie oder Unterhaltungsart wie eine Suchtkrankheit ist.

Es gibt keinen besseren Weg, fortlaufend den Geist zu erweitern, als es sich zur Gewohnheit zu machen, regelmäßig gute Literatur zu lesen. Das ist eine weitere wirkungsvolle Quadrant-II-Aktivität. Sie können in die besten Köpfe, die es heute gibt oder je in der Welt gegeben hat, hineinschlüpfen. Ich empfehle, mit einem Buch pro Monat zu beginnen, dann eines alle vierzehn Tage und schließlich eins pro Woche. »Wer nicht liest, ist nicht besser dran als der, der nicht lesen kann.«

Schreiben ist eine weitere wirksame Möglichkeit, die gei

stige Säge zu schärfen. Ein Tagebuch über unsere Gedanken, Erfahrungen, Einsichten und Lernerfolge zu führen fördert die geistige Klarheit, Genauigkeit und Einsicht in die Zusammenhänge. Auch gute Briefe zu schreiben – auf der tieferen Ebene der Gedanken, Gefühle und Vorstellungen zu kommunizieren, statt auf der oberflächlichen von Ereignissen – beeinflußt unsere Fähigkeit, klar zu denken, etwas vernünftig zu erörtern und effektiv verstanden zu werden.

Die sozial/emotionale Dimension

Während die physische, die spirituelle und die mentale Dimension eng dem 1., 2. und 3. Weg zugehören – auf die Prinzipien von persönlicher Vision, Führung und Management zentriert –, gehört die sozial/emotionale Dimension zum 4., 5. und 6. Weg – auf die Prinzipien von sozialem Führungsverhalten, mitfühlender Kommunikation und kreativer Kooperation ausgerichtet.

Die sozialen und emotionalen Dimensionen unseres Lebens sind miteinander verknüpft, da sich unser emotionales Leben primär, wenn auch nicht ausschließlich, aus unseren Beziehungen zu anderen entwickelt und sich in ihnen manifestiert.

Um unsere sozial/emotionale Dimension zu erneuern, brauchen wir nicht auf dieselbe Weise Zeit einzuplanen, wie wir es bei den anderen Dimensionen tun müssen. Wir können es in unseren alltäglichen Interaktionen mit anderen Menschen tun. Aber es braucht auf alle Fälle Übung. Wir müssen uns vielleicht selbst etwas anstoßen, denn viele von uns haben noch nicht die Ebene des privaten Sieges und die Fertigkeiten des öffentlichen Sieges errungen, die für den 4., 5. und 6. Weg notwendig sind, damit wir bei all unseren Interaktionen ganz natürlich über sie verfügen können.

Ausgewogenheit in der Erneuerung

Der Selbsterneuerungsprozeß muß ausgewogene Erneuerung in allen vier Dimensionen unserer Natur einschließen: in der physischen, der spirituellen, der mentalen und der sozial/emotionalen.

Obwohl Erneuerung in jeder einzelnen Dimension wichtig ist, wird sie erst dann optimal effektiv, wenn wir mit allen vier Dimensionen weise und ausgewogen umgehen. Ein Gebiet zu vernachlässigen hat negative Auswirkungen auf die anderen.

Ich habe festgestellt, daß das sowohl für Organisationen wie für das individuelle Leben gilt. In einer Organisation kommt die physische Dimension in ökonomischen Begriffen zum Ausdruck. Die mentale oder psychologische Dimension hat mit dem Erkennen, der Entwicklung und der Verwendung von Talent zu tun. Die sozial/emotionale Dimension betrifft die menschlichen Beziehungen und die Art, wie man mit anderen umgeht. Und in der spirituellen Dimension geht es darum, durch Aufgaben oder Beiträge und organisatorische Integrität Sinn und Bedeutung zu finden. Wenn eine Organisation eines oder mehrere dieser Gebiete vernachlässigt, hat das negative Auswirkungen auf die gesamte Organisation. Die kreativen Energien, die zu enormer positiver Synergie führen könnten, werden statt dessen verwendet, um gegen die Organisation zu kämpfen. Sie wirken dann hemmend auf Wachstum und Produktivität.

Ich habe Organisationen kennengelernt, deren einziges Bestreben ökonomisch war – Geld zu verdienen. Gewöhnlich machen sie dieses Ziel nicht publik. Manchmal geben sie sogar etwas anderes bekannt. Aber in ihren Herzen besteht nur dieser eine Wunsch, Geld zu verdienen.

Wann immer ich auf so etwas stoße, finde ich auch eine Menge negativer Synergie in der Firmenkultur, die Abteilungsrivalitäten, defensive und protektive Kommunikation, Taktiererei und Befehlston hervorrufen. Wir können ohne Geld nicht effektiv gedeihen, aber das ist noch kein hinlänglicher Grund für die Existenz einer Organisation. Wir können nicht leben, ohne zu essen, aber wir leben nicht, um zu essen.

Am anderen Ende des Spektrums habe ich Organisationen gesehen, die sich fast ausschließlich auf die sozial/emotionale Dimension ausgerichtet hatten. Sie sind in gewissem Sinne eine Art soziales Experiment, und in ihrem Wertsystem gibt es keine ökonomischen Kriterien. Sie haben keinen Maßstab für ihre Effektivität, was dazu führt, daß sie an Effizienz verlieren und schließlich auf dem Markt nicht überleben können.

Ich habe viele Organisationen kennengelernt, die bis zu drei Dimensionen entwickeln – sie haben vielleicht gute Service-Kriterien, gute ökonomische Kriterien und gute Beziehungs-Kriterien, aber sie sind nicht wirklich darauf ausgerichtet, die Talente ihrer Mitarbeiter zu erkennen, zu entwickeln und zu nutzen. Und wenn diese psychologischen Kräfte fehlen, wird der Stil wohlwollend autokratisch. Die daraus entstehende Kultur wird verschiedene Formen von kollektivem Widerstand, Feindlichkeit, hoher Personalfluktuation und anderen tiefen, chronischen kulturellen Problemen reflektieren.

Effektivität erfordert individuell wie in Organisationen die weise und ausgewogene Entwicklung und Erneuerung aller vier Dimensionen. Jede Dimension, die vernachlässigt wird, wird negativen Kraftfeld-Widerstand schaffen, der gegen Effektivität und Wachstum wirkt. Organisationen und Individuen, die jede dieser vier Dimensionen in ihrer Missionsaussage anerkennen, erstellen damit einen starken Rahmen für ausgewogene Erneuerung.

Der Prozeß der kontinuierlichen Verbesserung ist das Kennzeichen des Total Quality Movement und war der Schlüssel zu Japans ökonomischem Aufstieg.

Synergie in der Erneuerung

Ausgewogene Erneuerung ist optimal synergetisch. Was Sie in irgendeiner Dimension tun, um die Säge zu schärfen, hat positiven Einfluß auf die anderen, da sie stark miteinander verbunden sind. Ihre physische Gesundheit hat Auswirkungen auf Ihre mentale Gesundheit; Ihre spirituelle Kraft beeinflußt Ihre sozial/emotionale Kraft. Wenn Sie sich in einer Dimension verbessern, steigern Sie auch Ihre Fähigkeiten in den anderen Dimensionen.

Die sieben Wege zur Effektivität schaffen eine optimale Synergie zwischen diesen Dimensionen. Erneuerung in jeder einzelnen Dimension steigert Ihre Fähigkeit, mindestens einen der sieben Wege zu befolgen und zu leben. Und obwohl diese Wege nach einer Reihenfolge geordnet sind, steigert doch die bessere Beherrschung des einen synergetisch Ihre Fähigkeit, auch die anderen zu leben.

Je pro-aktiver Sie sind (1. Weg), desto effektiver können Sie in Ihrem Leben persönliche Führung (2. Weg) und Management (3. Weg) meistern. Je effektiver Sie ihr Leben managen (3. Weg), desto mehr erneuernde Quadrant-II-Aktivitäten können Sie ausüben (7. Weg). Je mehr Sie erst zu verstehen suchen (5. Weg), desto effektiver können Sie auf synergetische Gewinn/Gewinn-Lösungen zusteuern (4. und 6. Weg). Je besser Sie eins der Prinzipien beherrschen, die zu Unabhängigkeit führen (1., 2. und 3. Weg), desto effektiver werden Sie in interdependenten Situationen sein (4., 5. und 6. Weg). Und Erneuerung (7. Weg) ist der Prozeß, all die Prinzipien der anderen Wege zu erneuern.

Wenn Sie Ihre physische Dimension erneuern, verstärken Sie Ihre persönliche Vision (1. Weg), das Paradigma Ihrer eigenen Selbst-Bewußtheit und Ihres freien Willens, der Pro-Aktivität, des Wissens, daß Sie frei sind zu machen, statt ›gemacht‹ zu werden, und Ihre eigene Reaktion auf jeden Reiz bestimmen können. Das ist vermutlich der größte Segen der körperlichen Ertüchtigung. Jeder tägliche private Sieg bedeutet eine Einzahlung auf Ihr intrinsisches Sicherheits-Konto.

Wenn Sie Ihre spirituelle Dimension erneuern, stärken Sie Ihren persönlichen Führungsstil (2. Weg). Sie vergrößern Ihre Fähigkeit, aus Ihrer Vorstellungskraft und Ihrem Gewissen heraus zu leben, statt nur aus Ihrem Gedächtnis,

Ihre innersten Paradigmen und Werte wirklich zu verstehen, in sich selbst ein Zentrum mit korrekten Prinzipien zu schaffen, Ihre Lebensaufgabe zu definieren, sich ein neues Skript für ein Leben im Einklang mit diesen Prinzipien zu schreiben und aus Ihren persönlichen Kraftquellen zu schöpfen. Das reiche private Leben, das Sie durch spirituelle Erneuerung gewinnen, trägt Ihnen große Summen auf Ihrem persönlichen Sicherheits-Konto ein.

Wenn Sie die mentale Dimension erneuern, verstärken Sie Ihr persönliches Management (3. Weg). Wenn Sie planen, zwingen Sie Ihren Geist, hochwirksame Quadrant-II-Tätigkeiten, Prioritäten und Aktivitäten zu erkennen, um den Gebrauch Ihrer Zeit und Energien zu optimieren, und Sie organisieren und handeln gemäß diesen Prioritäten. Wenn Sie sich auf kontinuierliche Bildung einlassen, steigern Sie Ihre Wissensgrundlage und verbessern Ihre Optionen. Ihre ökonomische Sicherheit liegt nicht in Ihrem Job; sie liegt in Ihrer eigenen Kraft zu produzieren – zu denken, zu lernen, zu schaffen, zu adaptieren. Das ist wahre finanzielle Unabhängigkeit. Nicht Reichtum zu haben, sondern vielmehr die Kraft zu haben, Reichtum zu produzieren. Sie ist intrinsisch.

Der tägliche private Sieg – ein Minimum von einer Stunde pro Tag für die Erneuerung der physischen, spirituellen und mentalen Dimensionen – ist der Schlüssel zur Entwicklung der sieben Prinzipien, und er liegt vollständig innerhalb Ihres Einflußbereiches. Es ist die Quadrant-II-Zeit, die notwendig ist, um diese Prinzipien in Ihr Leben zu integrieren, prinzipien-zentriert zu werden.

Außerdem ist er die Grundlage für den täglichen öffentlichen Sieg. Er ist die Quelle der intrinsischen Sicherheit, die Sie benötigen, um die Säge in der sozial/emotionalen Dimension zu schärfen. Er gibt Ihnen die persönliche Kraft, sich in interdependenten Situationen auf Ihren Einflußbereich zu konzentrieren, andere durch das Paradigma der Fülle zu sehen, Andersartigkeit und Unterschiede wirklich zu schätzen und sich über Ihren Erfolg zu freuen. Er liefert das Fundament, auf dem Sie an echtem Verständnis und synergetischen Gewinn/Gewinn-Lösungen arbeiten und den 4., 5. und 6. Weg in einer interdependenten Realität umsetzen können.

Anwendungsvorschläge

1. Erstellen Sie eine Liste von Aktivitäten, die Ihnen helfen würden, gut in Form zu bleiben, die zu Ihrem Lebensstil passen und die Sie langfristig genießen könnten.

2. Suchen Sie sich eine dieser Aktivitäten aus, und notieren Sie sie als Ziel in dem Feld für Ihre persönlichen Rollen für die nächste Woche. Bewerten Sie am Ende der Woche Ihre Leistung. Wenn Sie Ihr Ziel nicht erreicht haben: Lag es daran, daß Sie es einem echten höheren Wert untergeordnet haben? Oder haben Sie Ihre eigenen Werte nicht mit Integrität umgesetzt?

3. Machen Sie eine ähnliche Liste von erneuernden Aktivitäten in der mentalen und der spirituellen Dimension. Zählen Sie im sozial/emotionalen Gebiet Beziehungen, die Sie gern verbessern würden, oder bestimmte Bedingungen auf, in denen ein öffentlicher Sieg zu größerer Effektivität führen würde. Suchen Sie sich aus jedem Bereich ein Ziel für die nächste Woche aus. Setzen Sie es um, und bewerten Sie es.

4. Verpflichten Sie sich, jede Woche spezifische Aktivitäten zum Schärfen der Säge in jeder der vier Dimensionen aufzuschreiben, sie auszuführen und Ihre Ergebnisse und Leistungen zu bewerten.

Anhang

Ein Quadrant-II-Tag im Büro

Die folgende Übung und Analyse ist so aufgebaut, daß sie Ihnen hilft, die Auswirkungen eines Quadrant-II-Paradigmas im Geschäftsleben auf einer ganz praktischen Ebene zu sehen.

Nehmen wir an, Sie seien der Marketingleiter einer großen Pharma-Firma. Sie stehen vor dem Beginn eines normalen Bürotages, betrachten, was heute ansteht, und überlegen, wieviel Zeit Sie dafür jeweils einplanen müssen.

Auf Ihrer bisher ungeordneten Liste stehen folgende Punkte:

1. Sie würden gern mit dem Geschäftsführer zu Mittag essen (60 bis 90 Minuten).

2. Man hat Sie gestern gebeten, Ihr Medienbudget für das kommende Jahr zu erstellen (2 bis 3 Tage).

3. Ihr Eingangskörbchen ist übervoll (60 bis 90 Minuten).

4. Sie müssen mit dem Verkaufsleiter über die Umsätze des letzten Monats sprechen; sein Büro liegt auf demselben Gang (4 Stunden).

5. Es gibt Korrespondenz zu schreiben, von der Ihre Sekretärin meint, sie sei dringend (1 Stunde).

6. Sie würden gern die medizinischen Fachzeitschriften durchsehen, die sich auf dem Schreibtisch stapeln (30 Minuten).

7. Sie müssen eine Präsentation für eine Vertretertagung nächsten Monat vorbereiten (2 Stunden).

8. Es gibt ein Gerücht, daß die letzte Ladung von Produkt X nicht durch die Qualitätskontrolle gekommen ist.

9. Jemand vom Gesundheitsministerium möchte wegen Produkt X zurückgerufen werden (30 Minuten).

10. Für 14 Uhr ist eine Vorstandssitzung angesetzt, aber Sie wissen nicht, worum es geht (1 Stunde).

Nehmen Sie sich jetzt ein paar Minuten Zeit, und nutzen Sie das, was Sie auf dem 1., 2. und 3. Weg gelernt haben und was Ihnen helfen könnte, Ihren Tag effektiv zu planen.

8–17 Uhr Plan

8	_____
9	_____
10	_____
11	_____
12	_____
13	_____
14	_____
15	_____
16	_____
17	_____

Mit der Aufforderung, nur einen Tag zu planen, habe ich automatisch den weiteren Kontext der Woche ausgeschlossen, der für das Zeitmanagement der vierten Generation grundlegend ist. Aber Sie werden die Kraft eines Quadrant-II-, prinzipien-zentrierten Paradigmas sogar im Kontext eines Neun-Stunden-Abschnitts sehen können.

Es ist relativ offensichtlich, daß die meisten Punkte auf der Liste Quadrant-I-Tätigkeiten sind. Mit Ausnahme von Nr. 6 – den Fachzeitschriften – scheint alles sowohl wichtig wie dringend zu sein.

Wenn Sie der dritten Zeit-Management-Generation angehören und priorisierte Werte und Ziele verwenden würden, hätten Sie einen Rahmen, innerhalb dessen Sie solche Entscheidungen treffen würden. Vielleicht würden Sie jeden Punkt mit einem Buchstaben wie A, B oder C versehen und dann unter jeden Buchstaben 1, 2 oder 3 setzen. Sie würden außerdem die Bedingungen berücksichtigen, ob also beispielsweise die anderen Betroffenen verfügbar sind, oder wie lange es wirklich dauert, Mittag essen zu gehen. Schließlich würden Sie auf der Grundlage all dieser Faktoren Ihren Tag planen.

Viele von denen, die diese Übung gemacht haben, sind genauso vorgegangen. Sie planen, wann sie was tun wollen, und aufgrund verschiedener explizit benannter Annahmen würden sie die meisten der für diesen Tag geplanten Punkte erledigen oder zumindest beginnen und den Rest auf den nächsten Tag oder später schieben.

Die meisten geben etwa an, sie würden die Zeit zwischen 8 und 9 nutzen, um herauszufinden, um was es bei der Vorstandssitzung gehen soll, so daß sie sich vorbereiten können, sich mit dem Geschäftsführer zum Essen etwa um 12 verabreden und den Anruf beim Gesundheitsministerium erledigen. Sie planen im allgemeinen, in den nächsten ein, zwei Stunden mit dem Verkaufsleiter zu sprechen, den Teil der Korrespondenz zu bearbeiten, der am dringendsten und wichtigsten ist, und das Gerücht über die Mängel an Produkt X zu überprüfen. Der Rest des Vormittags dient der Vorbereitung auf das Mittagessen mit dem Geschäftsführer und/oder die Vorstandssitzung oder eventuell auftauchenden Problemen bei Produkt X oder den Umsatzzahlen vom letzten Monat.

Der Nachmittag wird gewöhnlich damit verbracht, die bereits erwähnten Dinge zu Ende zu bringen und/oder sich der anderen dringenden und wichtigen Korrespondenz zu widmen, das überquellende Eingangskörbchen etwas abzubauen und andere dringende und wichtige Punkte zu erledigen, die im Laufe des Tages aufgekommen sind.

Die meisten Leute meinen, die Vorbereitung des Medienbudgets für das nächste Jahr und die Vertretertagung im nächsten Monat könnten noch aufgeschoben und an einem Tag erledigt werden, an dem es nicht so viele Quadrant-I-Angelegenheiten gibt. Es handelt sich bei beiden offensichtlich eher um Quadrant-II-Tätigkeiten, die mit langfristigem Denken und Planung zu tun haben. Die medizinischen Fachzeitschriften werden wieder beiseite gelegt, da sie deutlich zu Quadrant II gehören und vermutlich weniger wichtig sind als die anderen Quadrant-II-Tätigkeiten.

Das ist die Denkweise der dritten Zeit-Management-Generation, auch wenn es Unterschiede in der Frage geben kann, wann was zu tun ist.

Welchen Ansatz haben Sie gewählt, als Sie den Terminplan erstellt haben? War er so ähnlich wie der der dritten Generation? Oder haben Sie einen Quadrant-II-Ansatz, einen der vierten Generation gewählt? (Siehe die Zeit-Management-Matrix auf Seite 139.)

Der Quadrant-II-Ansatz

Lassen Sie uns die Punkte auf der Liste mit einem Quadrant-II-Ansatz durchgehen. Dies ist nur ein mögliches Szenarium; man könnte andere schaffen, die auch mit dem Quadrant-II-Paradigma vereinbar wären, aber dieses beschreibt gut, um welche Art des Denkens es geht.

Als ein Quadrant-II-Manager würden Sie erkennen, daß die meisten P-Tätigkeiten in Quadrant I und die meisten PK-Tätigkeiten in Quadrant II liegen. Sie würden wissen, daß die einzige Möglichkeit, den Quadrant I in den Griff zu bekommen, darin besteht, Quadrant II beachtliche Aufmerksamkeit zu widmen, indem Sie primär an Vorbeugung und Chancen arbeiten und den Mut haben, auf die Quadranten III und IV mit einem ›Nein‹ zu reagieren.

Die Vorstandssitzung um 14 Uhr. Wir gehen davon aus, daß die Sitzung keine Tagesordnung hat oder daß diese erst zu Beginn bekanntgegeben wird. Das ist nicht ungewöhnlich. Es führt dazu, daß die Menschen meist unvorbereitet kommen und ›aus der Hüfte schießen‹. Solche Treffen sind meist desorganisiert und beschäftigen sich primär mit Quadrant-I-Fragen, die sowohl dringend wie wichtig sind und über die oft eine allgemeine Ahnungslosigkeit herrscht.

Diese Sitzungen sind oft Zeitverschwendung, führen zu mäßigen Ergebnissen und sind häufig nicht mehr als ein Ego-Trip für den Vorsitzenden.

Bei den meisten Sitzungen werden Quadrant-II-Angelegenheiten als ›Sonstiges‹ gehandelt. Da sich nach Parkinsons Gesetz die Arbeit jeweils so breit macht, wie man ihr Zeit zur Erledigung einräumt, gibt es gewöhnlich keine Zeit, ›Sonstiges‹ zu besprechen. Bleibt sie doch einmal, sind die Leute meist von Quadrant I vollkommen erledigt und haben dafür nur noch wenig oder gar keine Energie.

Also könnten Sie so in Quadrant II kommen, daß Sie zunächst versuchen, sich selbst auf die Tagesordnung setzen zu lassen, um einen Vorschlag zu machen, wie die Sitzungen sinnvoller werden könnten. Vielleicht verbringen Sie am Vormittag auch ein oder zwei Stunden damit, diesen Vorschlag auszuarbeiten, auch wenn Sie nur ein paar Minuten Sprechzeit bekommen. So können Sie bei allen das Interesse an einer ausführlichen Darstellung bei der nächsten Sitzung erwecken. Ihr Vorschlag würde betonen, wie wichtig es ist, für jede Sitzung eine klar definierte Aufgabe und eine gut überdachte Tagesordnung zu haben, zu der jeder beitragen kann. Die endgültige Tagesordnung würde vom Vorsitzenden zusammengestellt und sich im wesentlichen auf die Quadrant-II-Fragen ausrichten, die mehr kreatives Denken erforderlich machen als die aus Quadrant I, die meist mehr mit mechanischem Denken zu tun haben. Ihr Vorschlag würde außerdem betonen, wie wichtig es ist, gleich nach jeder Sitzung Protokolle anzufertigen, in denen Aufgaben, Termine und Fristen festgehalten werden. Diese sollen wiederum gleich auf die Tagesordnungen zukünftiger Sitzungen gesetzt werden, die ihrerseits so rechtzeitig verteilt werden, daß sich jeder auf die entsprechende Diskussion vorbereiten kann.

Das ist das, was getan werden könnte, wenn man einen einzigen Punkt auf der Liste – die Vorstandssitzung um 14 Uhr – durch einen Quadrant-II-Bezugsrahmen betrachtet. Das erfordert eine hohe Ebene von Pro-Aktivität einschließlich des Mutes, die Annahme in Frage zu stellen, daß man überhaupt keine Tagesordnung braucht. Außerdem muß man sehr rücksichtsvoll sein, um die Krisenatmosphäre zu vermeiden, die solche Sitzungen oft umgibt.

Fast jeder andere Punkt auf der Liste kann mit derselben Quadrant-II-Denkweise bewältigt werden, außer vielleicht der Anruf beim Gesundheitsministerium.

Den Anruf des Gesundheitsministeriums erwidern. Auf der Grundlage der Qualität Ihrer Beziehung zum Ministerium tätigen Sie diesen Anruf vormittags, so daß Sie angemessen mit dem umgehen können, was Sie erfahren. Es kann schwierig sein, diesen Anruf zu delegieren, da eine andere Organisation beteiligt ist, die vielleicht eine Quadrant-I-Kultur und einen Mitarbeiter hat, der erwartet, daß Sie persönlich zurückrufen und nicht jemand anderen damit beauftragen.

Sie können zwar durch Ihren Status die Kultur Ihrer eigenen Organisation zu beeinflussen versuchen, aber Ihr Einflußbereich ist vermutlich nicht so groß, daß Sie die Kultur des Gesundheitsministeriums verändern könnten, also kommen Sie deren Wunsch einfach nach. Wenn Sie bei dem Telefonat feststellen, daß es sich um ein chronisches oder wiederkehrendes Problem handelt, können Sie dieses in einer Quadrant-I-Mentalität angehen, um zu versuchen, solche Probleme in Zukunft zu vermeiden. Es würde wiederum viel Pro-Aktivität erfordern, die Möglichkeit zu ergreifen, die Qualität der Beziehung zum Gesundheitsministerium zu verbessern oder präventiv an den Problemen zu arbeiten.

Mittagessen mit dem Geschäftsführer. Sie sehen vielleicht in dem Mittagessen mit dem Geschäftsführer eine seltene Chance, einige langfristige Quadrant-II-Angelegenheiten in einer informellen Atmosphäre zu besprechen. Dazu könnten Sie am Vormittag 30 bis 60 Minuten benötigen, um sich vorzubereiten. Oder Sie entscheiden sich, einfach eine gute soziale Interaktion unterhalten und sorgfältig zuhören zu wollen, vielleicht ganz ohne Plan. Beide Möglichkeiten könnten eine willkommene Gelegenheit bieten, Ihre Beziehung zum Geschäftsführer zu verbessern.

Das Medienbudget vorbereiten. In dieser Frage rufen Sie vielleicht zwei oder drei Ihrer Mitarbeiter herein, die am direktesten mit dem Medienbudget zu tun haben, und bitten sie, ihre Empfehlungen als fertig ausgearbeitetes Konzept zusammenzustellen (das Sie dann vielleicht nur noch abzeichnen müssen) oder zwei oder drei gut durchdachte Optionen vorzulegen, von denen Sie dann nur noch eine samt deren Konsequenzen auswählen müssen. Das kann im Laufe des Tages irgendwann eine volle Stunde beanspruchen – die gewünschten Ergebnisse zu definieren, Richtlinien, Ressourcen, Verantwortlichkeit und Konsequenzen. Aber dadurch, daß Sie diese eine Stunde investieren, zapfen Sie die besten Gedanken von Betroffenen an, die die Dinge möglicherweise unterschiedlich sehen. Wenn Sie diesen Ansatz zum erstenmal wählen, müssen Sie vielleicht mehr Zeit darauf verwenden, ihnen zu erklären, was ein solches fertig ausgearbeitetes Konzept ist, wie man Unterschiede synergisiert und was dazu gehört, alternative Optionen und Konsequenzen zu identifizieren.

Das Eingangskörbchen und die Korrespondenz. Statt sich auf das Eingangskörbchen zu stürzen, verbringen Sie 30 bis 60 Minuten damit, einen Trainingsprozeß mit Ihrer Sekretärin oder Assistentin zu beginnen, so daß sie allmählich lernt, das Eingangskörbchen und die Korrespondenz (Nr. 5) selbständig zu bearbeiten. Dieses Trainingsprogramm kann einige Wochen oder sogar Monate dauern, bis Ihre Mitarbeiterin wirklich in der Lage ist, in Ergebnissen statt in Methoden zu denken.

Sie können sie dazu ausbilden, alle Korrespondenz und Eingänge durchzusehen, zu analysieren und soviel wie möglich davon selbst zu bearbeiten. Dinge, bei denen sie sich nicht sicher ist, könnten sorgfältig organisiert, nach Dringlichkeit geordnet und Ihnen mit einem eigenen Vorschlag vorgelegt werden. Auf diese Weise könnte Ihre Sekretärin innerhalb weniger Monate 80 bis 90 Prozent aller Eingänge und der Korrespondenz sogar viel besser als Sie selbst erledigen, da Ihr Denken nun stärker auf die Möglichkeiten von Quadrant II ausgerichtet und nicht in den Problemen von Quadrant I begraben ist.

Der Verkaufsleiter und die Umsatzzahlen des letzten Monats. Ein möglicher Quadrant-II-Ansatz zu Punkt 4 wäre der, die ganze Beziehung und Leistungsvereinbarung mit diesem Verkaufsleiter zu überdenken, um zu sehen, ob der Quadrant-II-Ansatz verwendet wird. In dieser Übung steht nicht, worüber Sie mit ihm reden müssen, aber wenn wir davon ausgehen, daß es ein Quadrant-I-Punkt ist, könnten Sie den Quadrant-II-Ansatz wählen, um an der chronischen Natur des Problems zu arbeiten, und den Quadrant-I-Ansatz, um das unmittelbar Notwendige zu regeln.

Vielleicht können Sie Ihre Sekretärin so schulen, daß sie selbständig mit der Sache umgeht und Sie nur auf das aufmerksam macht, was Sie wissen müssen. Das bedarf vielleicht einiger Quadrant-II-Aktivität mit Ihrem Verkaufsleiter und anderen, die Ihnen direkt Bericht erstatten, damit sie verstehen, daß Ihre primäre Funktion die der Führung und nicht die des Managements ist. So werden sie lernen, daß sie das Problem besser mit Ihrer Sekretärin als mit Ihnen selbst lösen können. Damit werden Sie frei für Quadrant-II-Führungsaktivitäten.

Wenn Sie meinen, Ihr Verkaufsleiter sei vielleicht gekränkt, wenn Ihre Sekretärin nun den Kontakt unterhält, könnten Sie zunächst an der Beziehung zu ihm arbeiten, um allmählich sein Vertrauen in einen für beide zuträglicheren Quadrant-II-Ansatz stärken.

Die medizinischen Fachzeitschriften lesen. Die Zeitschriften zu lesen ist eine Quadrant-II-Tätigkeit, die Sie vielleicht gern aufschieben wollen. Aber langfristig können Ihre Fachkompetenz und Ihr Vertrauen davon abhängen, daß Sie durch diese Literatur auf dem laufenden bleiben. Also entscheiden Sie sich vielleicht, die Frage auf die Tagesordnung Ihrer nächsten Abteilungsversammlung zu setzen. Dann könnten Sie vorschlagen, daß die Mitarbeiter einen systematischen Ansatz finden, die Zeitschriften zu lesen. Sie könnten die Titel untereinander aufteilen, so daß jeder allen anderen bei zukünftigen Sitzungen die Essenz dessen weitergibt, was er daraus gelernt hat. Außerdem könnten sie sich untereinander mit den wichtigsten Artikeln oder Zusammenfassungen versorgen, die alle wirklich lesen und verstehen müssen.

Die Vorbereitung für die Vertretertagung. Bei diesem Punkt könnte ein Quadrant-II-Ansatz so aussehen, daß Sie eine kleine Gruppe von Leuten zusammenrufen, die Ihnen direkt verantwortlich sind, und sie beauftragen, eine gründliche Analyse der Bedürfnisse der Vertreter zu erstellen; sie sollten innerhalb einer Woche oder in zehn Tagen ein fertig ausgearbeitetes Konzept vorlegen. Das läßt Ihnen ausreichend Zeit, eventuelle Anpassungen vorzunehmen und umzusetzen. Dazu muß die Gruppe vielleicht einzelne Vertreter stichprobenartig befragen, um deren wirkliche Sorgen und Bedürfnisse zu ermitteln. Die Tagesordnung soll wirklich relevant sein und so rechtzeitig verschickt werden, daß die Vertreter sich vorbereiten und auf angemessene Weise beteiligen können. Statt selbst die Vertretertagung vorzubereiten, können Sie diese Aufgabe an eine kleine Gruppe von Leuten delegieren, die für unterschiedliche Sichtweisen und verschiedene Arten von Verkaufsproblemen stehen. Lassen Sie sie konstruktiv und kreativ interagieren und Ihnen eine ausgearbeitete Empfehlung vorlegen. Wenn sie diese Art der Auftragserteilung nicht gewohnt sind, werden Sie vielleicht einen Teil dieses Gesprächs damit verbringen, sie herauszufordern, zu trainieren, ihnen beizubringen, warum Sie diesen Ansatz wählen und wie er auch ihnen zugute kommen wird. Dadurch beginnen Sie Ihre Leute darin zu trainieren, langfristig zu denken, sich verantwortlich für die Vollendung von Mitarbeiter-Projekten oder anderen gewünschten Ergebnissen zu fühlen, miteinander kreativ auf interdependente Weise zu interagieren und innerhalb festgelegter Fristen hochklassige Arbeit zu leisten.

Das Produkt X und die Qualitätskontrolle. Lassen Sie uns nun noch das Problem mit dem Produkt X betrachten, das nicht durch die Qualitätskontrolle gekommen ist. Der Quadrant-II-Ansatz hieße, dieses Problem daraufhin abzuklopfen, ob es eine wiederkehrende oder chronische Dimension enthält. Wenn ja, könnten Sie eine sorgfältige Analyse des chronischen Problems an andere delegieren und sie anweisen, Ihnen entweder eine entsprechende Empfehlung vorzulegen oder die Sache selbst zu regeln und Sie von dem Ergebnis zu informieren.

Im Ergebnis besteht der Effekt dieses Quadrant-II-Bürotages darin, daß Sie einen Großteil der Zeit damit verbringen, zu delegieren, zu trainieren, eine Vorlage für den Vorstand auszuarbeiten, einen Telefonanruf zu tätigen und ein produktives Mittagstreffen zu haben. Durch einen langfristigen PK-Ansatz werden Sie, hoffentlich schon in ein paar Wochen, sonst in einigen Monaten, nicht mehr vor solchen Quadrant-I-Planungsproblemen stehen.